迎奥运书画名家作品集·绘画篇

绿色奥運绿色中國

安徽美术出版社

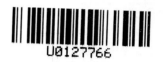

图书在版编目（CIP）数据

绿色奥运绿色中国——迎奥运书画名家作品集 / 王志宝.范迪安编.—合肥：安徽美术出版社，2008.3

ISBN 978-7-5398-1782-8

Ⅰ.绿… Ⅱ.①王…②范… Ⅲ.①汉字－书法－作品集－中国－现代②中国画－作品集－中国－现代 Ⅳ.J222.7

中国版本图书馆CIP数据核字（2008）第033062号

顾　　问　贾治邦
主　　编　王志宝　范迪安
执行主编　杨炳延
副 主 编　张建龙　蔡延松　赵学敏　苏士澍　关松林
　　　　　王维正　王九渊　赵志营　钱林祥　马书林
特约编辑　王　琼　费　勇　李洁冰
责任编辑　曾昭勇　程　兵
版式设计　谭德毅
展览主办　中国绿化基金会
　　　　　中国艺术家生态文化工作委员会
　　　　　中国美术馆

绿色奥运、绿色中国——迎奥运书画名家作品集
王志宝　范迪安　主编

安徽美术出版社出版
合肥市政务区圣泉路1118号14楼　邮编：230071
安徽美术出版社网址：http://www.ahmscbs.com
北京图文天地制版印刷有限公司制版印刷
全国新华书店经销
开本：889×1194　1/16　印张：19.5
2008年3月第1版
2008年3月第1次印刷

ISBN 978-7-5398-1782-8
定价：280.00元

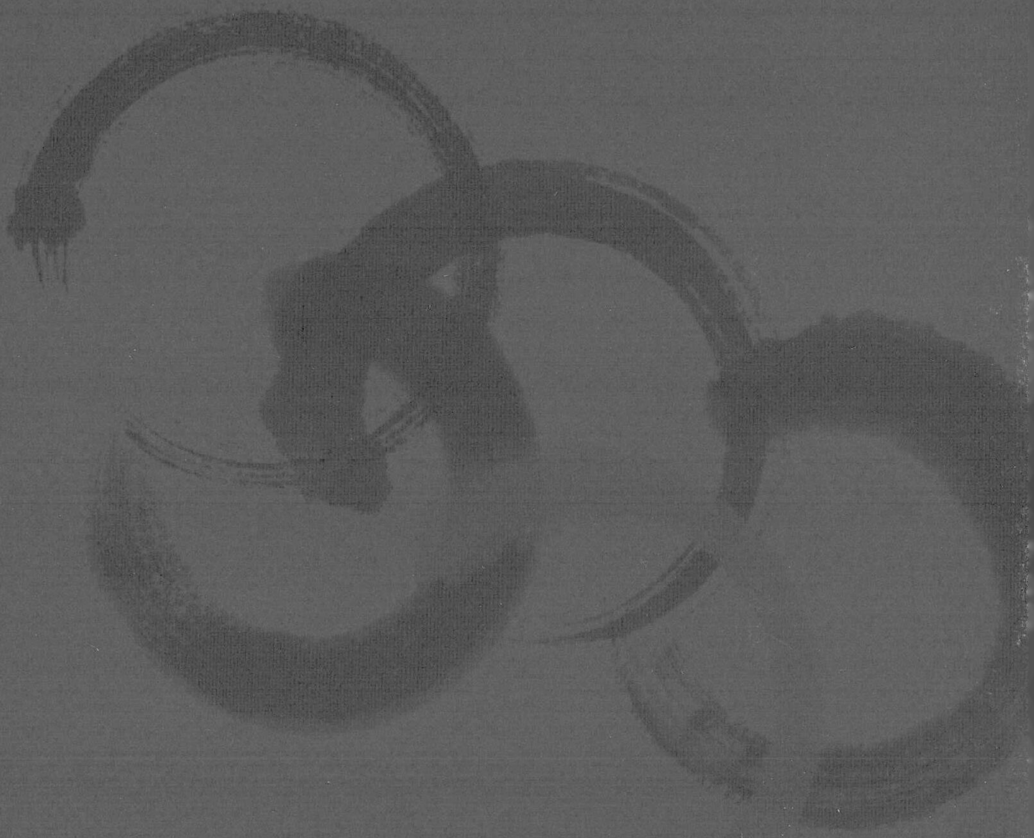

中国绿化基金会

中国绿化基金会是根据中共中央、国务院1984年3月1日《关于深入扎实地开展绿化祖国运动的指示》中“为了满足国内外关心我国绿化事业，愿意提供捐赠的人士的意愿，成立中国绿化基金会”的决定，由乌兰夫等国家领导人支持，联合社会各界共同发起，经国务院常务会议批准，于1985年9月27日召开第一届理事会宣告成立。属于全国性公募基金会，在民政部登记注册，业务主管单位是国家林业局。第二届、第三届、第四届理事会全体会议，分别于1990年6月13日、1995年6月8日、1999年6月22日在北京举行。乌兰夫、万里、李瑞环曾先后担任中国绿化基金会名誉主席，雍文涛、陈慕华、王丙乾曾先后担任主席。中国绿化基金会第五届理事会于2005年6月3日召开，中共中央政治局常委、全国政协主席贾庆林担任名誉主席，全国政协委员、国家林业局原局长王志宝担任主席。

中国绿化基金会是筹集民间绿化资金的重要组织。在林业发展中发挥着筹集民间绿化资金主渠道的作用，在发动全社会参与林业生态建设和环境保护中发挥着重要的桥梁作用，同时在国际民间绿化合作中发挥着积极的对外友好交往的纽带作用。2003年获联合国经社理事会特别咨商地位。享有财政部、国家税务总局规定的企业所得税纳税人向中国绿化基金会捐赠的最优惠政策。

中国绿化基金会的宗旨和任务是：推进国土绿化，维护生态平衡，促进人与自然和谐发展；依法募集、管理、使用绿化基金；满足捐赠者的意愿和合理要求；广泛发动全社会参与林业生态保护和建设；加强国际交流与合作。

中国艺术家生态文化工作委员会

2007年元月，国家林业局局长贾治邦提出："突出抓好生态文化建设，全力推进人与自然和谐重要价值的树立和传播。要通过文学、影视、戏剧、书画、美术、音乐等多种文化形式，大力宣传林业在加强生态建设、维护生态安全、弘扬生态文明中的重要地位和作用。"同年 2 月 7 日由中国绿化基金会牵头，在北京宣布成立了中国艺术家生态文化工作委员会，隶属中国绿化基金会。在中国文联、中国美术家协会、中国书法家协会的大力支持下，组织近300名当代著名艺术家，深入国家自然保护区、湿地和国家森林公园开展亲近大自然的艺术采风活动，通过艺术创作和交流，弘扬和繁荣生态文化。

中国艺术家生态文化工作委员会成立以来，积极开展多种形式的生态文化艺术活动，组织艺术家赴全国各地自然保护区开展绿色采风、植树、送文化等活动。先后在北京、河北、甘肃、南京营建了中国艺术家林，在长城八达岭建立了中国艺术家生态文化园，组织艺术家赴三峡、神农架自然保护区、珍珠泉国家森林公园、八达岭丁香谷、兰州南北两山开展绿色采风和植树活动。

"弘扬生态文明、绿化中华大地"是我们的工作宗旨，中国艺术家生态文化工作委员会欢迎社会各界人士，加入我们的队伍，为祖国的绿化事业作出自己的贡献。

目录　CONTENTS

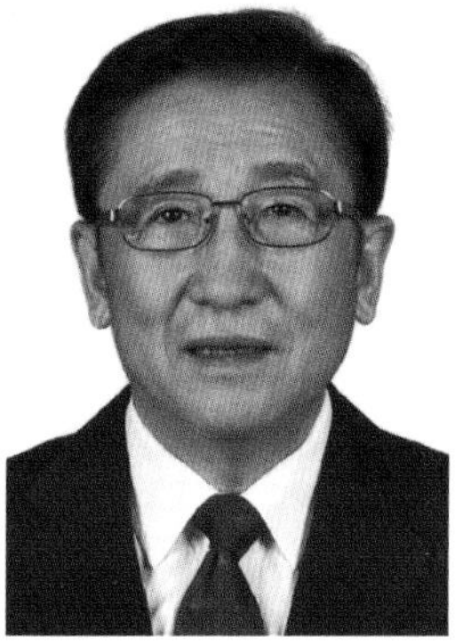

贾治邦

中共中央委员

全国绿化委员会副主任

国家林业局局长、党组书记

弘揚生态文明
是书画艺术家
的責任

曹治邦
二〇〇八年三月廿四日

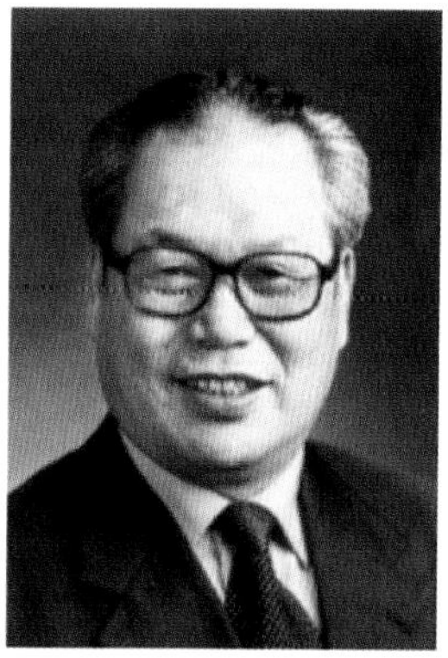

王志宝

全国政协委员

中国绿化基金会主席

国家林业局原局长

弘扬生态文明　绿化中华大地

我们正在步入一个绿色的时代。建设生态文明，推进人类社会的可持续发展，需要我们每个人的参与。

近年来，越来越多的艺术家把目光投向自然、投向绿色，自觉投身到生态建设的伟大事业中去，“营造艺术的绿地，让心灵布满浓荫”，为繁荣生态文化作出了自己的贡献。

真正的艺术，是不可能脱离自然的。自然激发了艺术家们的创作灵感，自然带给人们无尽的遐想。中国艺术家生态文化工作委员会自2007年2月成立以来，本着“弘扬生态文明，绿化中华大地”的宗旨，组织艺术家们通过开展多种形式的生态文化艺术活动，取得了一系列重要成果。

“绿色奥运、绿色中国”展出的书画作品，从不同的角度、不同的侧面，在表现生命的广大和美丽的同时，也表现了艺术家们自觉的生态意识和强烈的社会责任感。

在创作的过程中，他们探寻自然与人类的关系，思考人类在自然承载的限度内生存和发展的途径。面对生态出现的问题和危机，他们手中的笔不再是借自然物来抒发狭隘的自我，而是表现出一种悲悯的情怀。他们把自然、人类和社会放在生态整体中感知和把握，这样创作出来的作品就有了相当的深度和厚度，并且闪耀着思想的光芒。

艺术与大地的气脉是相通的。斩断了艺术与自然界的联系，艺术就成了无源之水、无本之木，艺术自身的生态也会失去平衡。而征服和蹂躏自然的一个必然结果，就是导致人与自然关系的异化和扭曲。我们拒绝这样的异化和扭曲，我们需要的是生态文明，我们需要的是和谐社会。

我热切地希望，更多的艺术家都来关心绿色事业，走出书斋、走出画室，倾听大地和天籁之音，以自觉的生态意识，创作出更多更好的作品，无愧于时代，无愧于人民。

青山绿水——中国艺术家的冀望

“绿色奥运、绿色中国——迎奥运书画名家作品展”是中国艺术家生态文化工作委员会工作的积极成果，也是委员会举办的生态文化公益活动。

党的十七大提出了生态文明建设，林业是生态文明建设的主体，国家林业局在2007年全国林业工作会上把生态文化体系建设列为今后建设三大体系的重点工作之一。之后，中国绿化基金会成立了中国艺术家生态文化工作委员会，主要是联系发动艺术家们参与生态文化体系建设，以艺术的形式展示自然生态之美，弘扬生态文化，提高全社会的生态环境意识。秉承这一宗旨，2007年12月26日，由中国绿化基金会、中国艺术家生态文化工作委员会、中国美术家协会、中国书法家协会、中国国家画院、北京女美术家联谊会共同发起了“绿色奥运、绿色中国”生态文化行动。而本次展览则是此项生态文化行动的宣传活动之一，也是2008年全国首次以“绿色奥运”为主题的书画大型展览。

《绿色奥运、绿色中国——迎奥运书画名家作品集》汇集了入展的一百余位中国当代书画名家的优秀作品，作品皆以弘扬生态文明、绿化中华大地为主旨。参展的很多书画家都是中国艺术家生态文化工作委员会的委员，大家曾经一起为创立“中国艺术家生态文化公益基金”、建设“中国艺术家林”进行义卖，外出采风，冒着风沙植树，为建设生态文化园出力……可以说，这些公益性的活动与书画家的创作紧密相联。作品集中的这些佳作则形象地体现了艺术家们对公益事业的热爱和对生态环境的关注，闪现在书页间的是一种难能可贵的奉献精神！

启功先生生前曾书写“人与自然，厚地高天，草木丰茂，绿化无边”的诗句。老先生用艺术家饱含热情的笔锋高度概括了人与自然的关系和绿化生态的重要意义。一座青山绿水的家园是包括艺术家在内的每一位国人所希冀的，同时也是需要包括艺术家在内的每一位国人参与建设、付出努力的。我们相信，随着更多的人关注生态文化建设，投身到建设祖国美好家园的绿化行动中来，一个山川秀美、万物和谐的人居环境终会更早一天地到来！

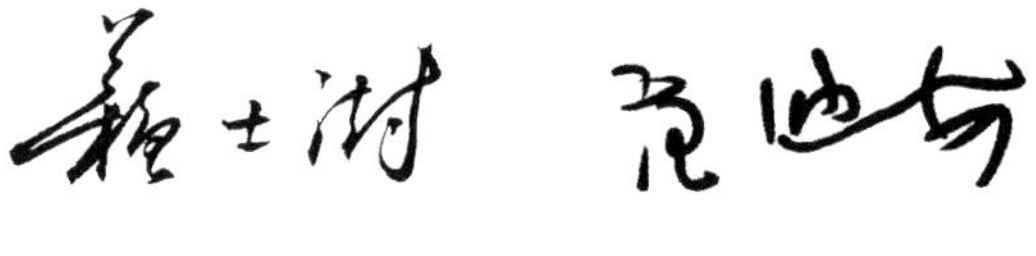

绿色的希望

绿色，是很打动人的。

与绿色联结在一起的事物，也总是令人兴奋。

当“绿色奥运、绿色中国”生态文化行动在北京正式启动的时候，很多艺术家都积极地参与进来，以创作实践来展示自己对2008北京奥运会的期待，表达自己对环境保护的关切。

本届奥运会把“绿色奥运”作为三大主题之一，所以，绿，是举办本届奥运会的一个既鲜明又温馨的色彩。它表明，北京奥运会不但是一次伟大的体育盛会，是体育竞技精神新的展现，也是和平的、和谐的，是符合人类文化精神的、人性化的，是永远积极向前发展的一种国际化与社会化的，是时代的运动。

生态，是与我们的生存息息相关的环境，有自然的生成和发展，也有人类的使用和创造。古人说“先天而弗违，后天而奉天时”，无论是说“天人合一”也好，“天人之分”也罢，我们今天寻求的是人与自然和谐共存的重要价值。生态文化是中华民族古老文化的精蕴，国家林业局把“繁荣的文化体系”作为构建林业三大体系之一，是弘扬生态文明的一个重要举措。在今天，生态文化如果以“绿色”来标志，这无疑是要赋予一种理念，可以视作当代文化发展的一个重要取向，它的发展自然会积累为一种现代文明的成果。因而，推进生态文化建设，一方面要从当代的生态现状上作出文化阐释，一方面要扩大和形成以生态为研究主体的新型文化观念。当“绿色”作为一种文化的色彩和标志时，“生态”也就成为我们艺术创造的一个目标。

这样看，进入艺术范畴可做的事情就太多了。对艺术家来说，“绿色”会是一种极富吸引力的创作契机、创作题材与创作主题，也能够成为一种凝聚艺术家的精神力量。艺术家也能够在积极发展和创造生态文化中，运用自己的艺术思维和创造能力作出贡献。中国艺术家生态文化工作委员会成立以来，在过去的一年中举办了不少有益的活动，团结了诸多优秀的书画家，正说明了生态文化的影响力。特别是美术家们积极响应这个“绿色”的号召，或跃绿野或穿绿柯，于红芳绿荫中构思作画，既表现了绿化的成果，也对今后的发展提出了新的课题，表述着对环境保护的重视。书画家们创作出了高品位的精美之作，有许多是专门为此专题所创作的，从这本作品集中收录的作品可以领略其风采。试想，艺术家们不断地创作丰富多彩的“绿色”艺术作品，一次次的进取，一次次的成功，一定会栽植起一片片具有文化特质的生态文明大森林。

今年初春，南方遭受雨雪灾害，据介绍林业损失达573亿元人民币。环境问题又一次严峻地摆在我们的面前，表明了建设绿色生态的艰巨性。抗灾救灾是全民的行动，也是艺术家们的责任，在灾害面前积极行动起来，让艺术创造来表达我们对自然环境的热爱，相信我们伟大的民族有能力去创建最美好的家园。

环境保护是国家重要的决策，也是全民的责任，还要通过社会公益活动来实现。相信在中国绿化基金会中国艺术家生态文化工作委员会的组织下，会有更多的艺术家以饱满的精神状态投入到“绿色奥运、绿色中国”的生态文化行动中去。

让我们的环境充满绿色！

让我们的生活充满绿色！

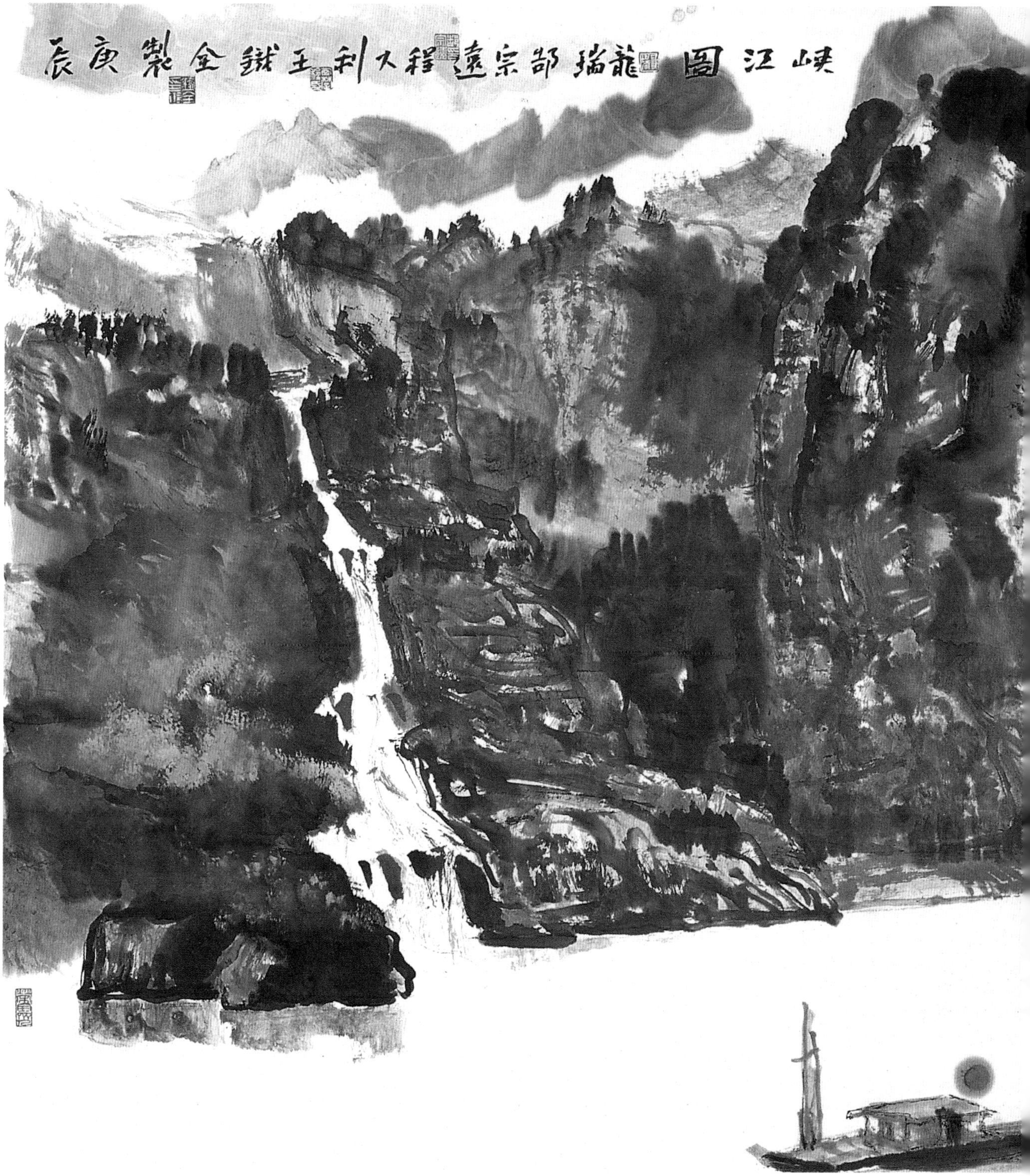

峡江图

作　　者 / 龙瑞　郜宗远　程大利　王铁全
作品尺寸 / 180cm×96cm
创作时间 / 2000年

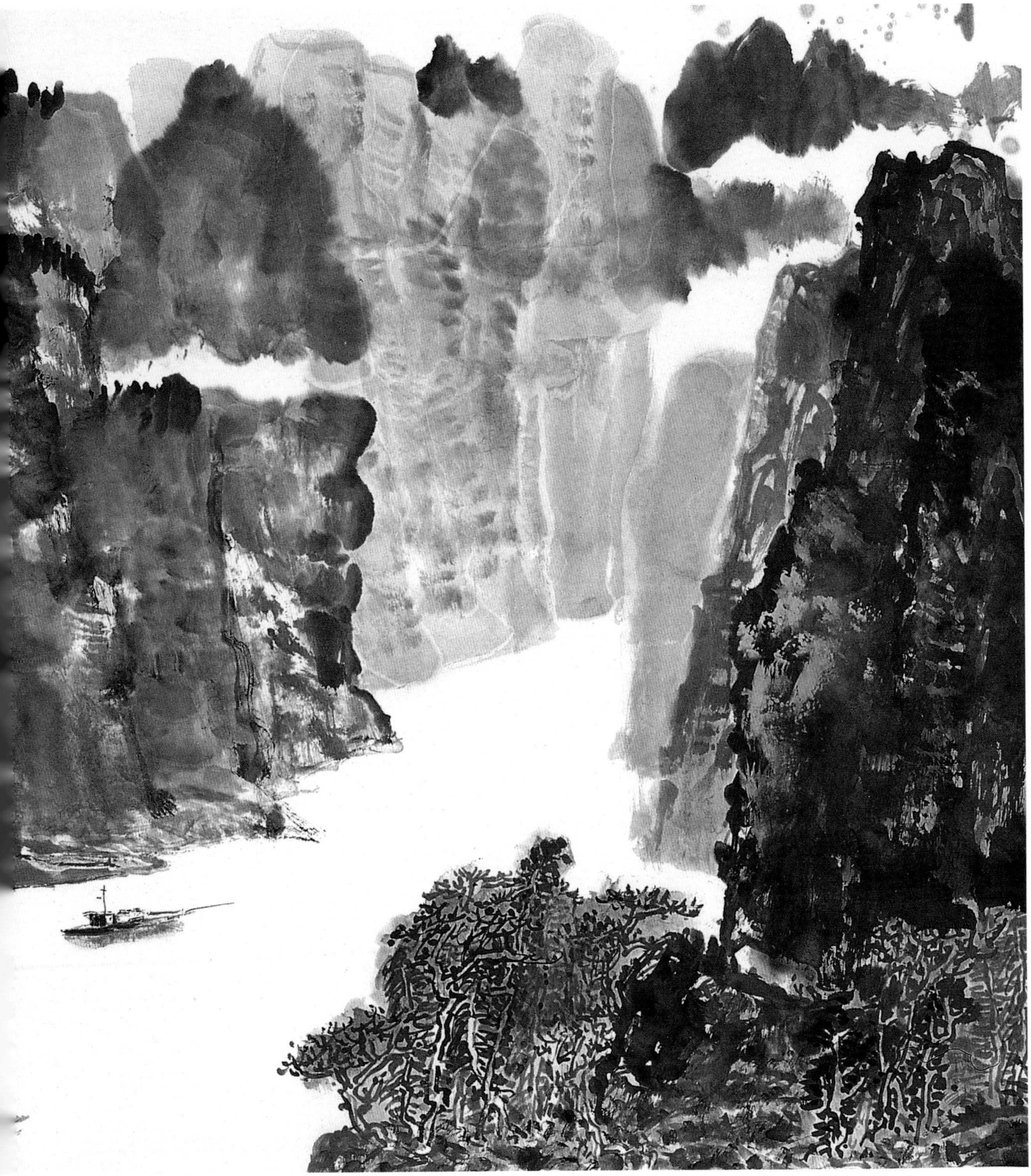

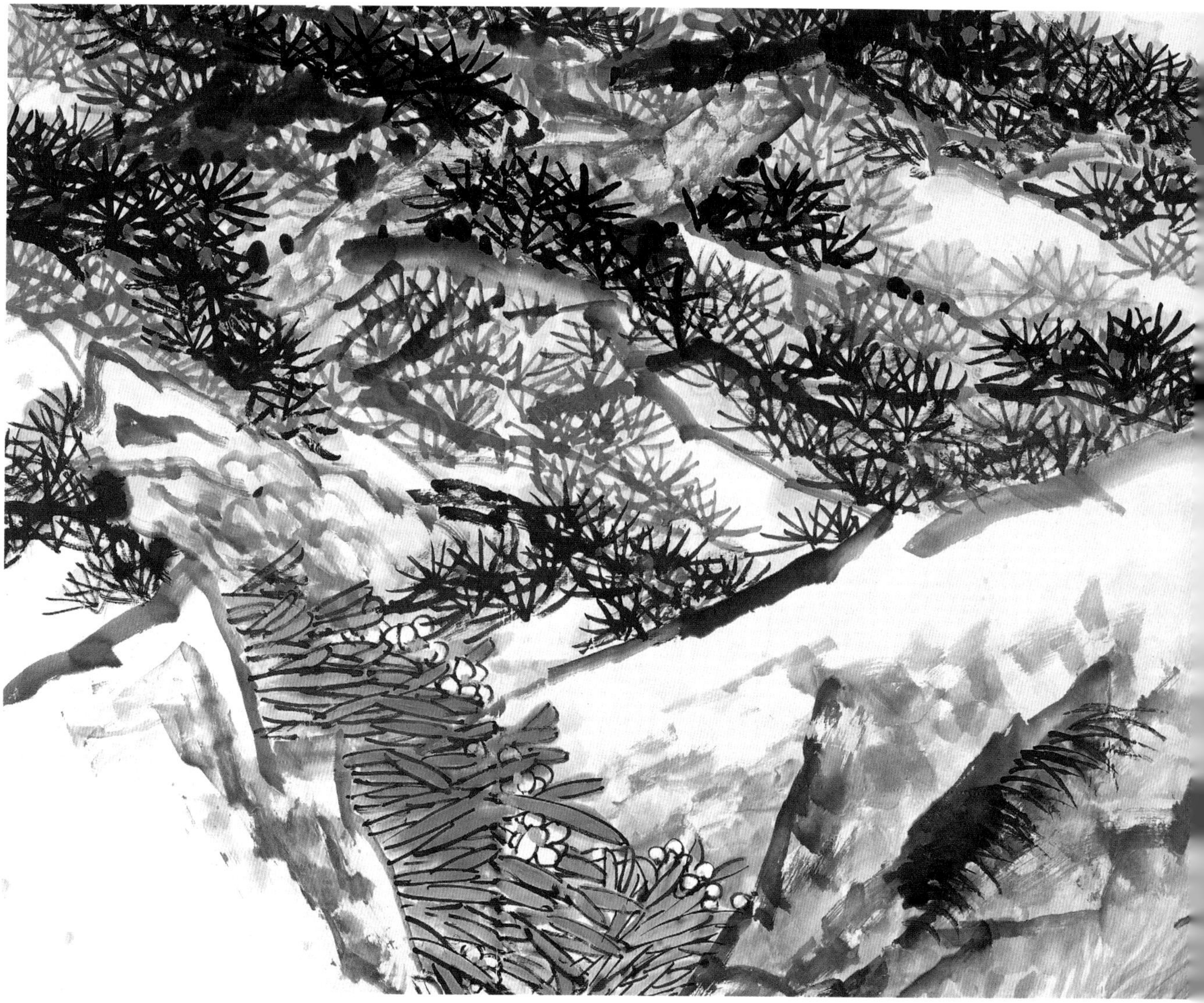

惠风和畅

作　　者 / 王迎春　杨力舟
作品尺寸 / 400cm×162cm
创作时间 / 2007年

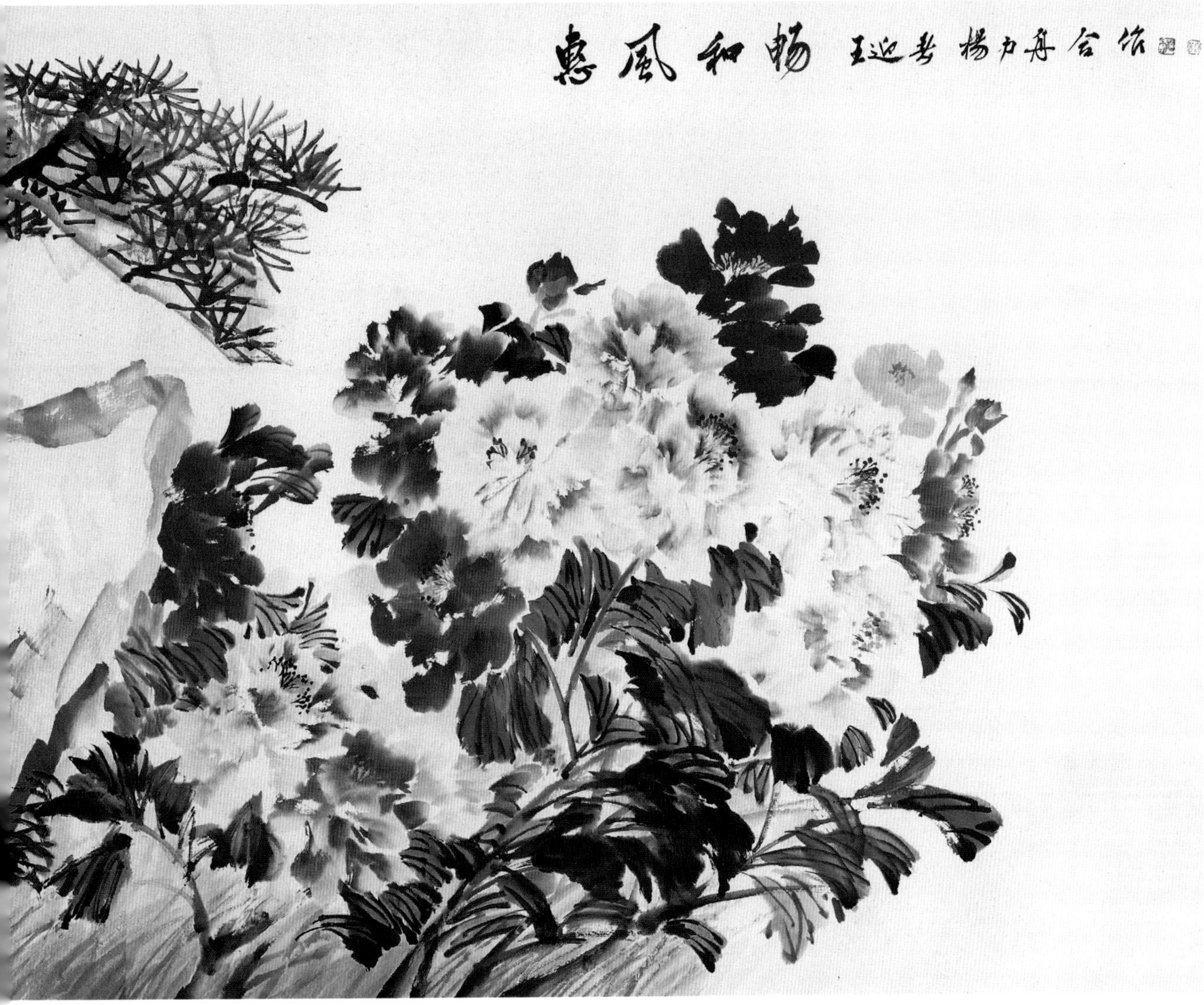
惠風和暢 王迎春 楊力舟 合作

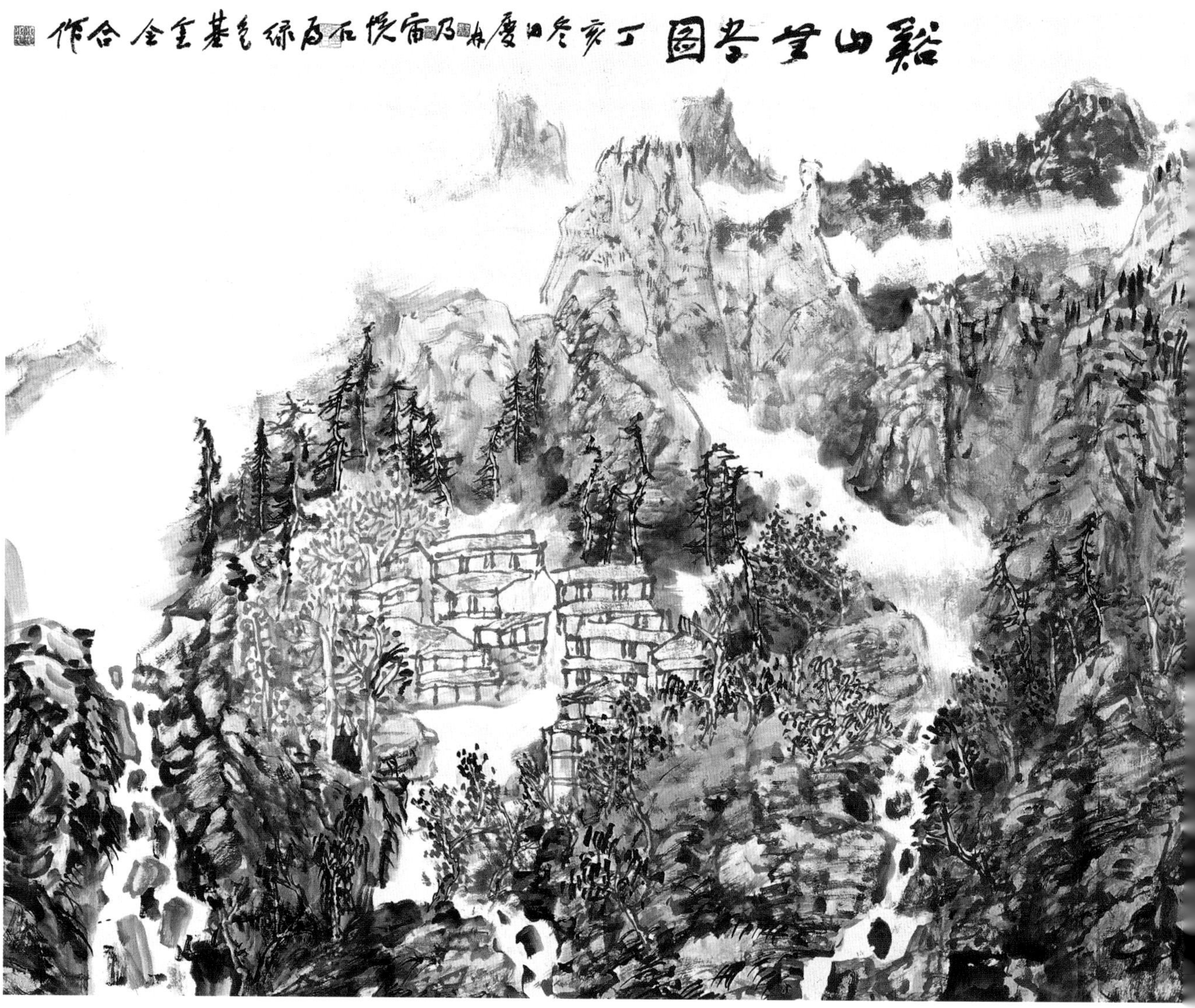

谿山无尽图

作　　者 / 吴庆林　李乃宙　吴悦石
作品尺寸 / 400cm × 162cm
创作时间 / 2007年

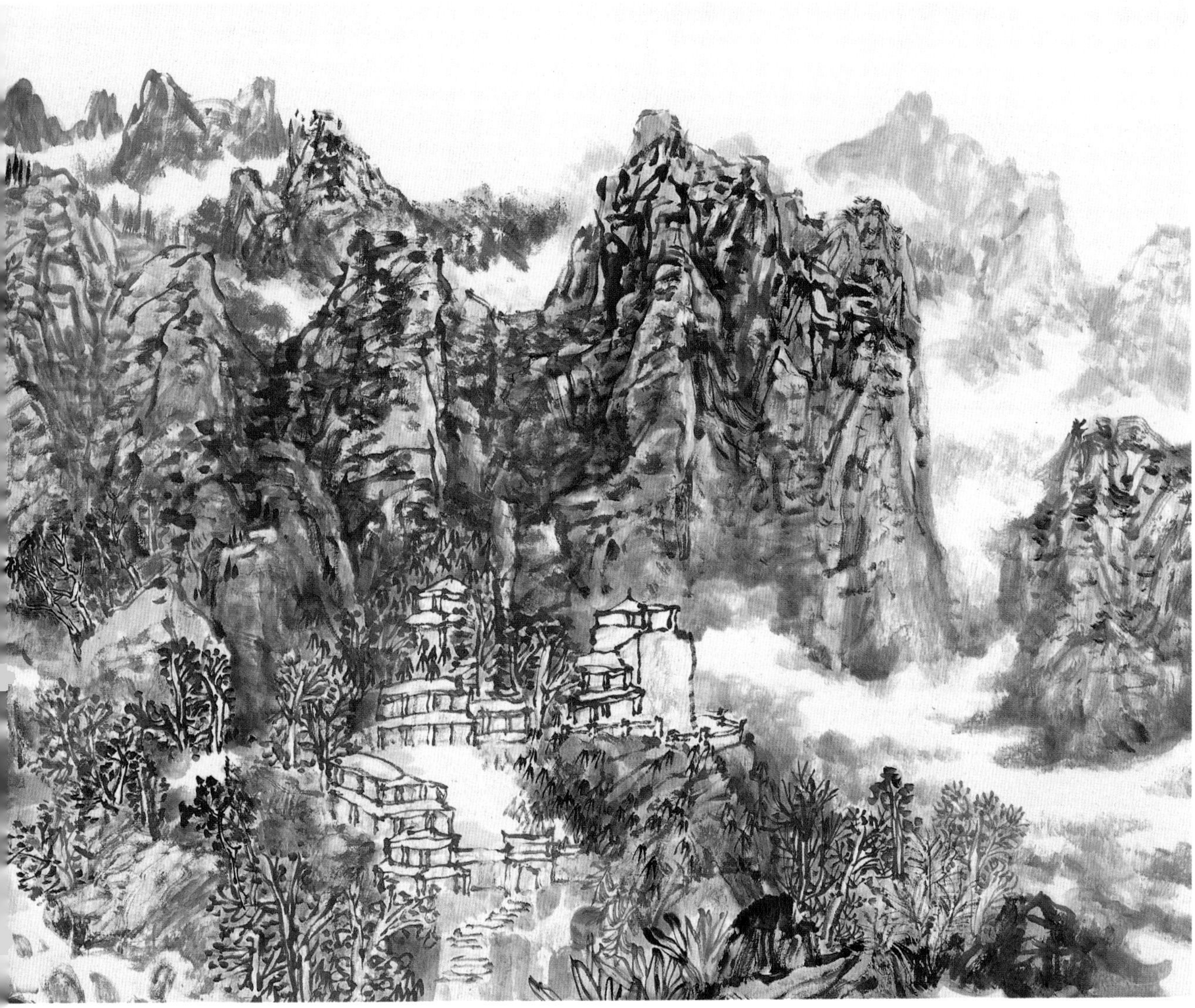

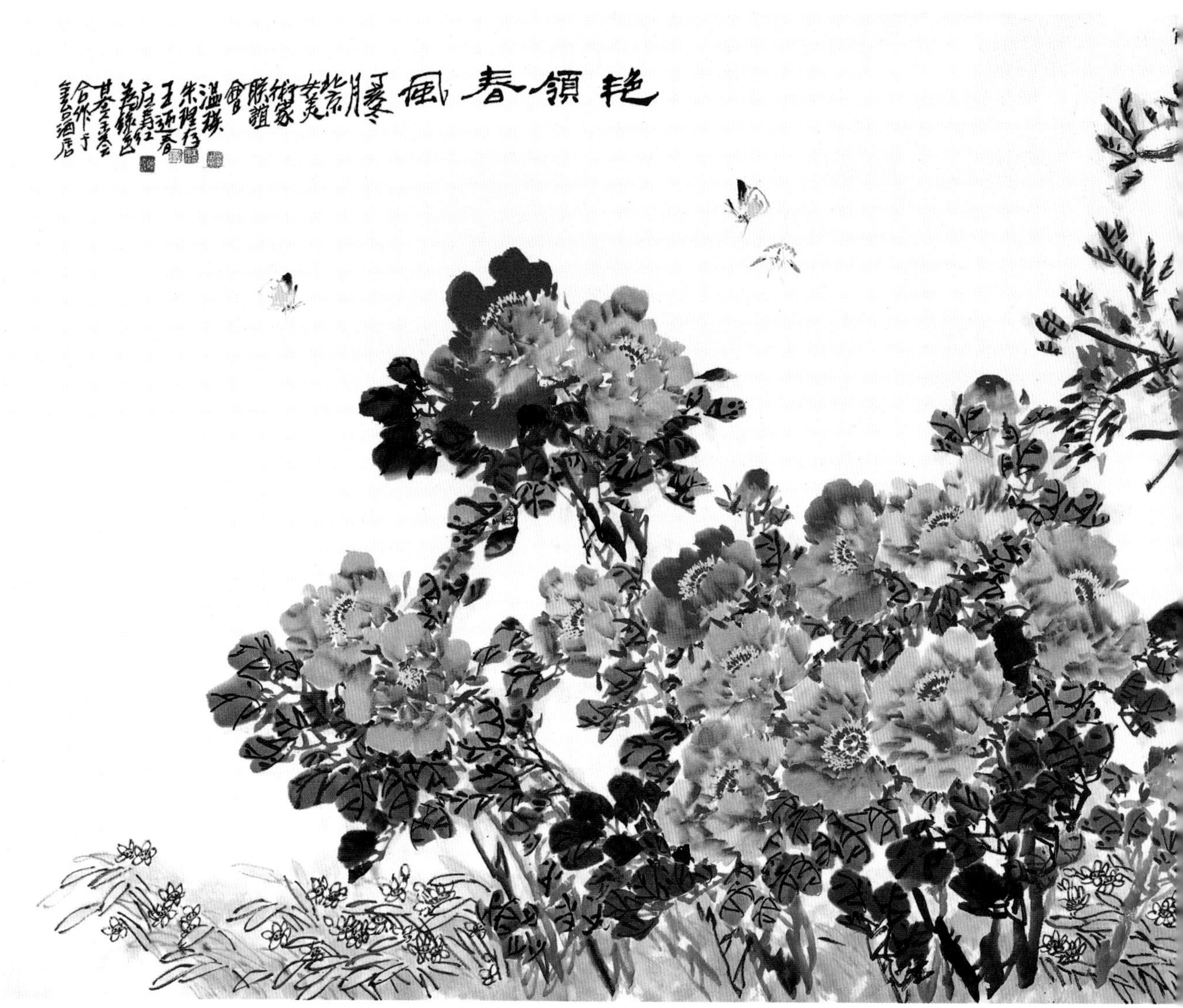

艳领春风

作　　者 / 温瑛　朱理存　王迎春　庄寿红
作品尺寸 / 400cm×162cm
创作时间 / 2007年

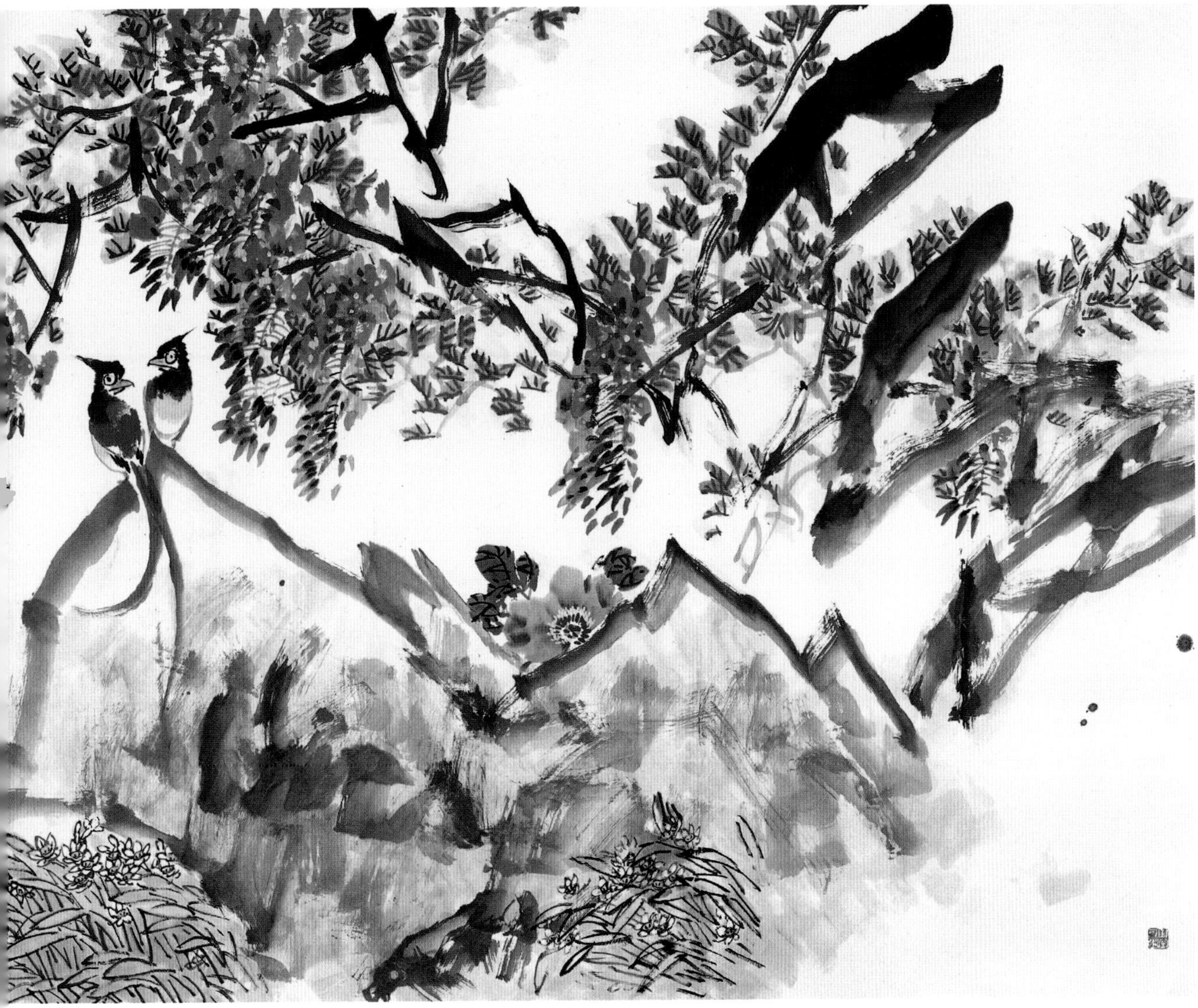

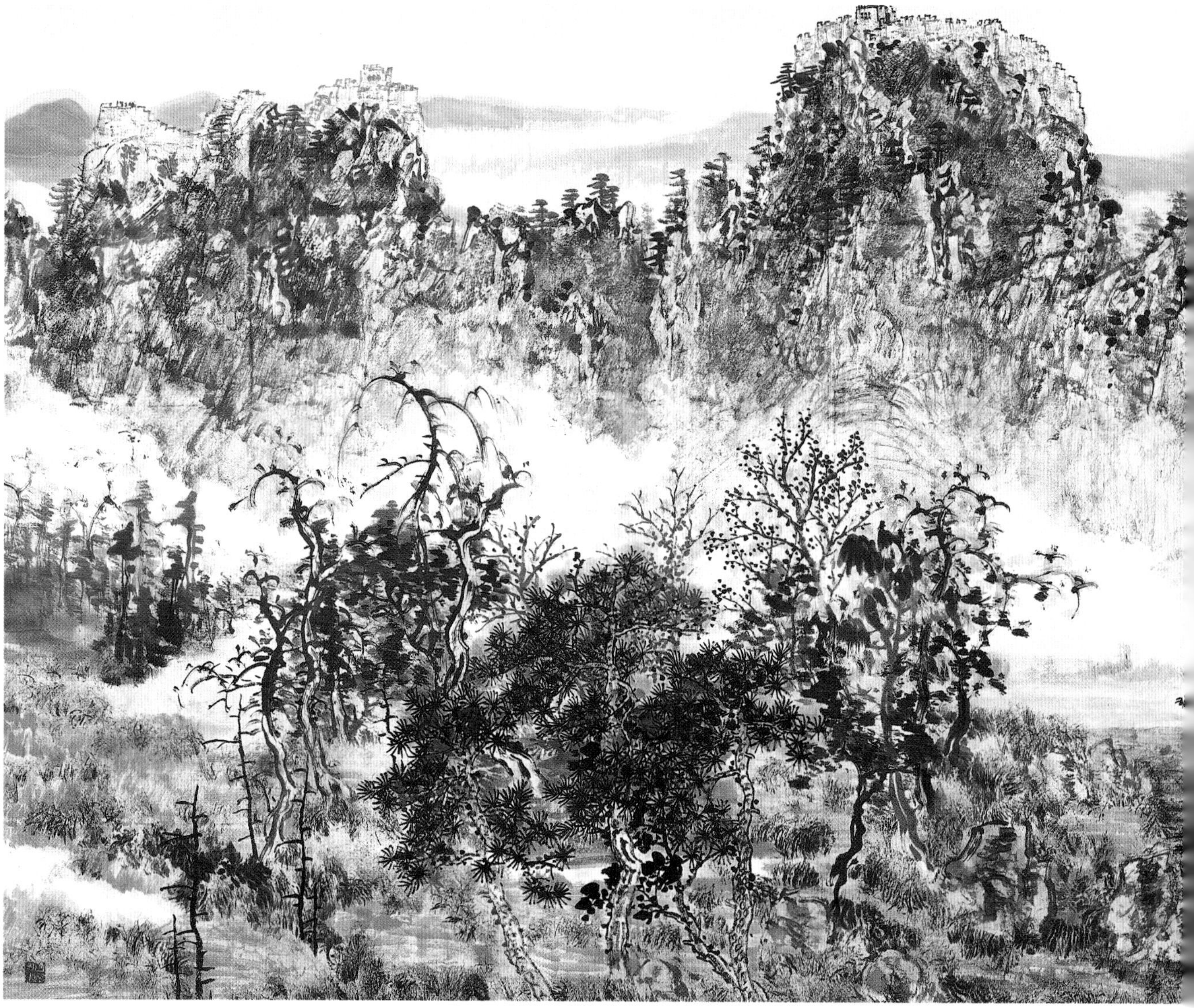

辉光耀神州

作　　者 / 段铁　孙剑　张龙新　彭利铭
作品尺寸 / 400cm × 162cm
创作时间 / 2007年

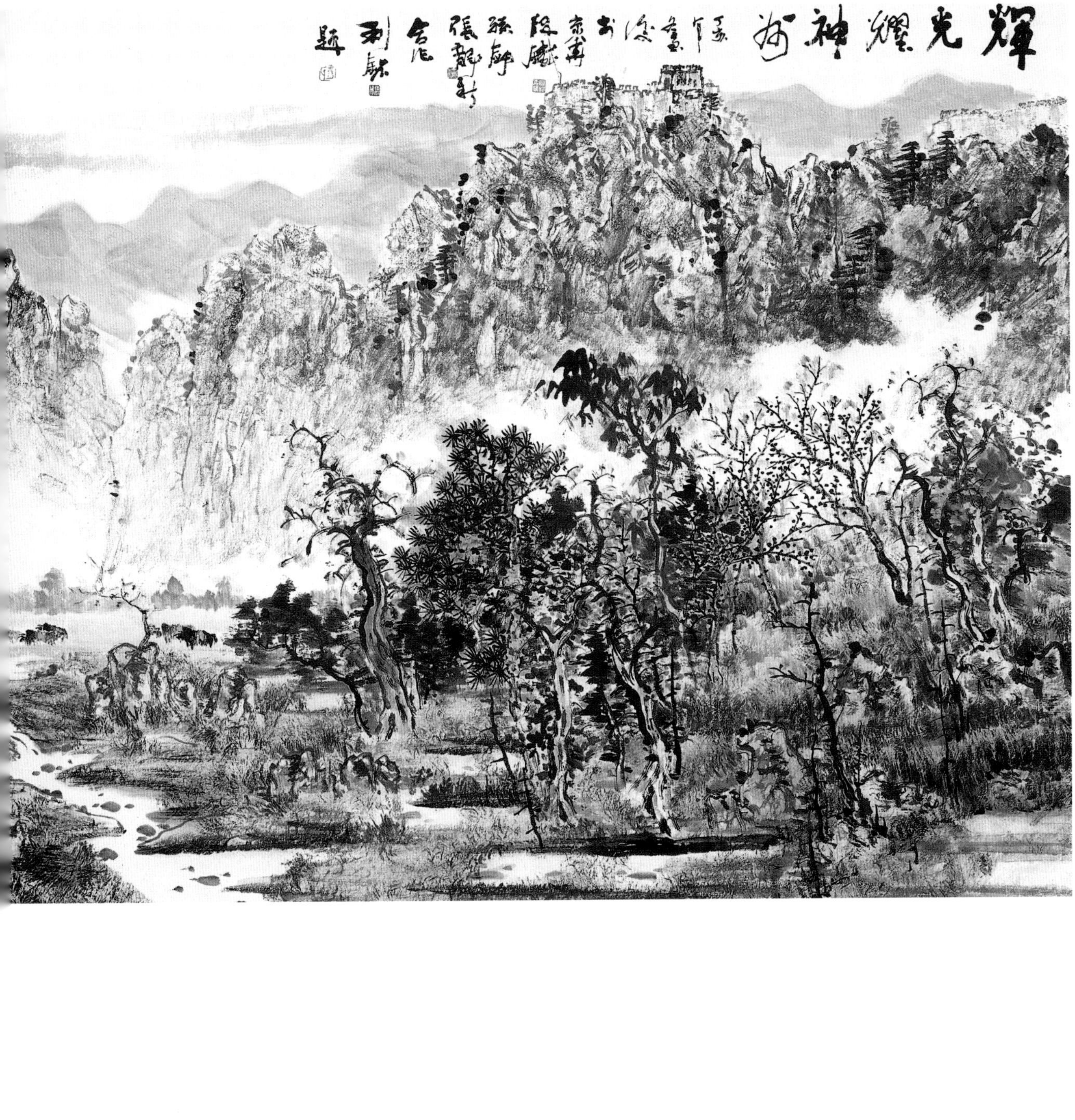
輝光耀神州

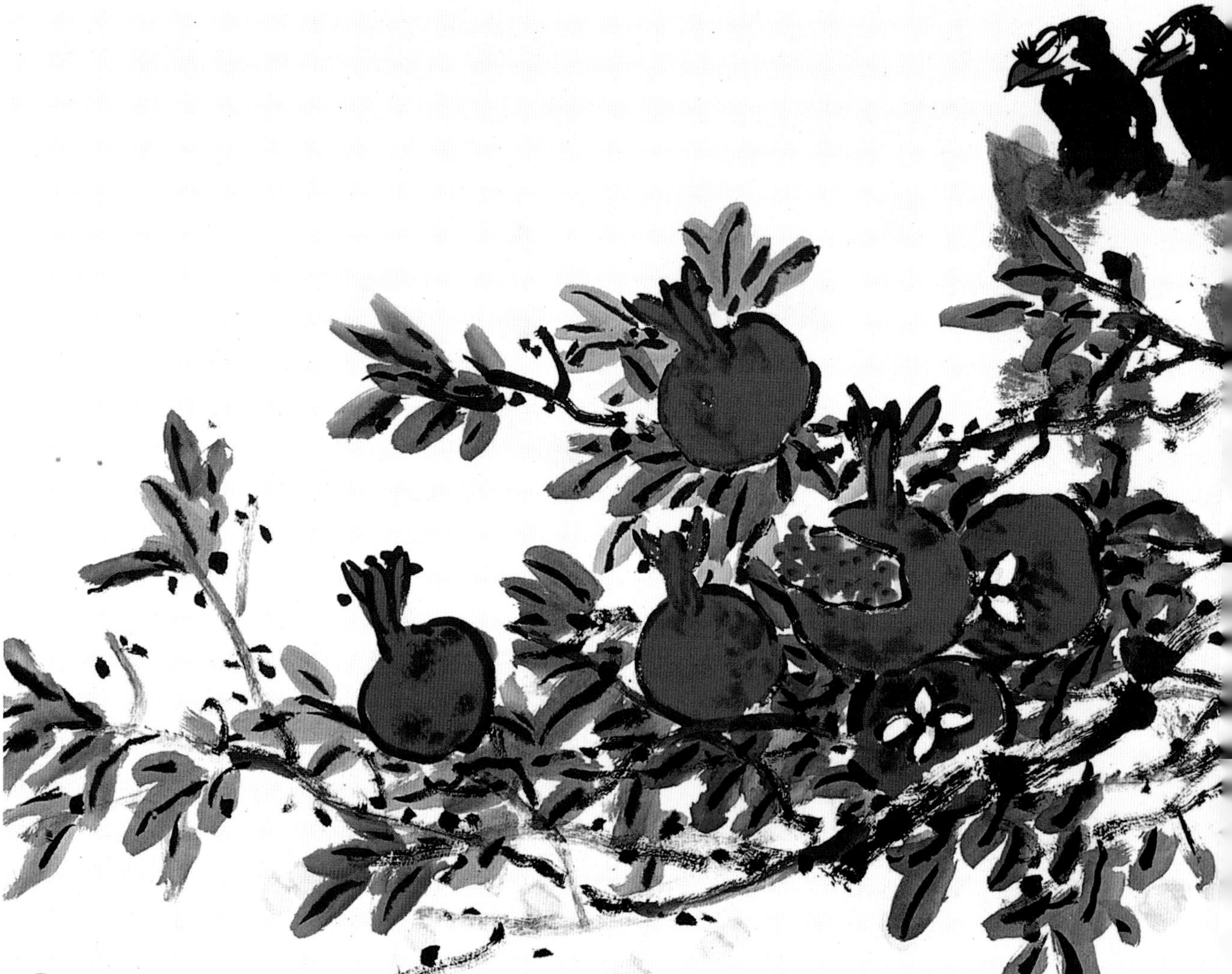

秋实图

作　　者 / 解永全　胡宝利　邢少臣
作品尺寸 / 250cm×120cm
创作时间 / 2007年

秋實圖
永金室刻

金石寿

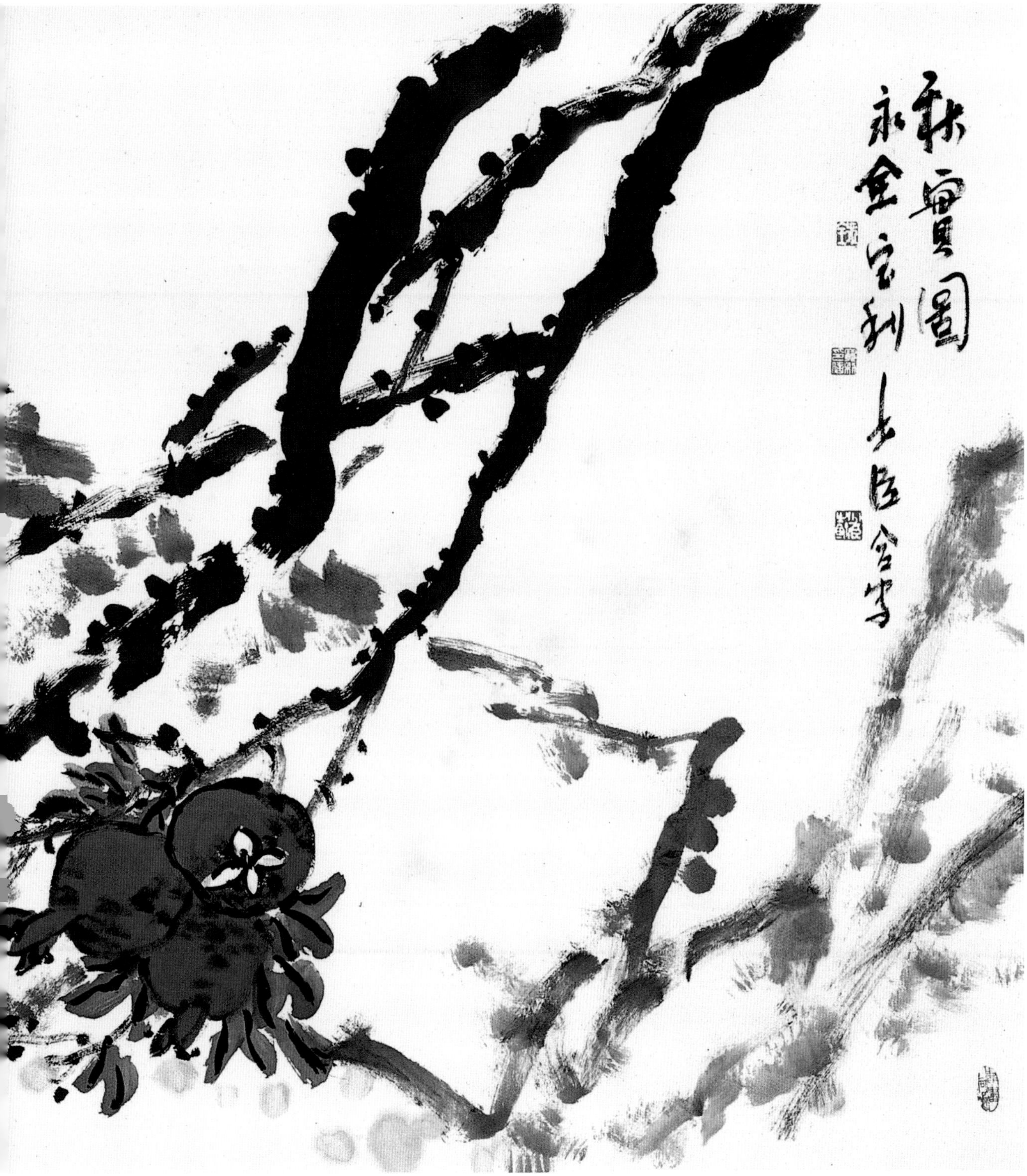

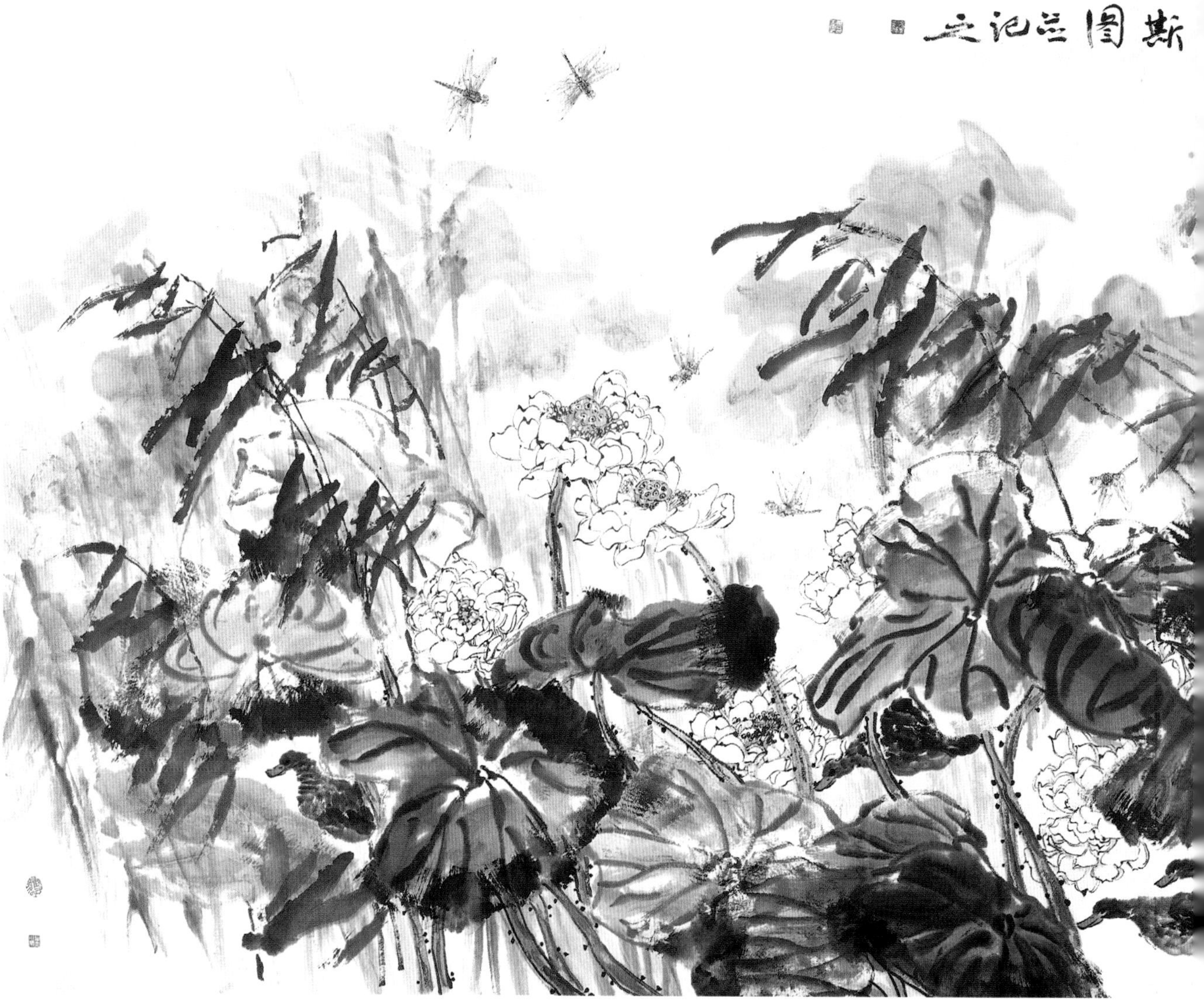

莲香映水风

作　　者 / 田向农　王云亮
作品尺寸 / 400cm×162cm
创作时间 / 2007年

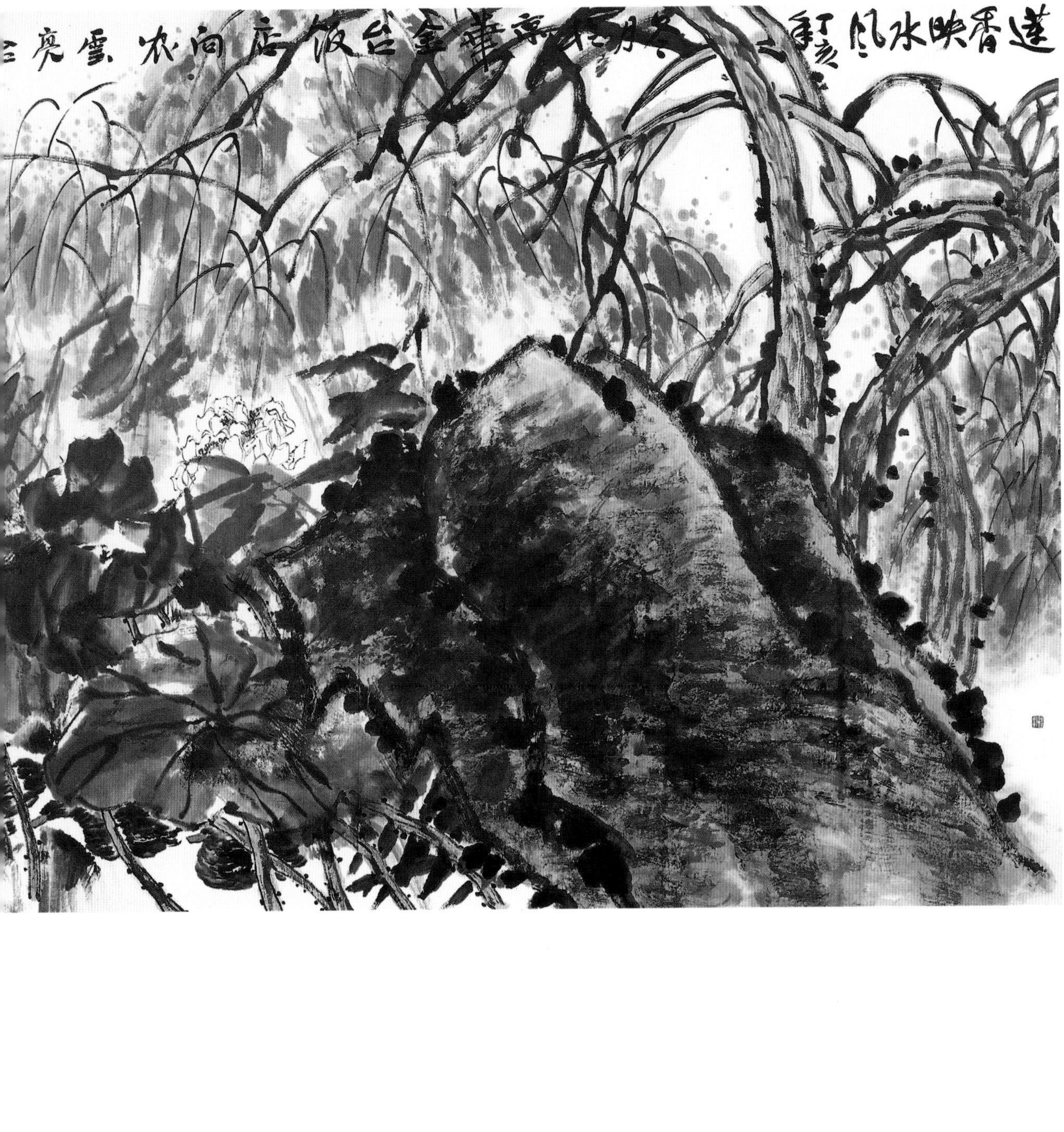

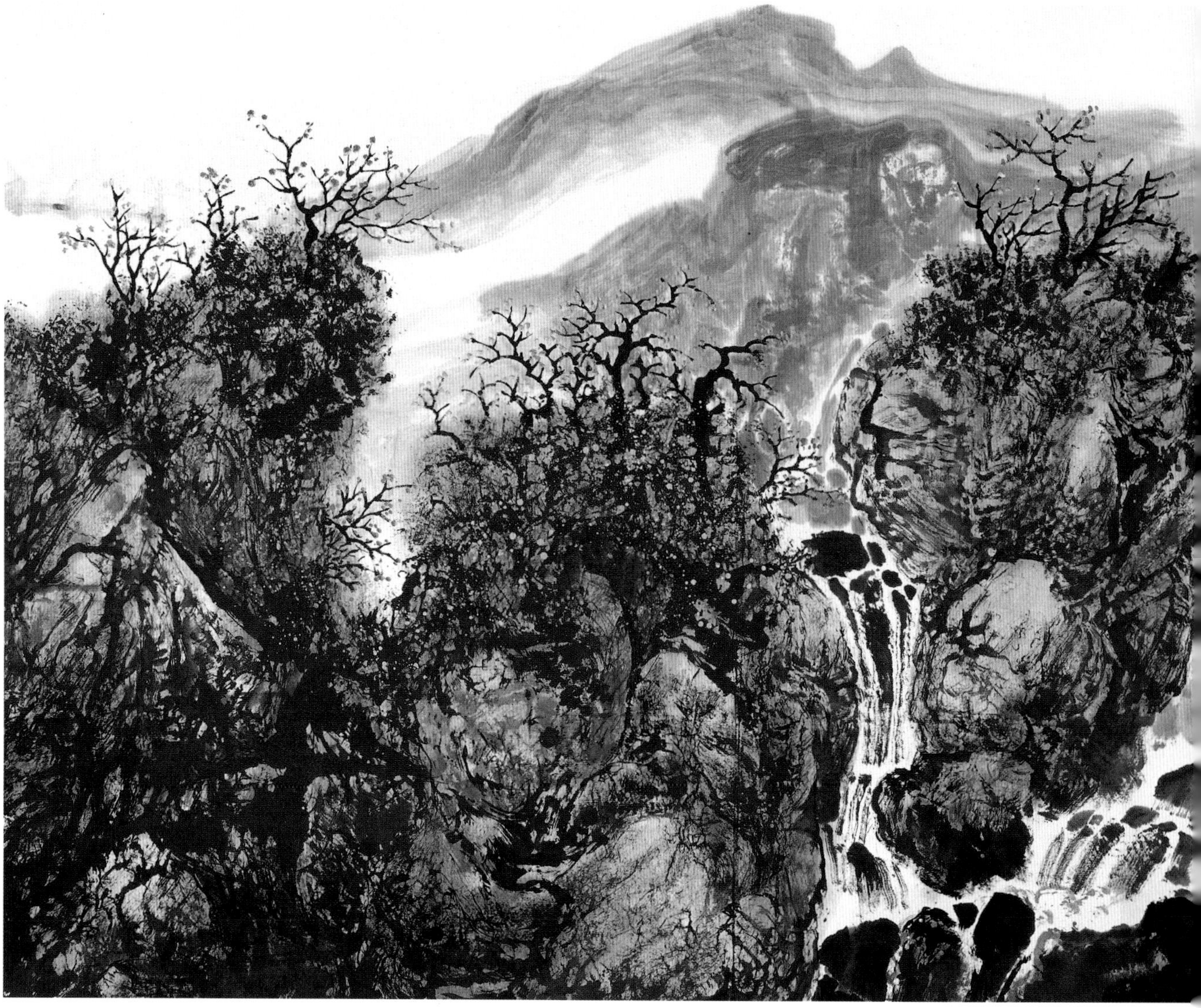

万山响幽泉

作　　者 / 陈克永　于永茂
作品尺寸 / 400cm×162cm
创作时间 / 2007年

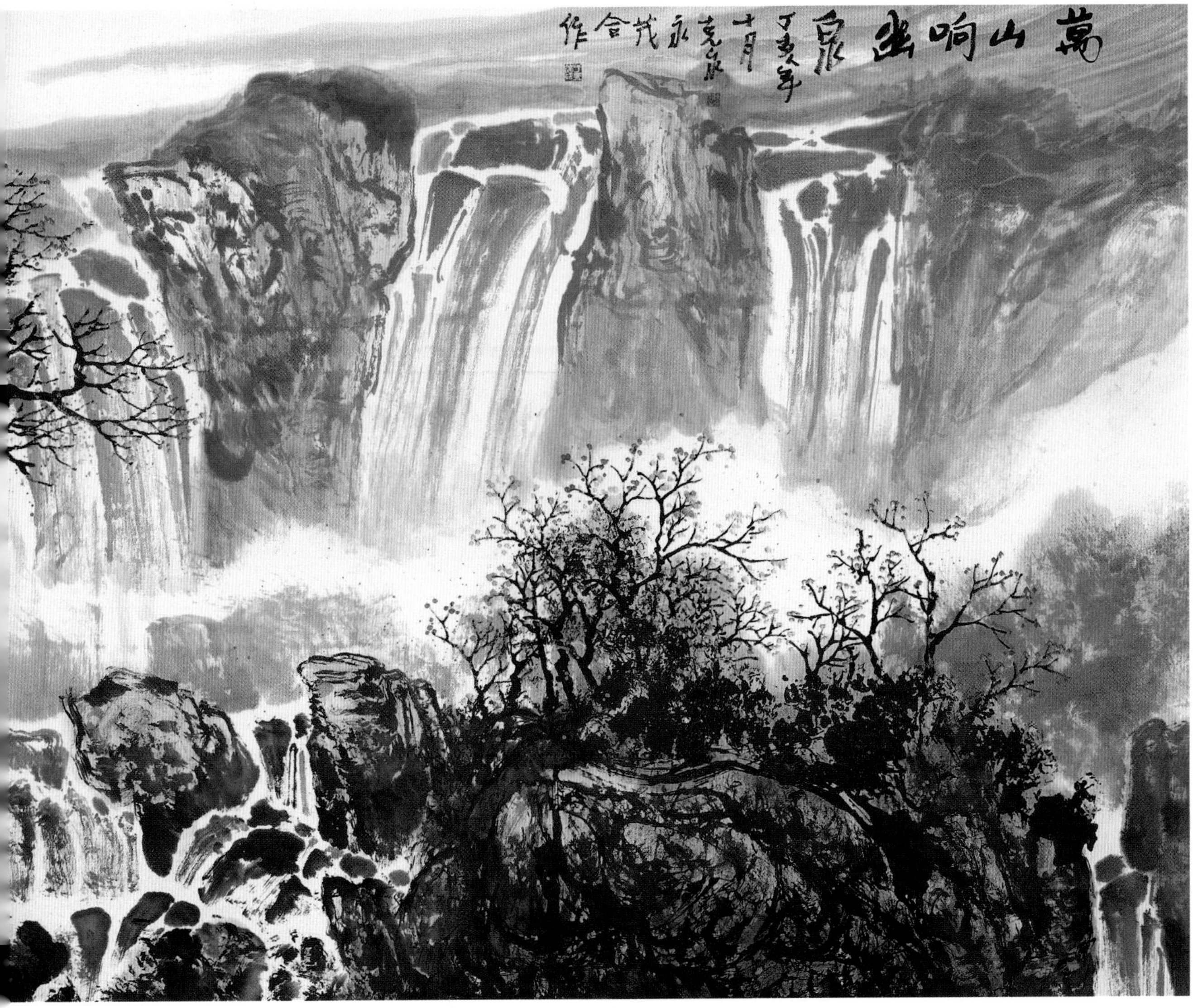
萬山响幽泉
丁亥年十月克良永茂合作

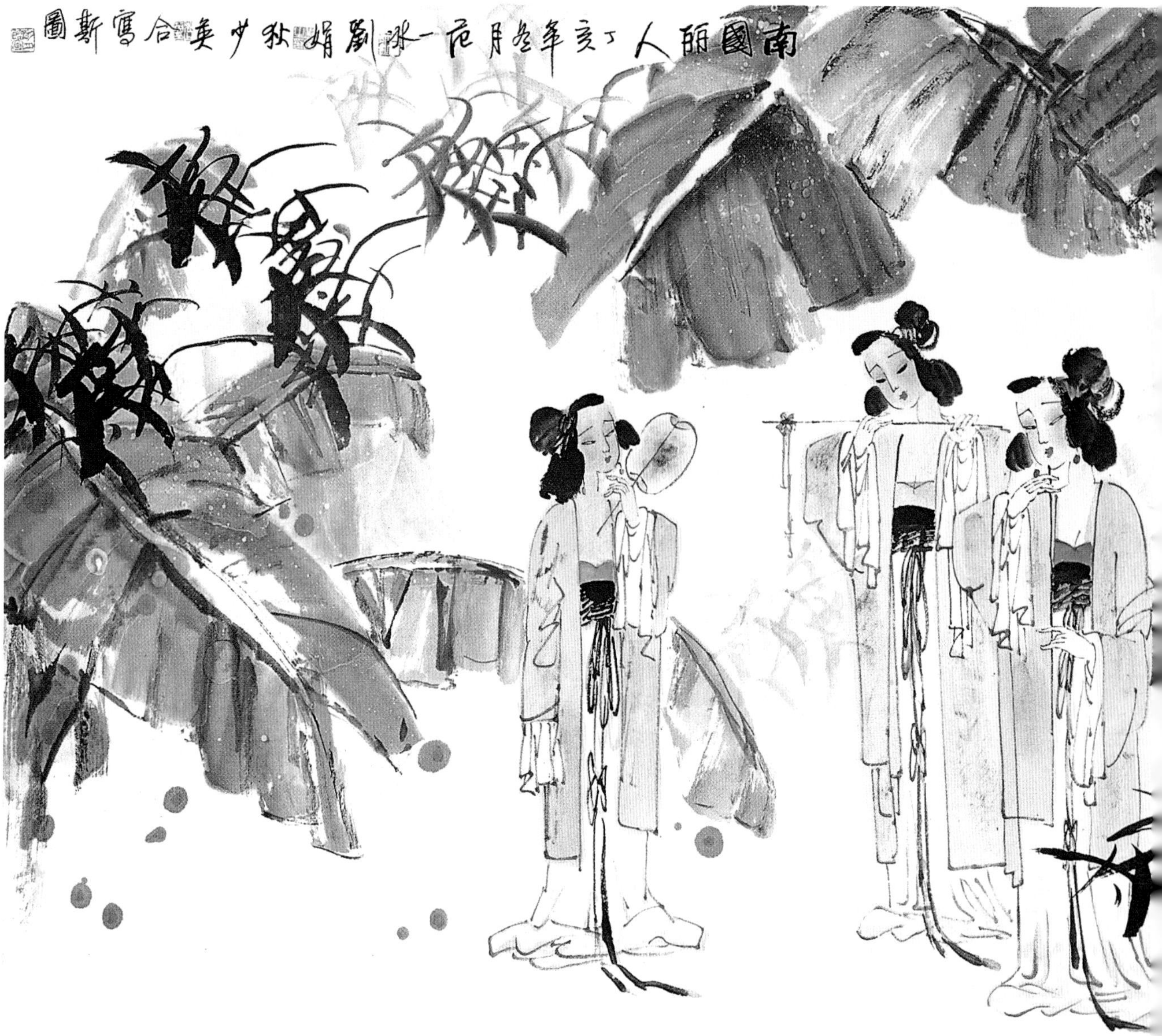

南国丽人

作　　者 / 范国荣　刘娟　狄少英
作品尺寸 / 250cm×120cm
创作时间 / 2007年

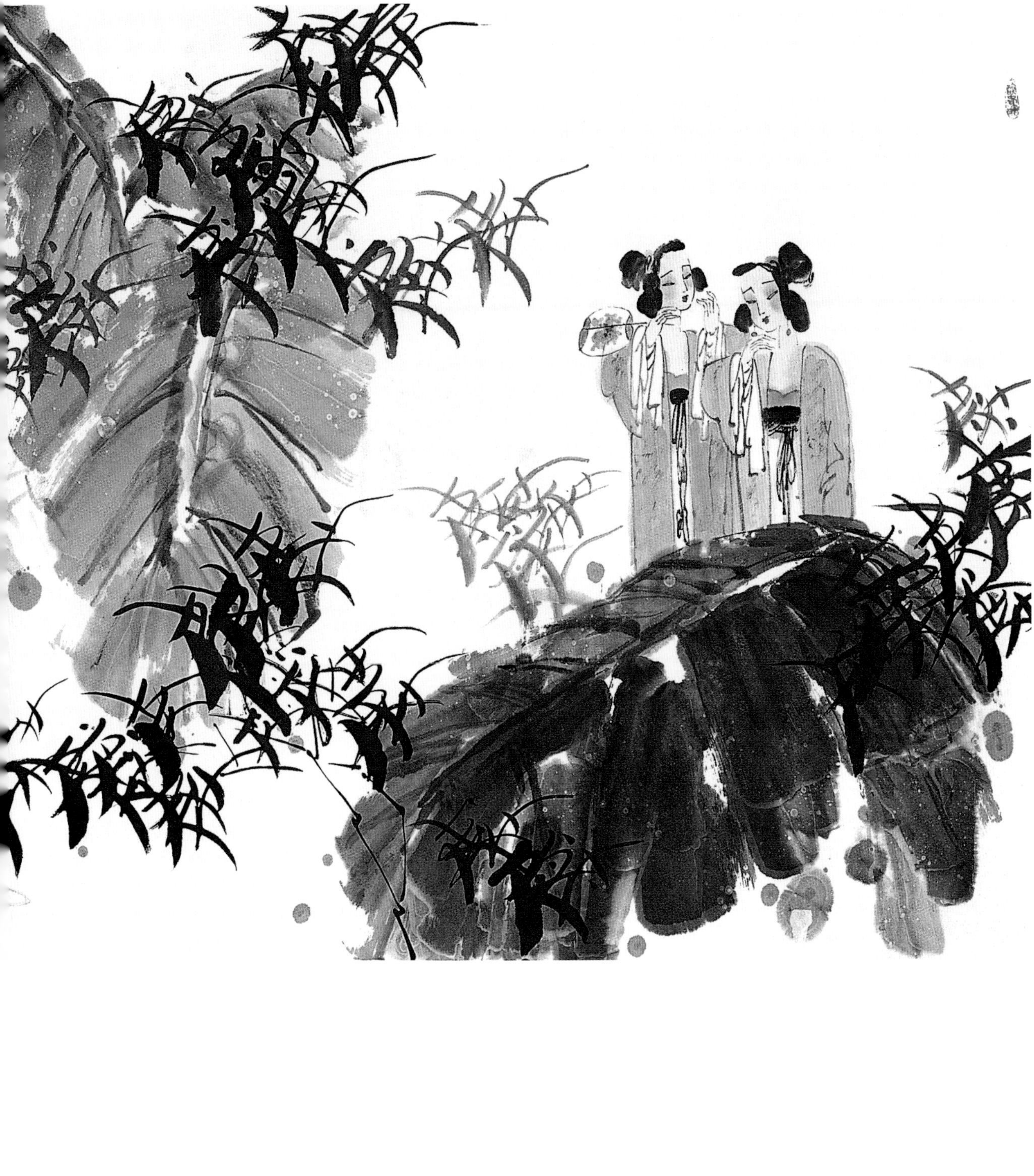

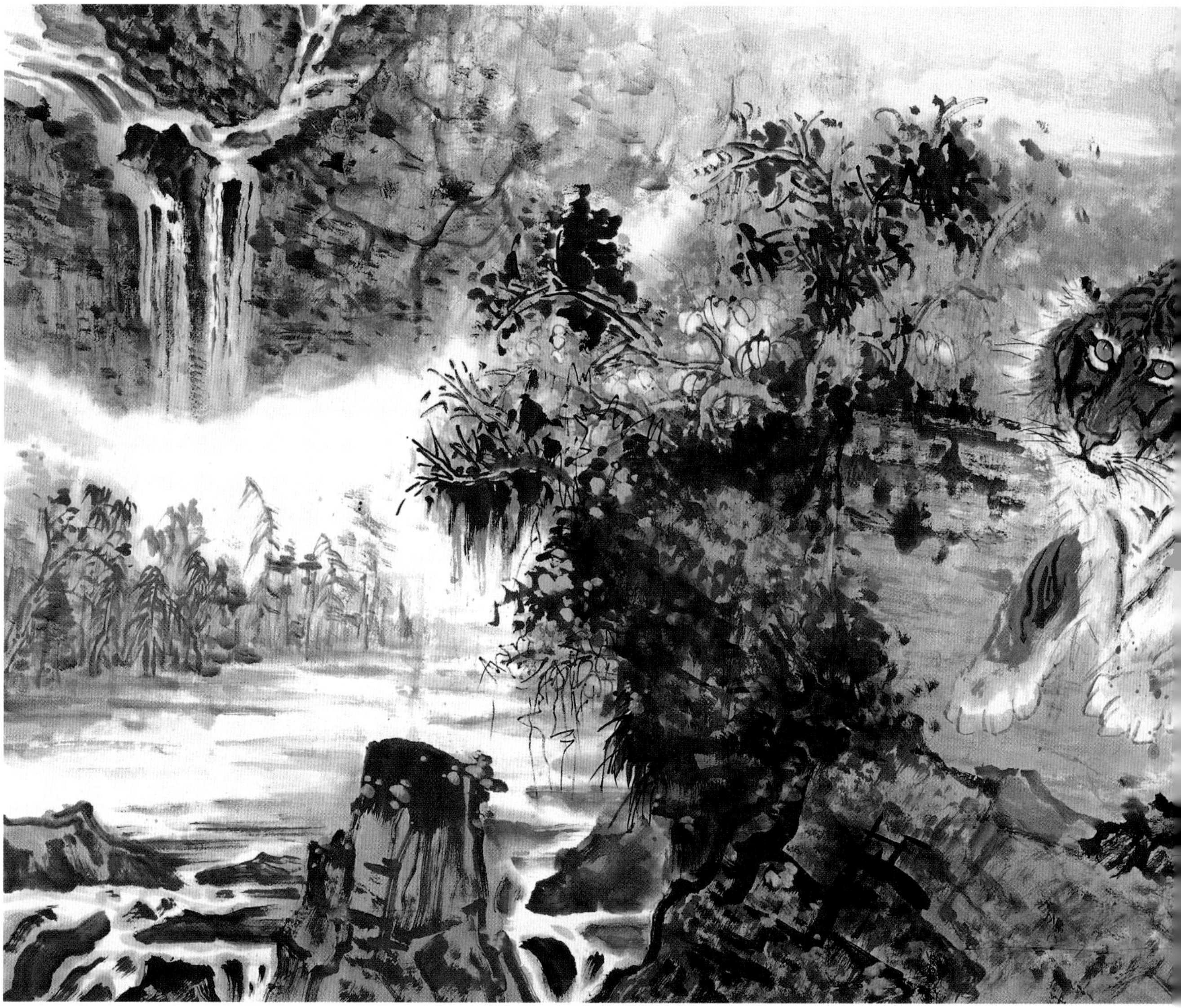

虎啸风声远

作　　者 / 孙恺　孙剑　左文辉　吴震启
作品尺寸 / 400cm × 162cm
创作时间 / 2007年

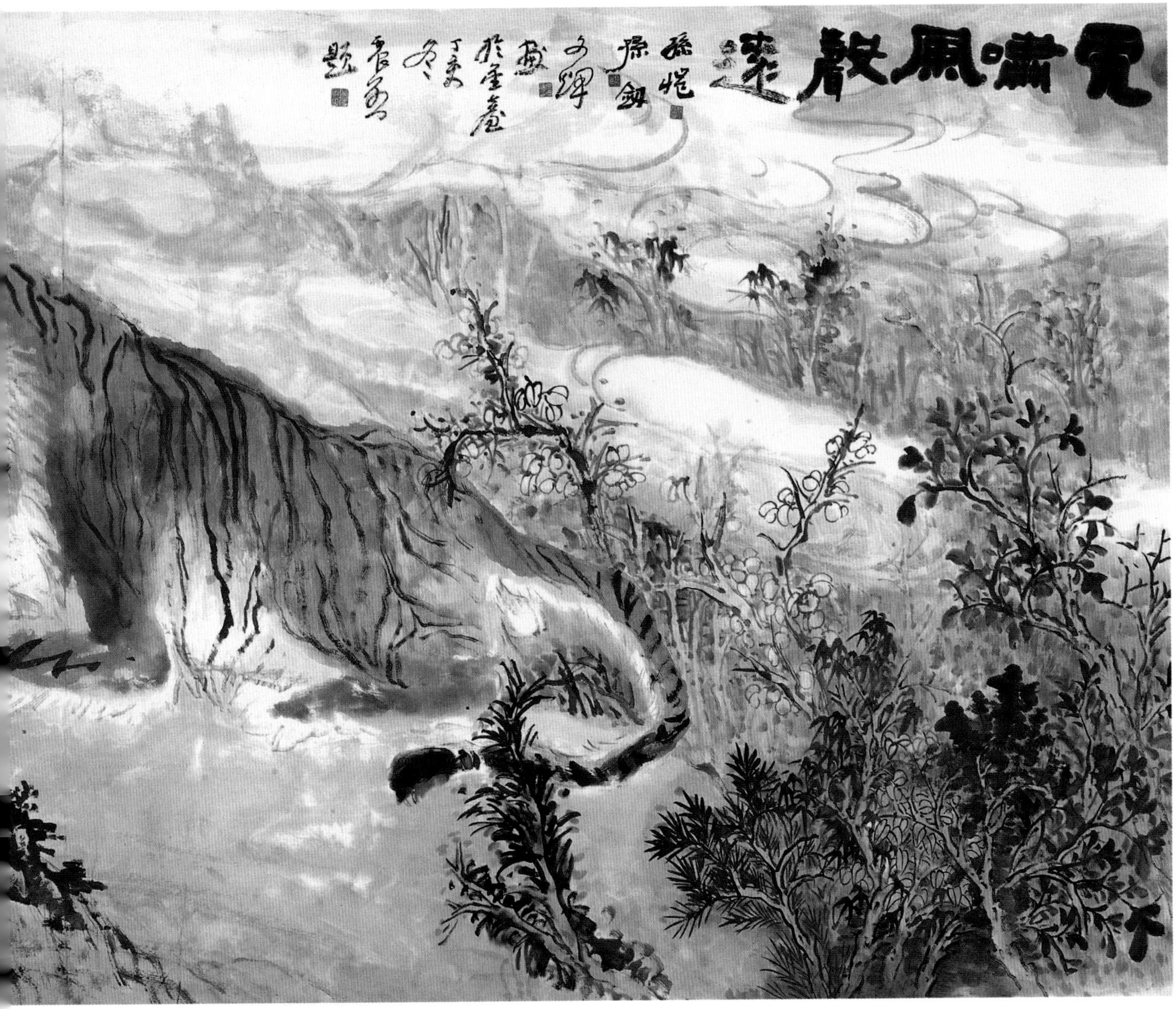
虎嘯風聲遠

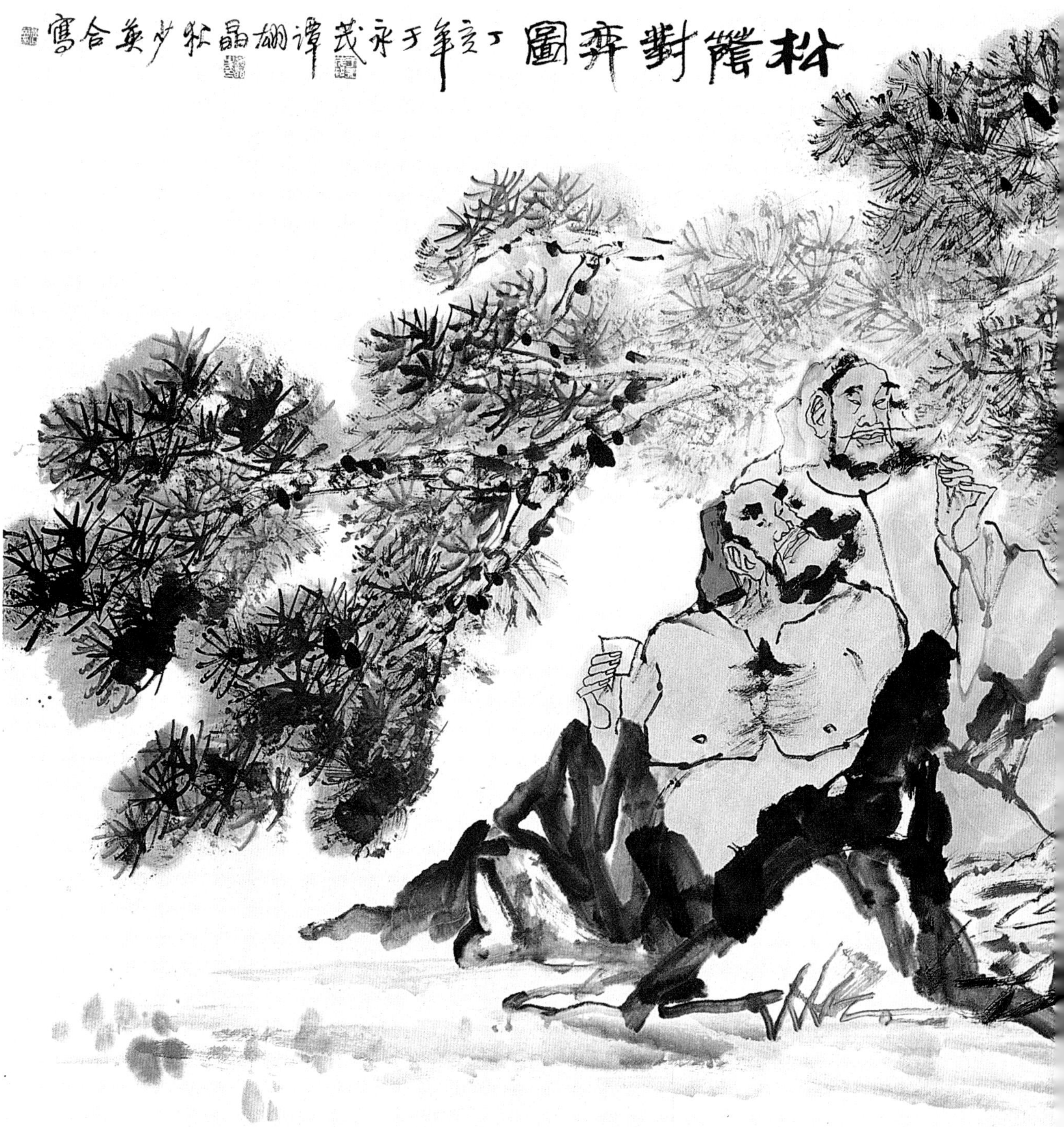

松荫对弈图

作　　者 / 于永茂　谭翊晶　狄少英

作品尺寸 / 250cm×120cm

创作时间 / 2007年

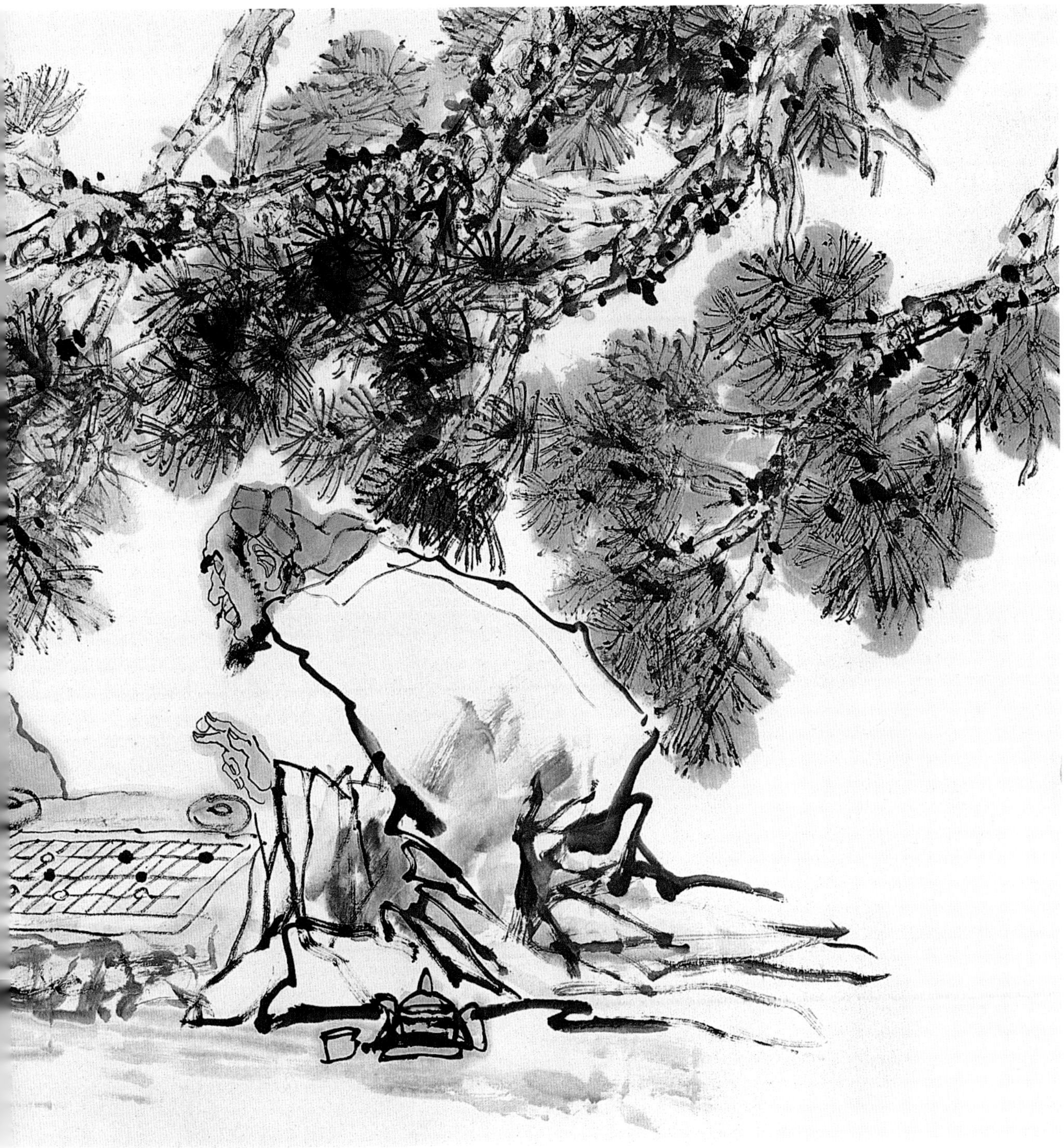

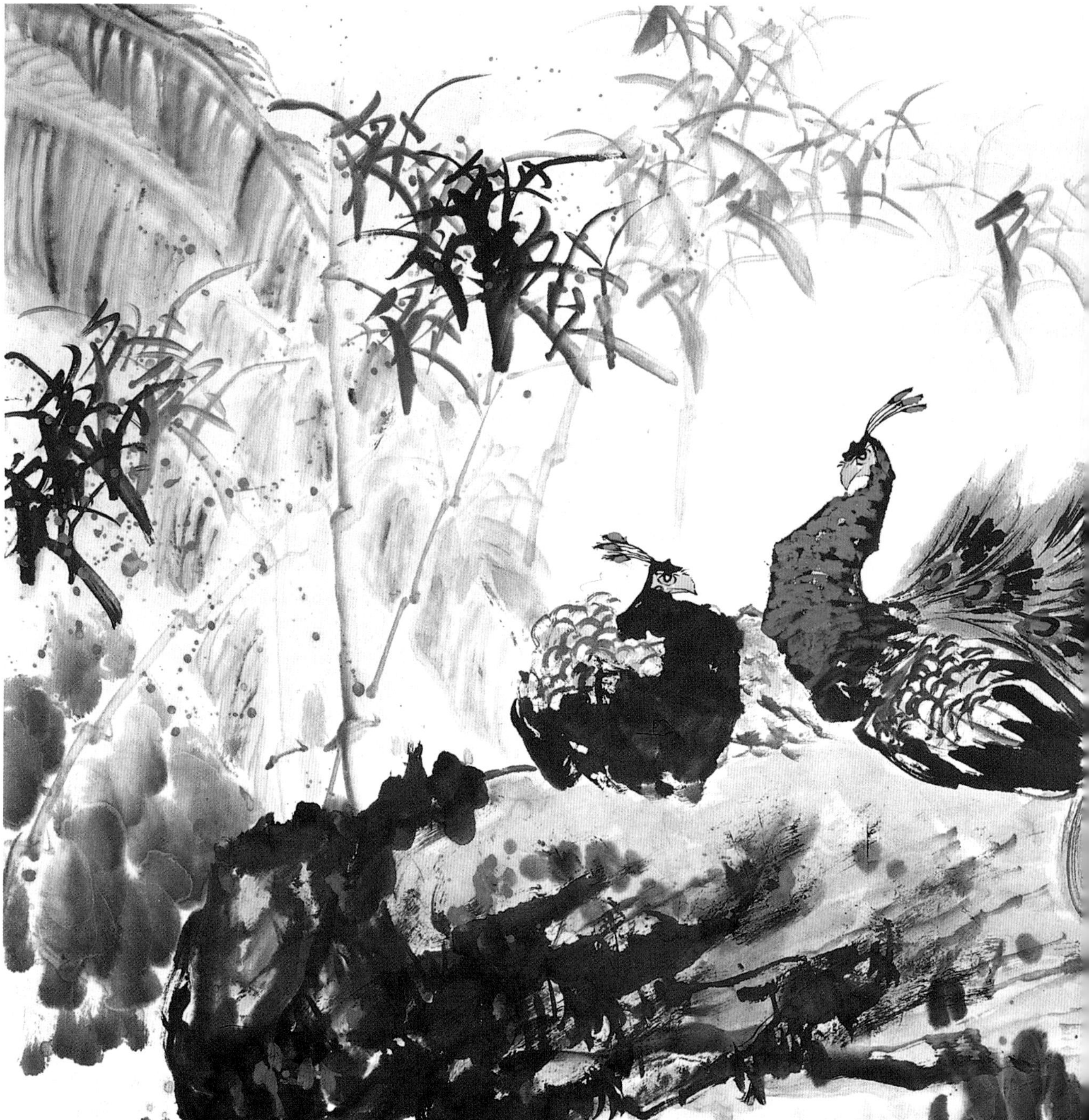

竹林双栖图

作　　者 / 谭翙晶　于永茂　刘中　狄少英
作品尺寸 / 250cm×120cm
创作时间 / 2007年

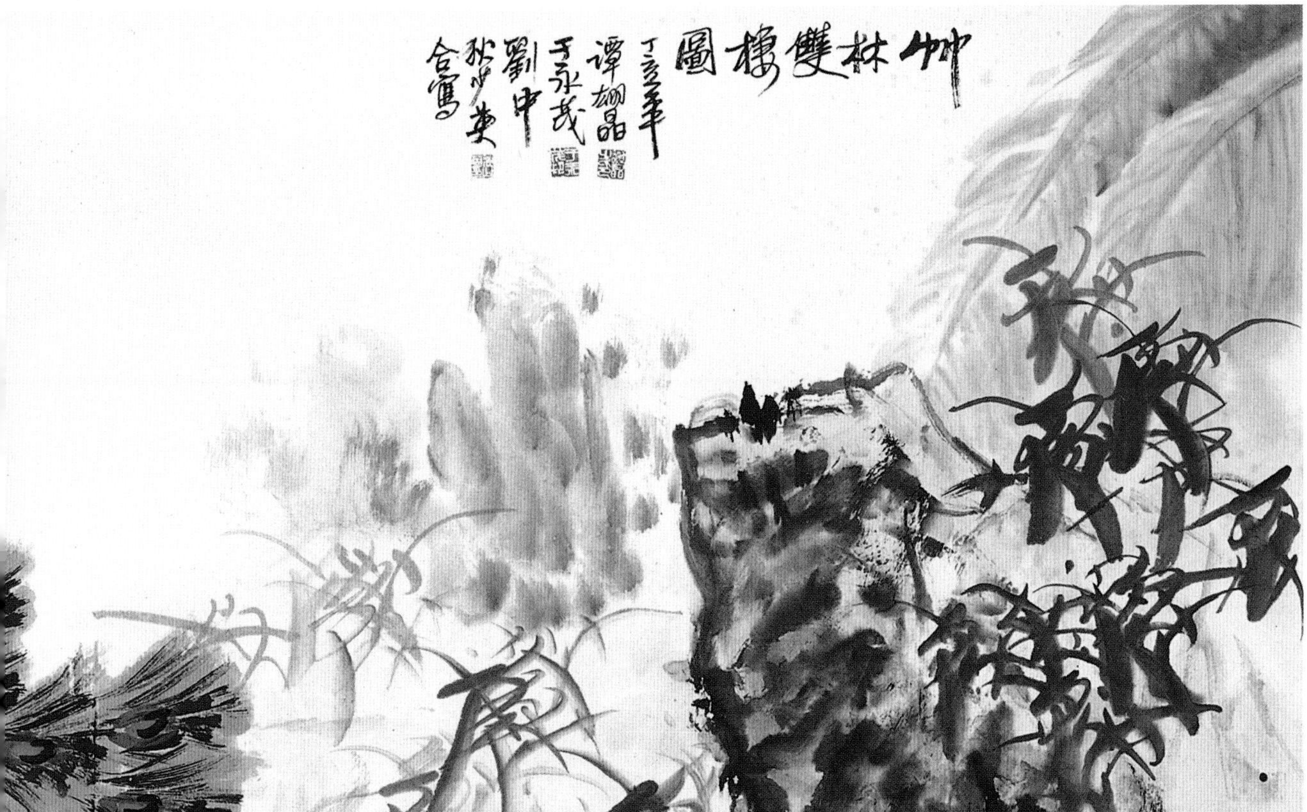
艸林雙棲圖
丁亥年
譚翊晶
于永武
劉中
秋少英
合寫

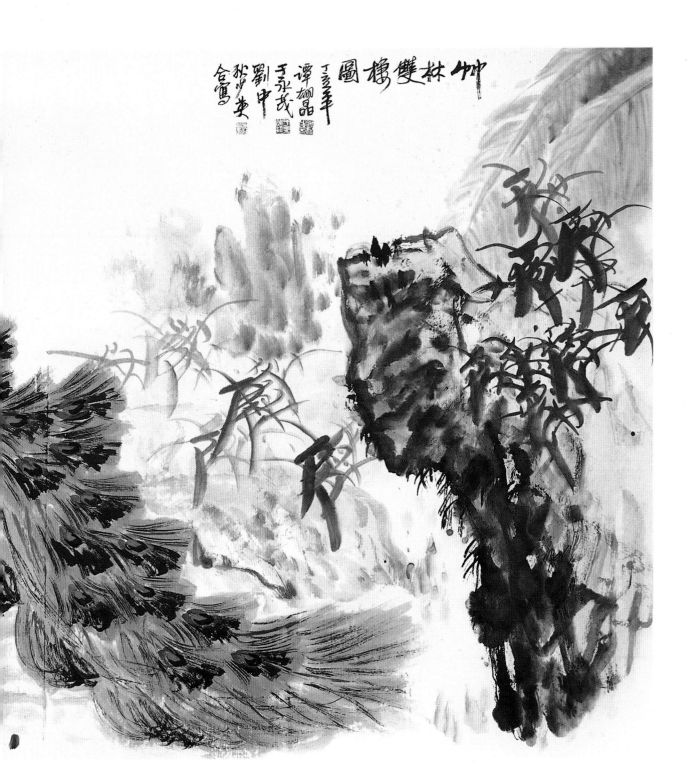

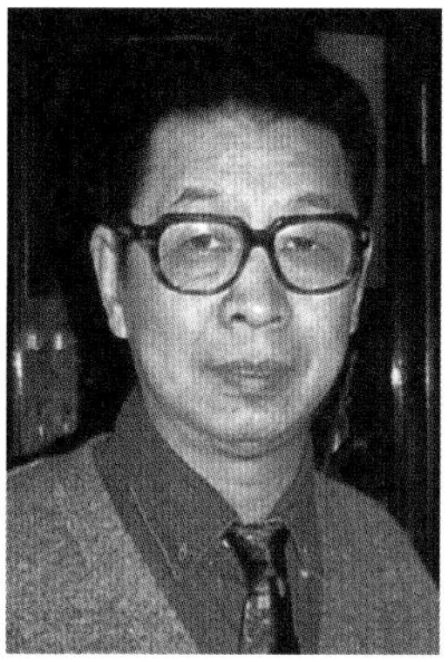

张道兴

1935年4月生，河北省沧县人。中国美术家协会理事、中国画艺术委员会委员、中国书法家协会理事、书法创作评审委员会委员、海军政治部创作室专业画家、国家一级美术师，享受国家政府津贴。出版有《张道兴书画集》、《张道兴画集》等。

蕉林

作品尺寸 / 68cm×68cm
创作时间 / 2006年

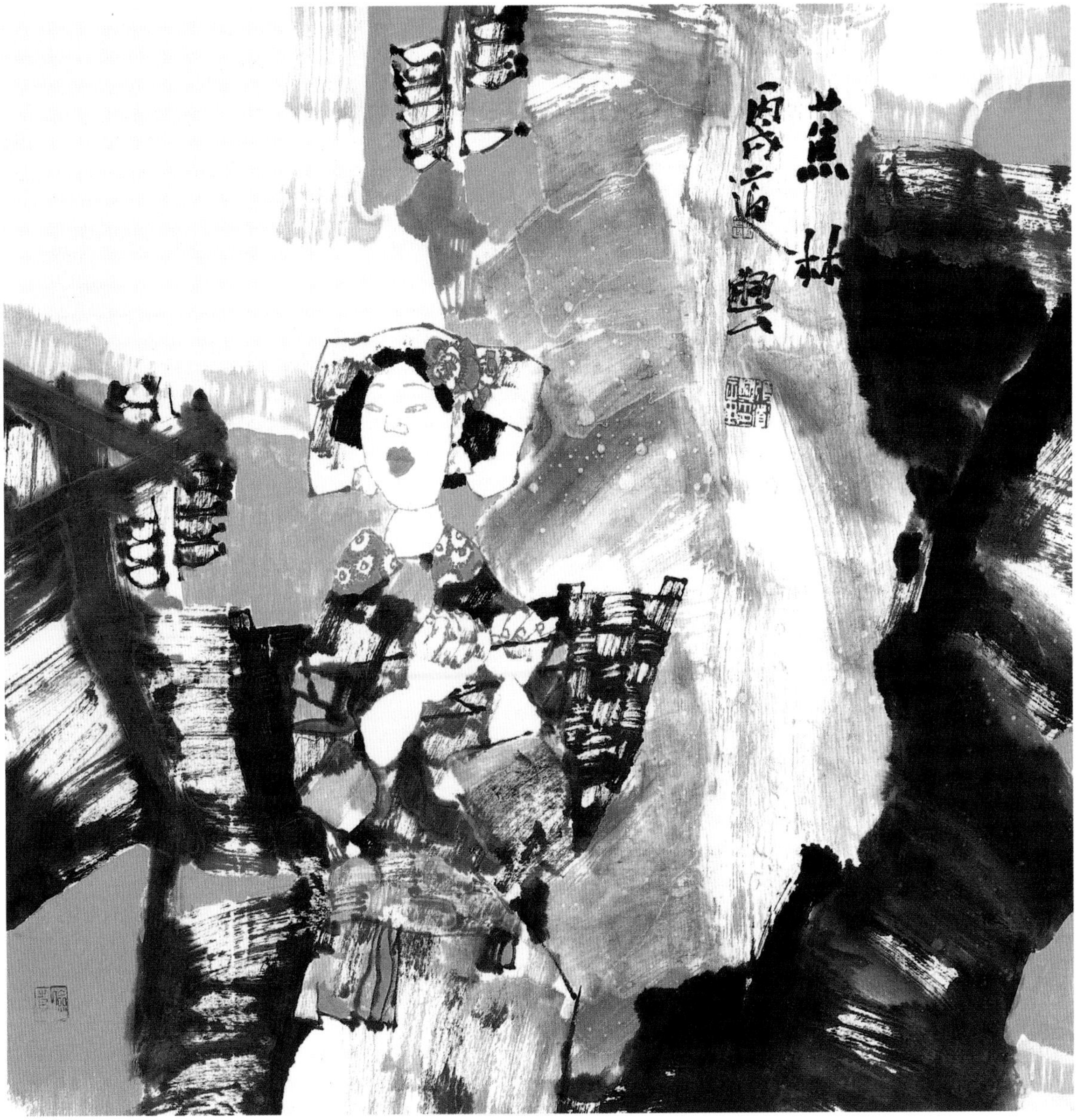

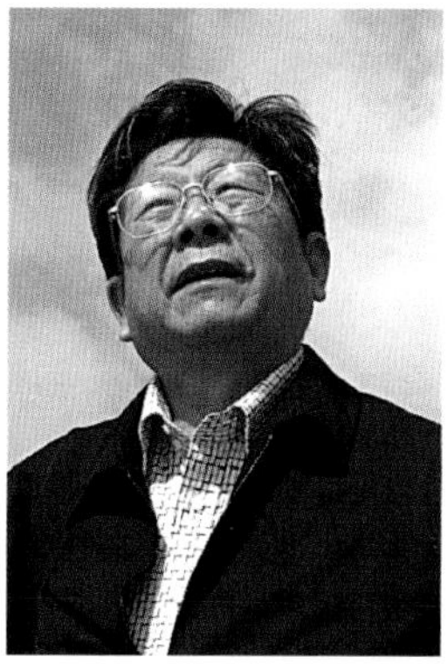

于志学

1935年生，黑龙江省肇东市人。冰雪山水画创始人、中国美术家协会理事、黑龙江省画院荣誉院长、黑龙江省国画会会长。出版有《于志学画集》和《冰雪山水画论》、《中国画黑白体系论》、《冰雪艺术美学》等专著。

猪年好种田

作品尺寸 / 69cm×69cm
创作时间 / 2007年

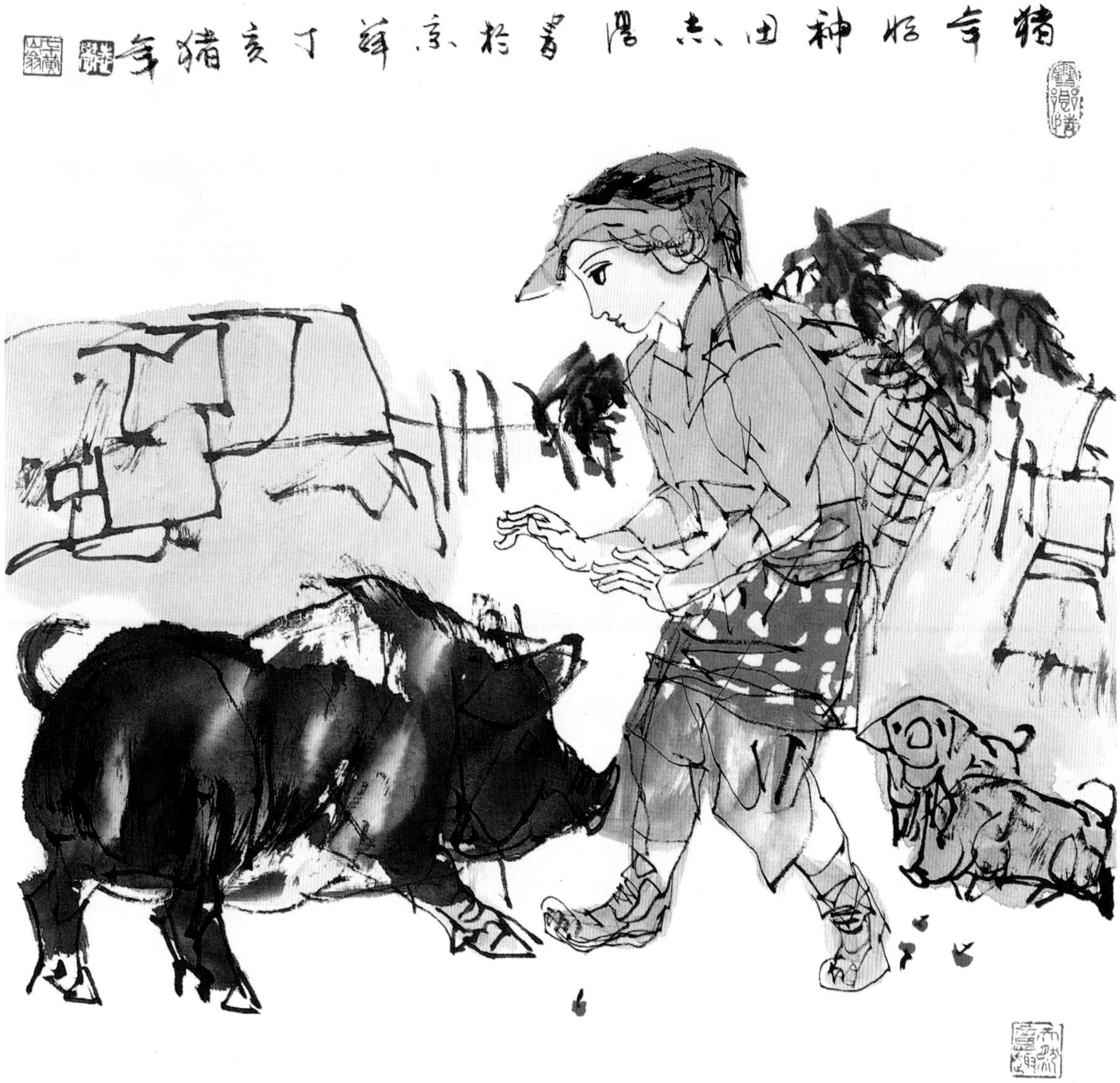

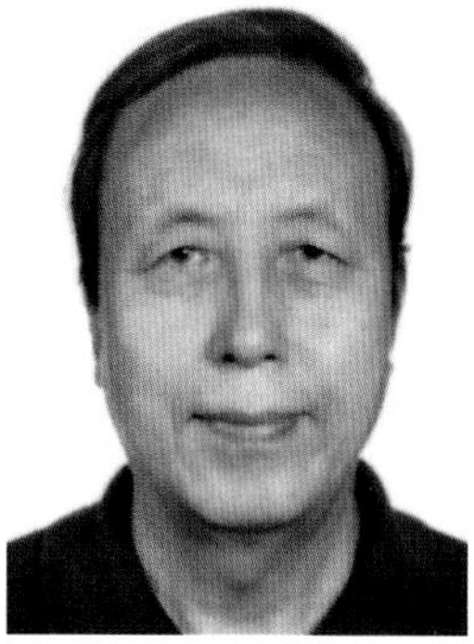

杜希贤

1937年生，山西临汾人。中国美术家协会会员、首都师范大学美术系教授、海淀区美术家协会副主席、王雪涛艺术研究会理事等。出版有《杜希贤画集》。

远瞻

作品尺寸 / 68cm×68cm
创作时间 / 2006年

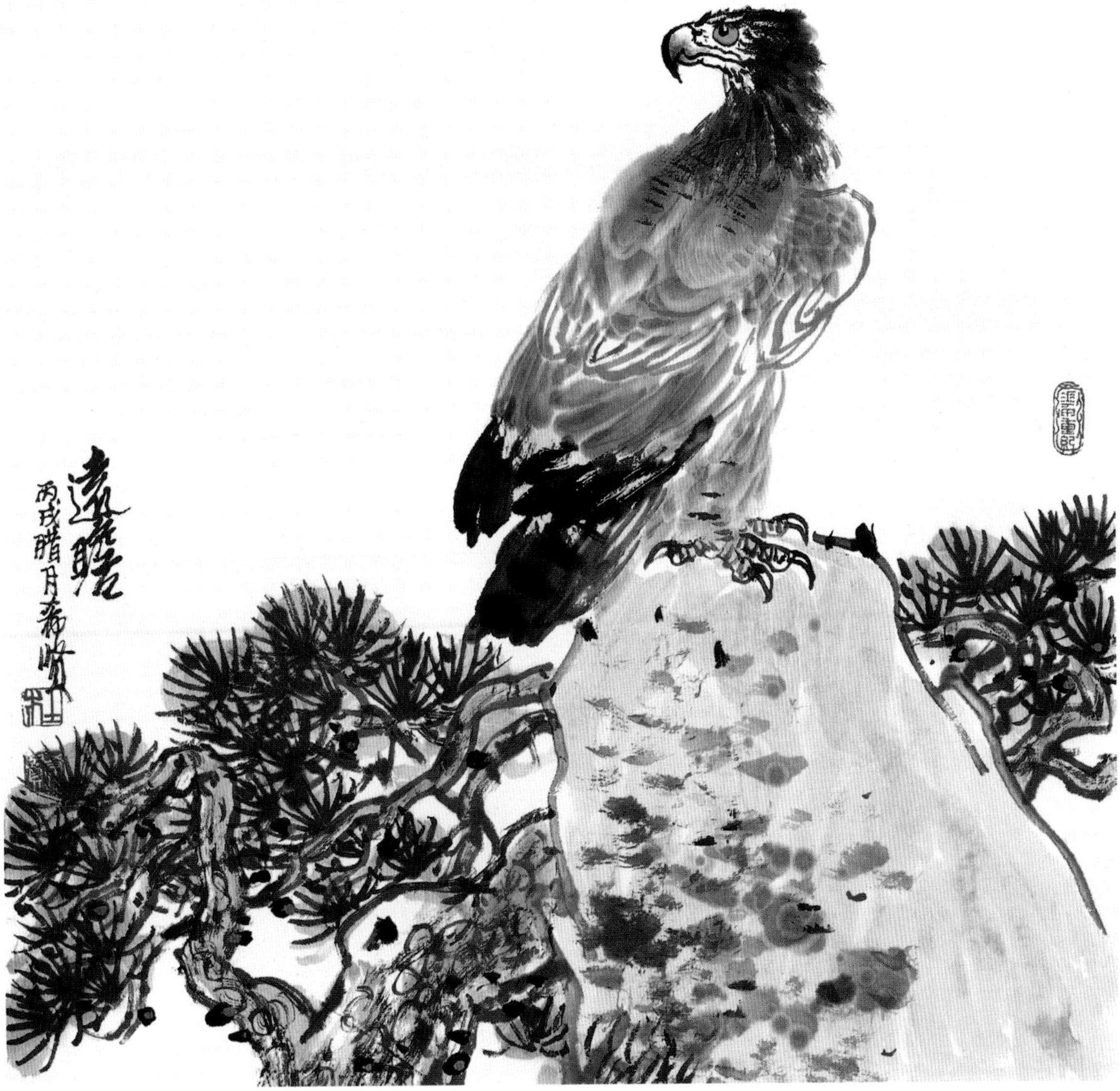

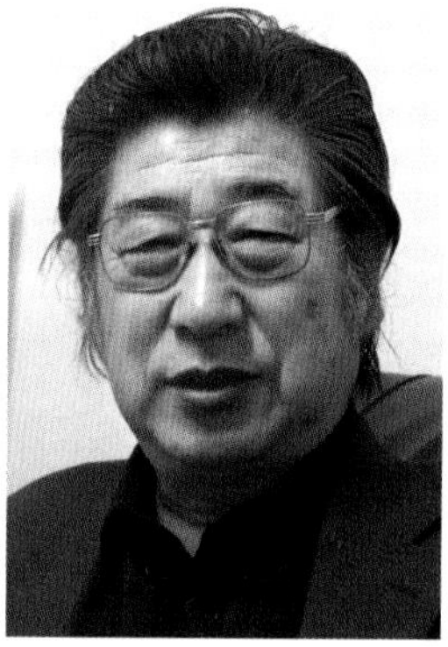

杨悦浦

1938年生，北京人。中国美术家协会编审。历任中国美术家协会艺术委员会秘书处处长，《美术家通讯》主编、编审，享受政府特殊津贴。出版有《门外絮语》、《与历史同行——杨悦浦1994年至1997年美术评论文选》等。

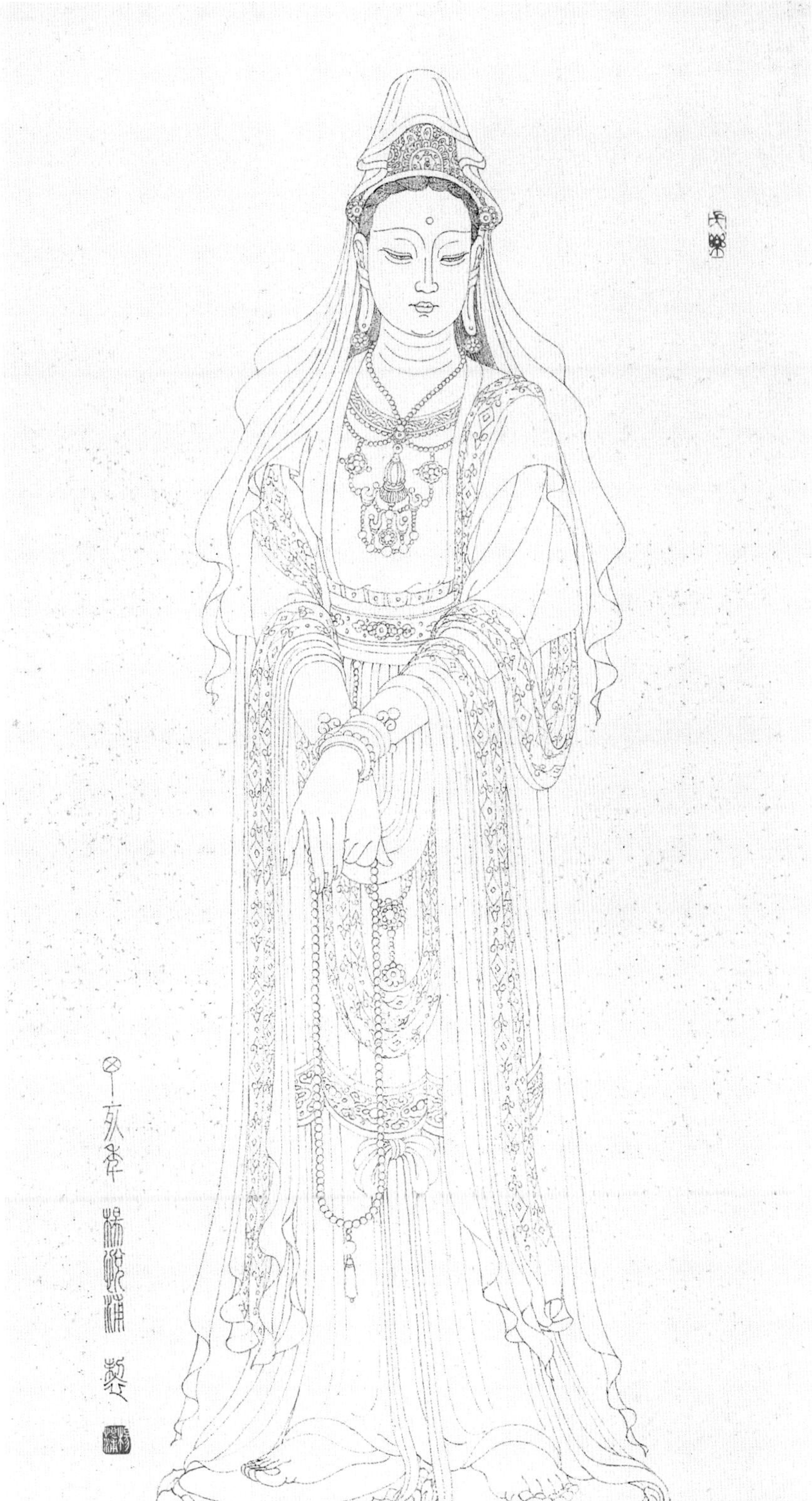

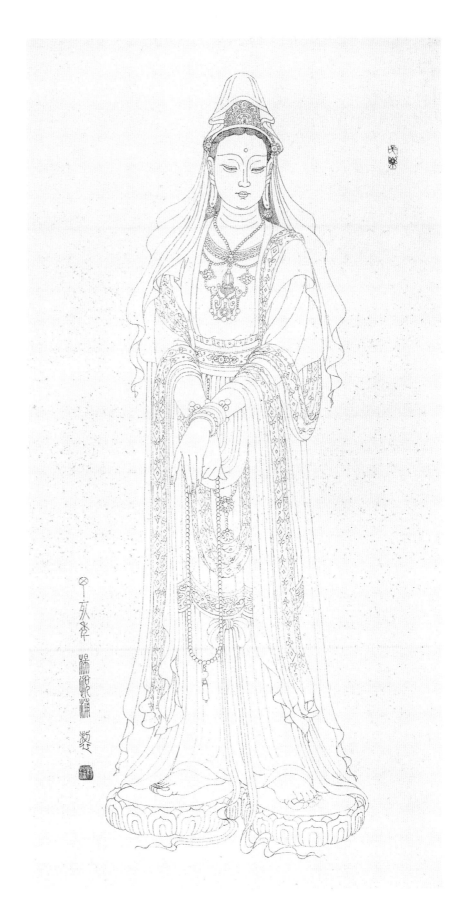

祈福

作品尺寸 / 66cm×132cm
创作时间 / 2007年

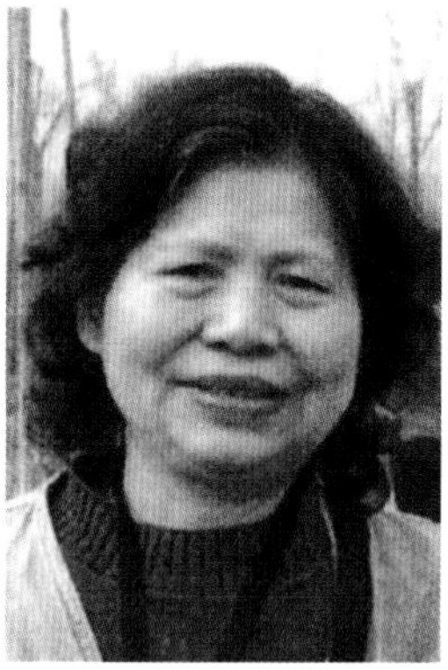

庄寿红

1938年生，江苏扬州人。中国美术家协会会员、清华大学美术学院教授、中国文联牡丹书画艺术委员会副会长、北京女美术家联谊会理事。出版有《庄寿红画集》、《庄寿红专辑》。

正梅花万里

作品尺寸 / 137cm×69cm
创作时间 / 2007年

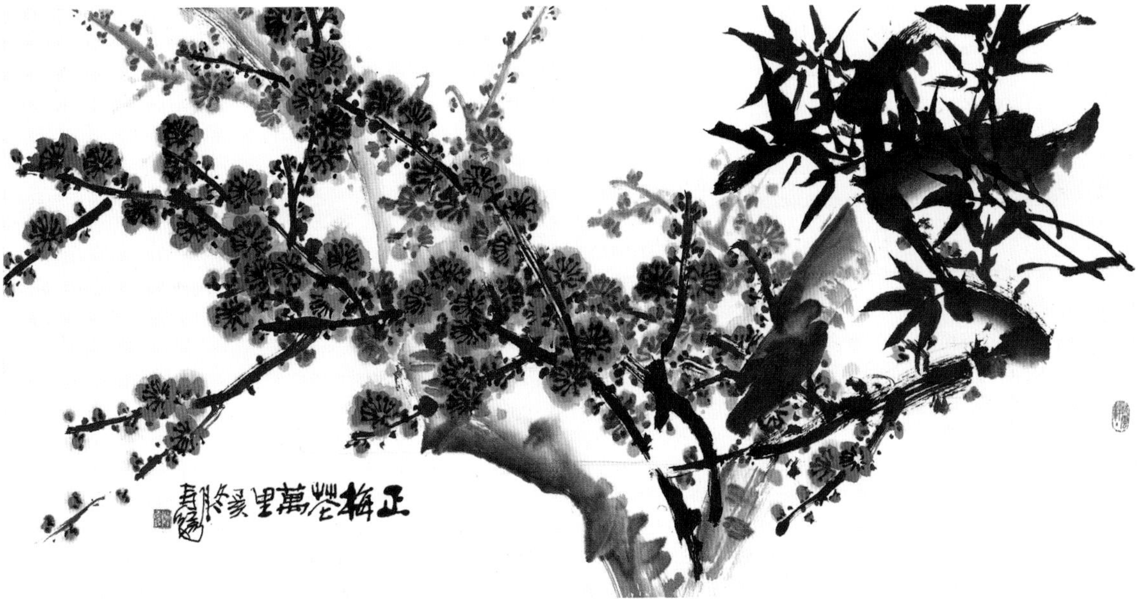

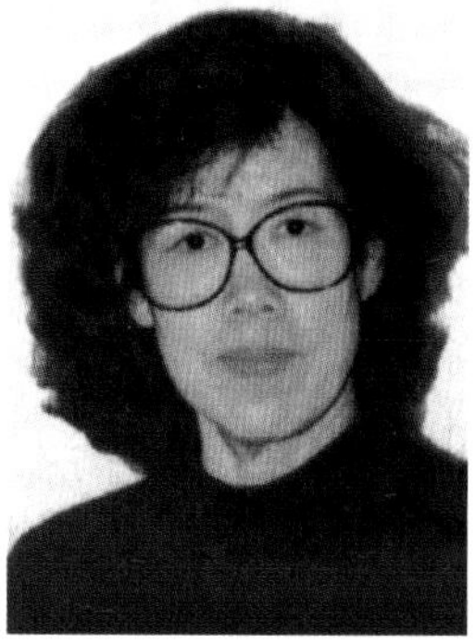

毛水仙

1938年生，山西人。中央民族大学美术系中国画教研室副主任、副教授、中国画硕士研究生导师，中国美术家协会会员，中国工笔画学会会员，中国田园画会副主席，北京工笔重彩画会理事。擅画中国画，出版有《中国当代美术家精品集——毛水仙专集》。

蕉荫

作品尺寸 / 68cm×68cm
创作时间 / 2007年

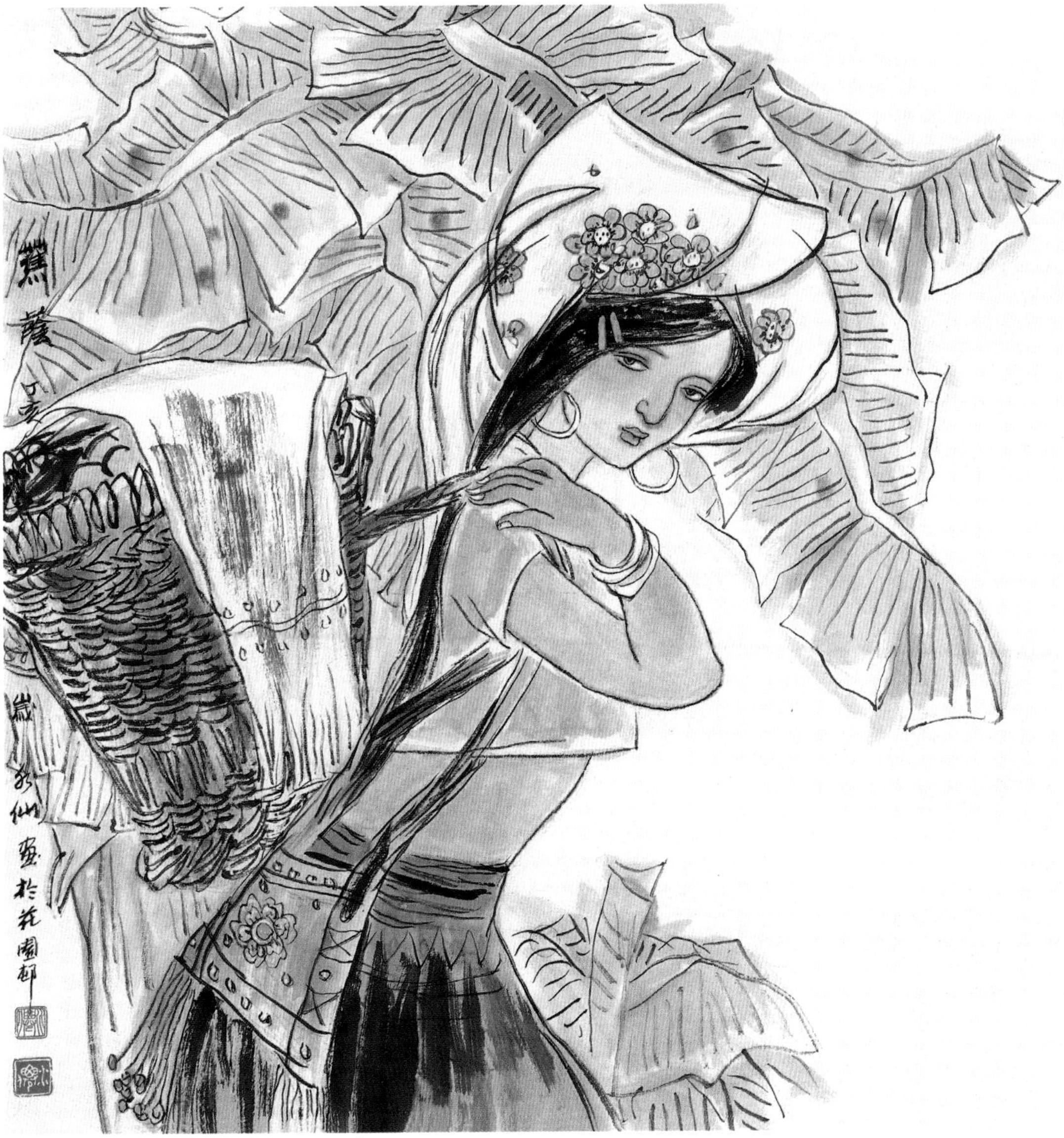

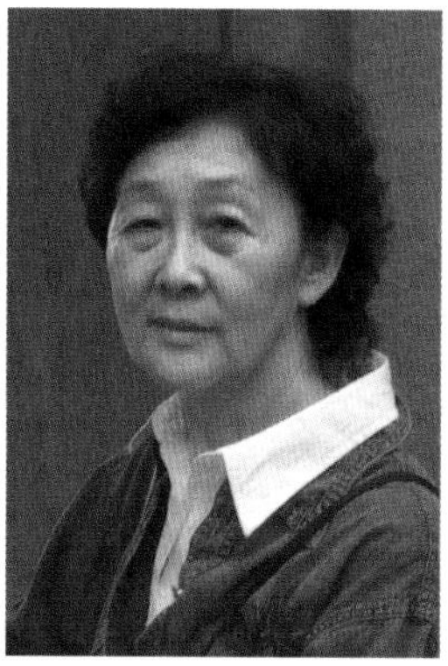

朱理存

1940年生，江苏宜兴人。中国美术家协会理事、中国美协中国画艺委会委员、中国工笔画会副会长、四川省政协委员、中央文史研究馆书画院院部委员、国家一级美术师，享受国务院特殊津贴。出版个人专集有《朱理存》、《朱理存、马振声中国画选集》等。

竹林深处

作品尺寸 / 69cm×69cm
创作时间 / 2008年

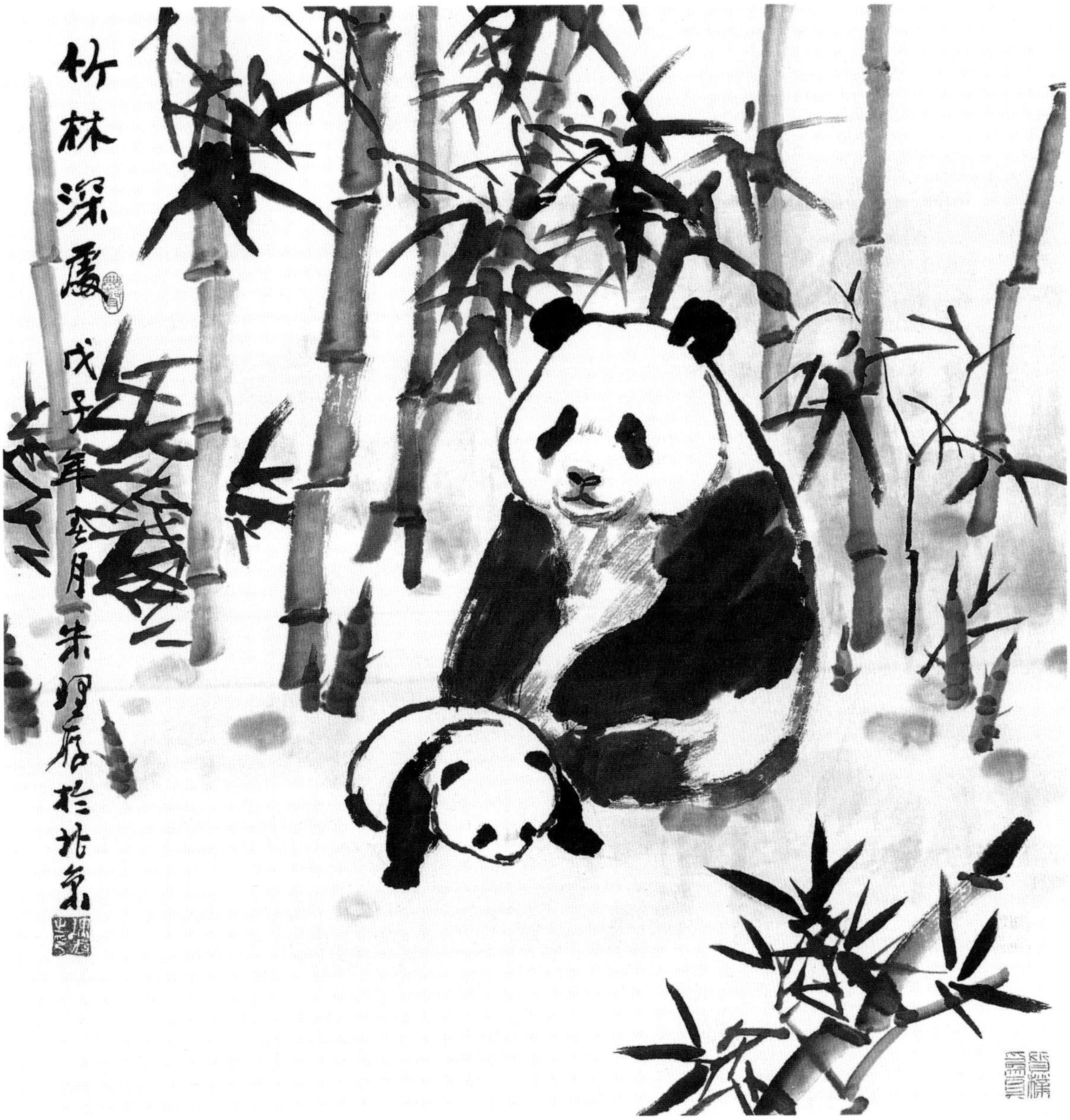

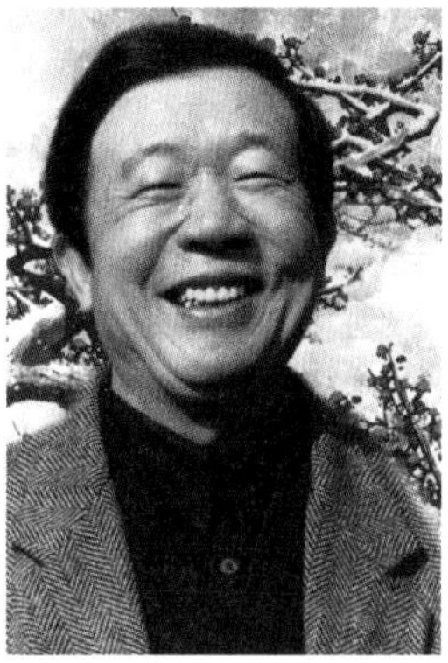

丨 王成喜

1940年生，河南省淯川县人。全国政协委员、中国美术家协会会员、中华海外联谊会理事、国家一级美术师。出版有《王成喜画梅集》、《王成喜百梅辑》、《王成喜书画作品辑》等。

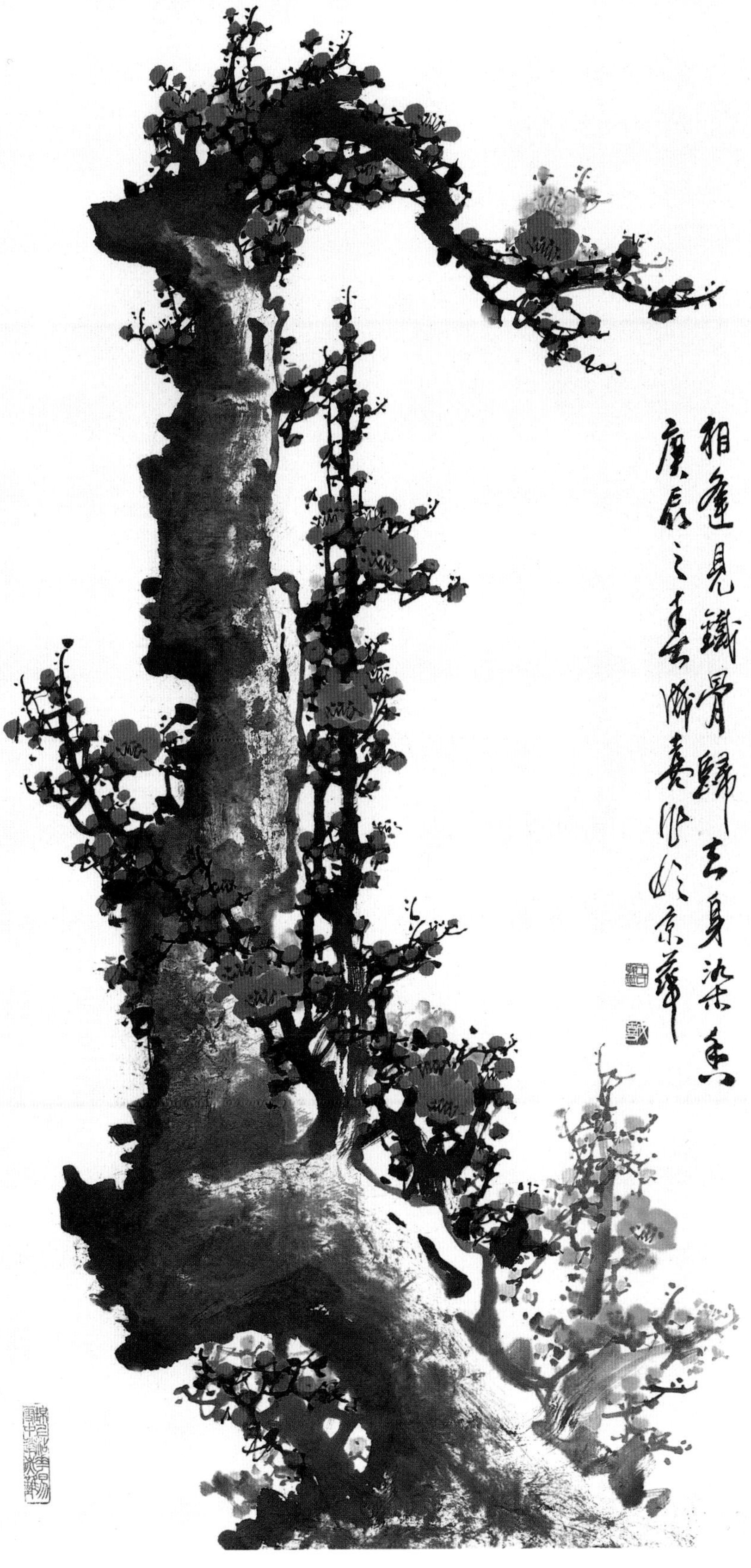

相逢见铁骨

作品尺寸 / 68cm × 137cm
创作时间 / 2000年

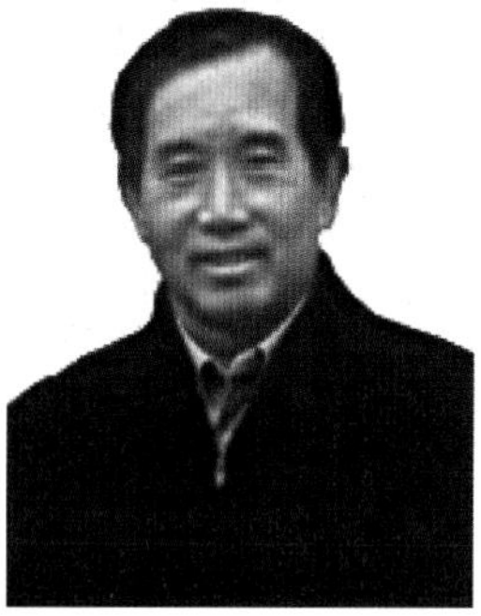

李春海

1940年生，北京人。中国美术家协会会员，中国林业文联副主席，北京林业大学艺术教育中心主任、教授。出版有《李春海画集》等。

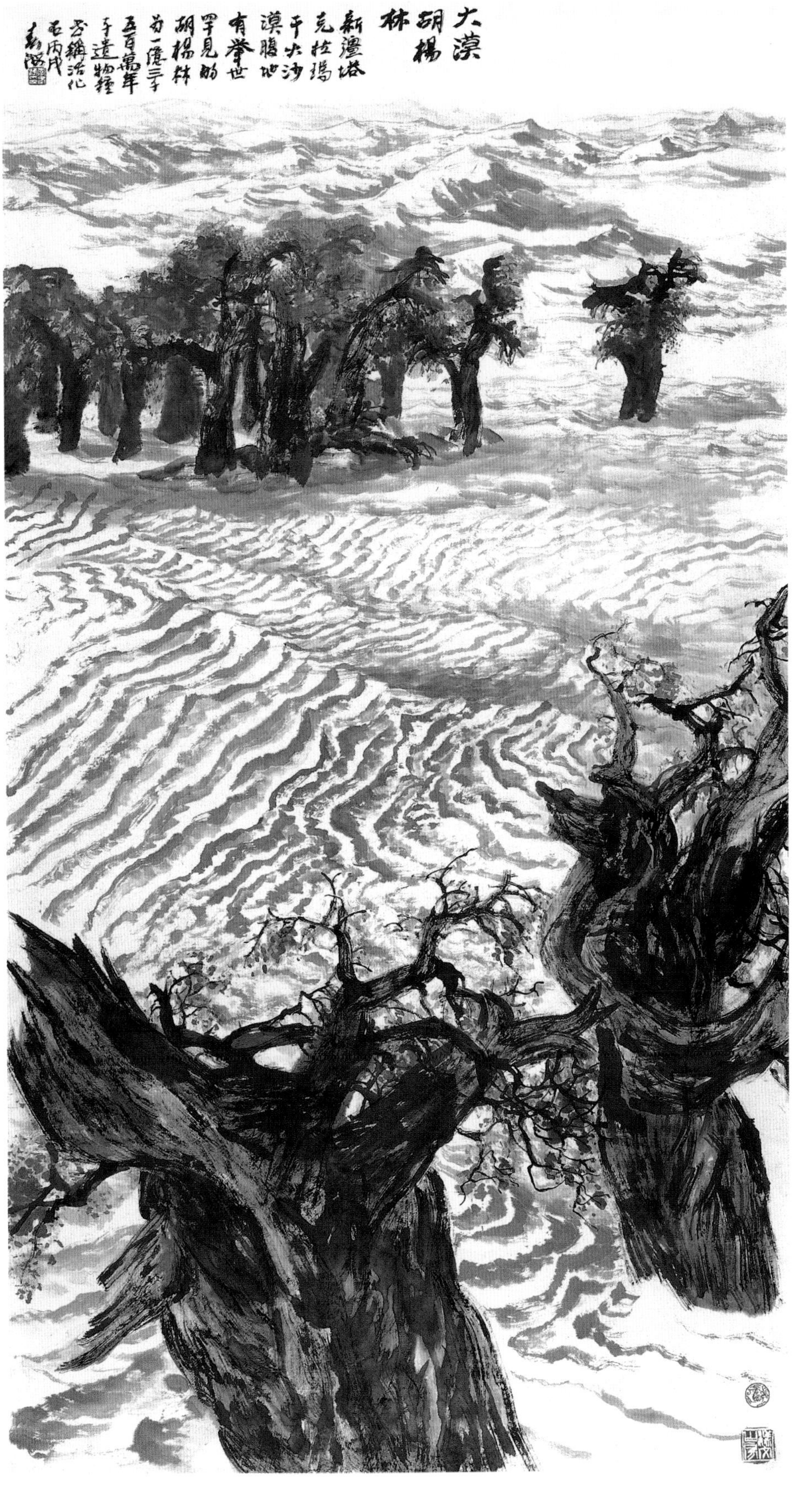

大漠胡杨林

作品尺寸 / 96cm×177cm
创作时间 / 2006年

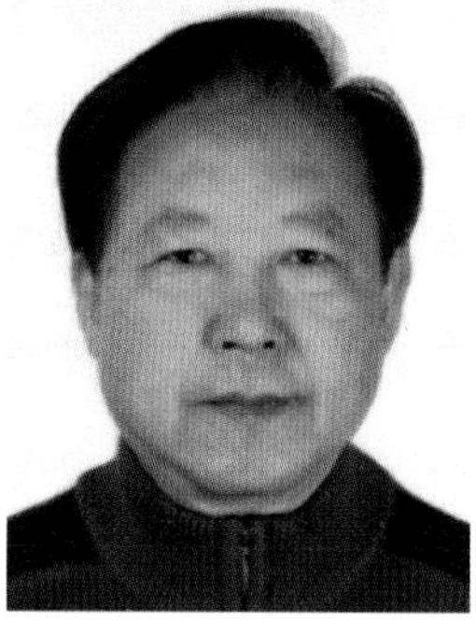

景玉书

1940年9月生，河北保定人。中国美术家协会会员，北京电影学院美术系教授、硕士研究生导师，获“国家级有突出贡献的专家”称号。擅长油画、美术教育。出版有《景玉书油画作品选》等。

巴黎公园

作品尺寸 / 100cm×80cm
创作时间 / 2006年

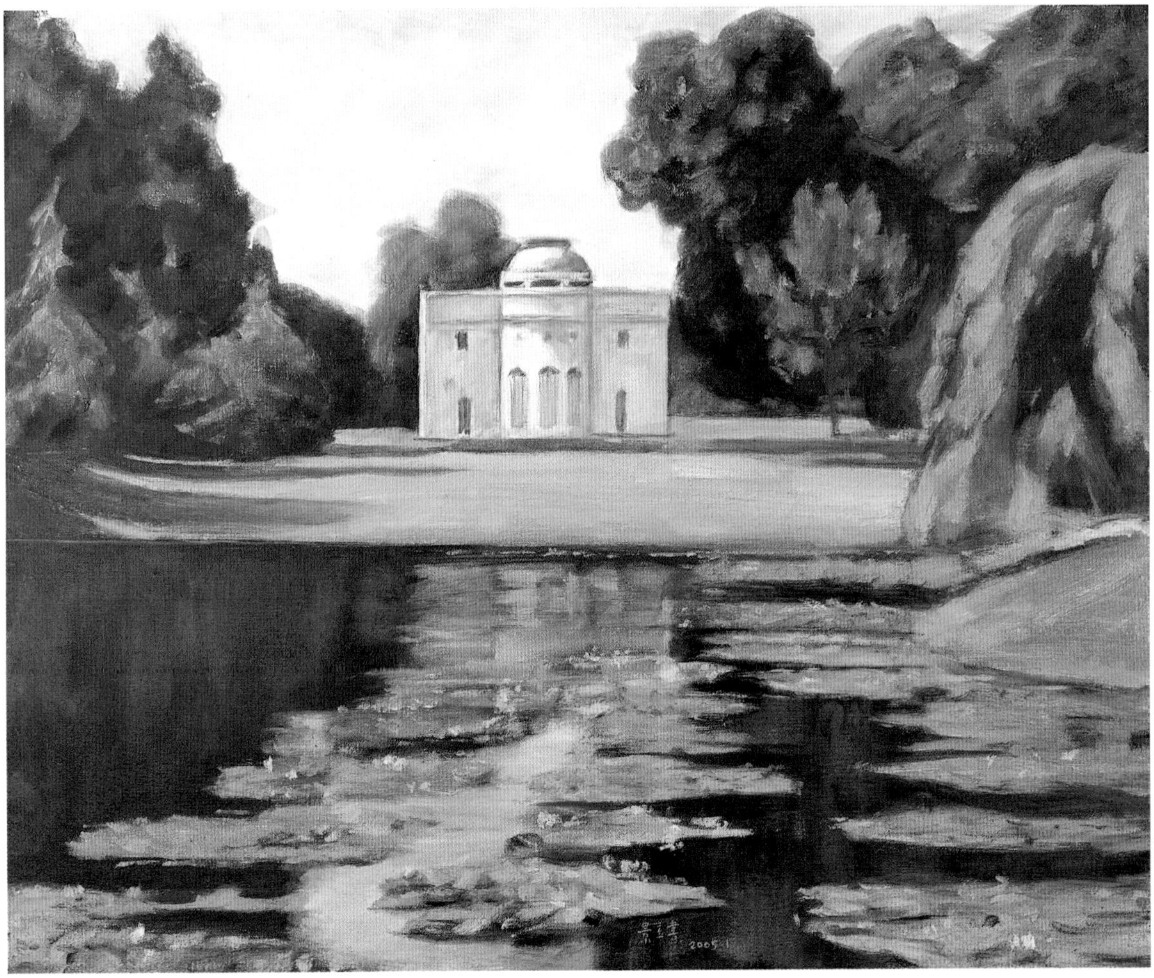

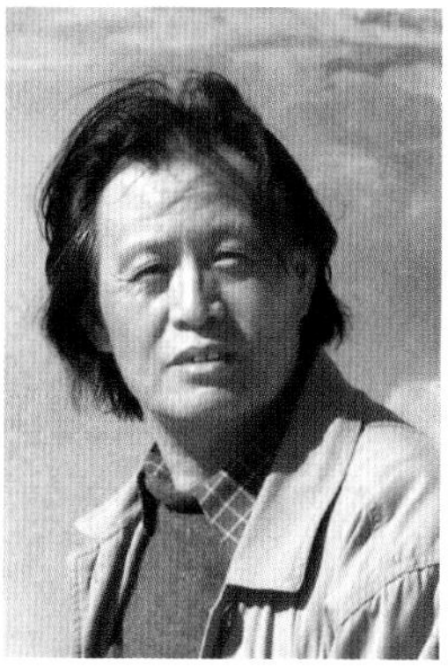

衣惠春

字北人、号紫草，1940年生，辽宁丹东人，是关东画派代表画家之一。文化部侨联中国徐悲鸿画院艺术委员会副主任、辽宁国画院副院长、中国国画家协会常务理事、红楼梦世界书画院院长。出版有《衣惠春作品集》、《衣惠春画集》。

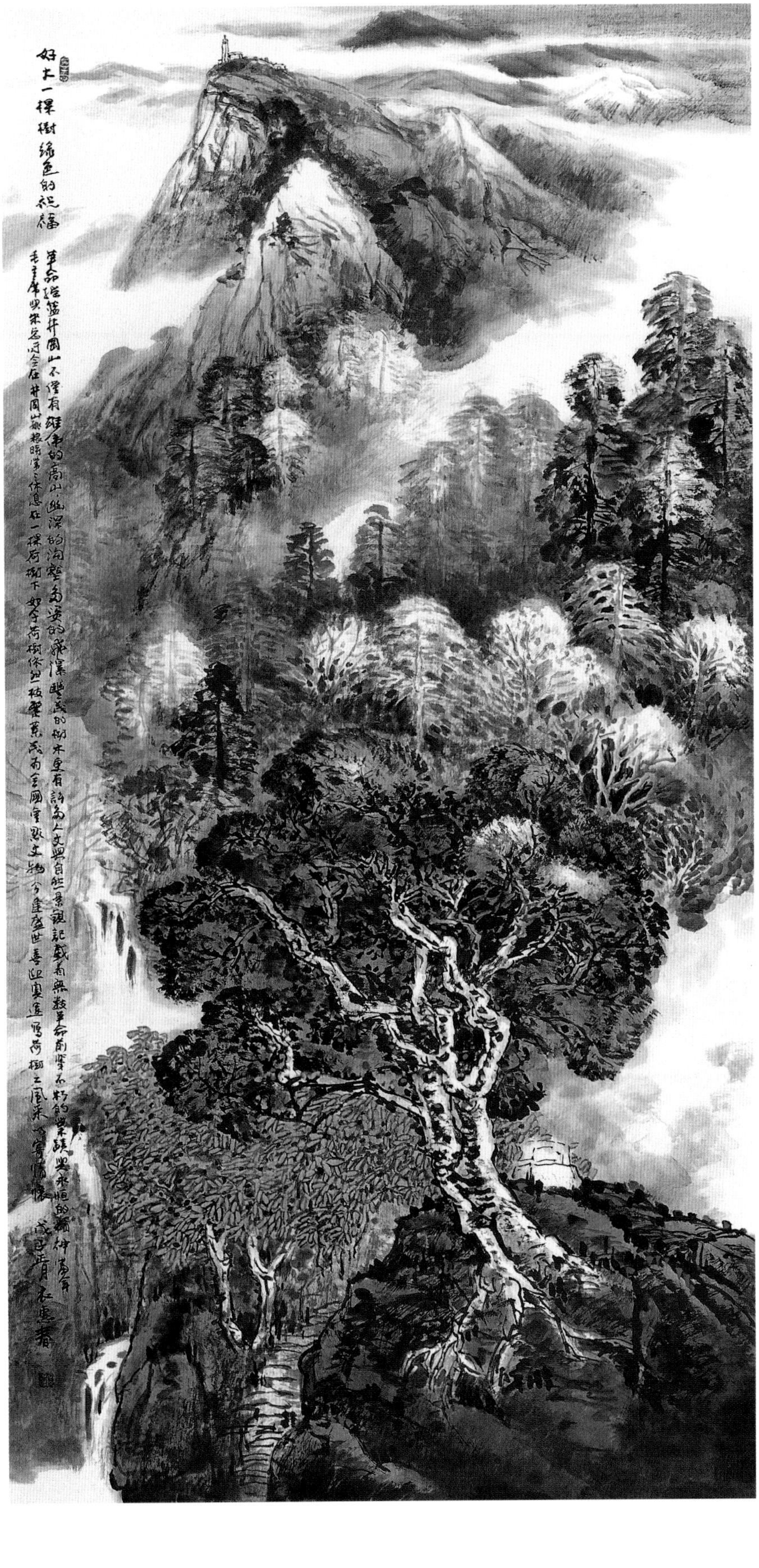

好大一棵树
绿色的祝福

作品尺寸 / 68cm×137cm
创作时间 / 2008年

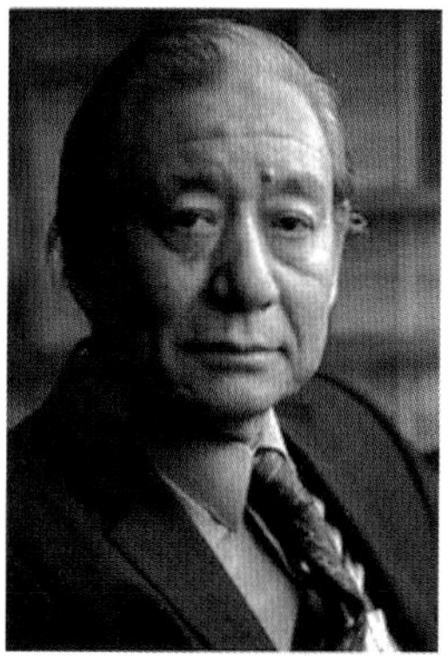

杜滋龄

1941年生，天津市人。全国政协委员、中国美术家协会理事、天津市文史馆馆员、天津市文联委员、天津美术家协会副主席等，享受国务院国家专家津贴待遇。出版有《当代中国画家——杜滋龄》、《杜滋龄写生作品选》、《杜滋龄画集》、《中国画名家系列——杜滋龄集》等。

雪域风情

作品尺寸 / 68cm×68cm
创作时间 / 2007年

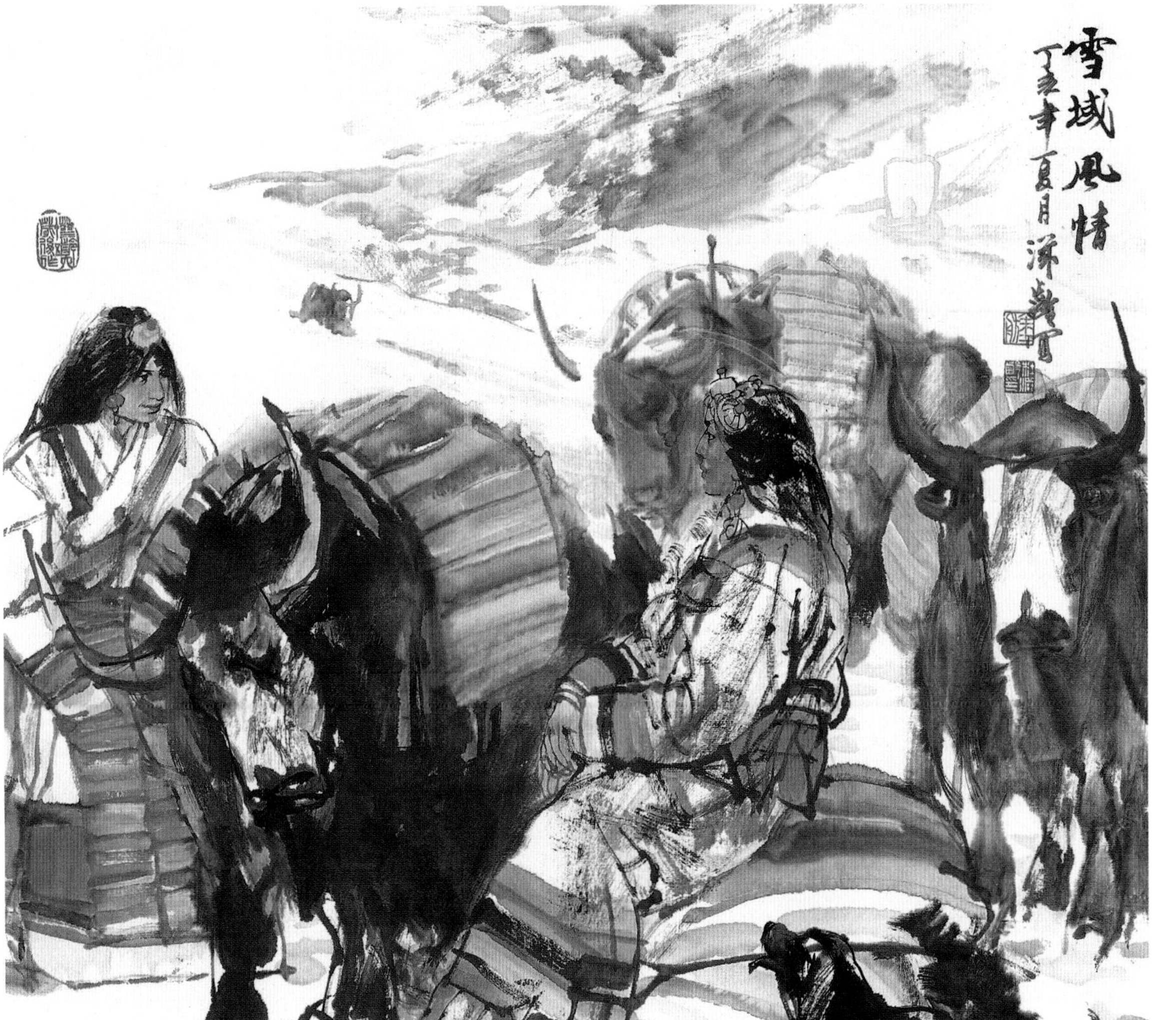

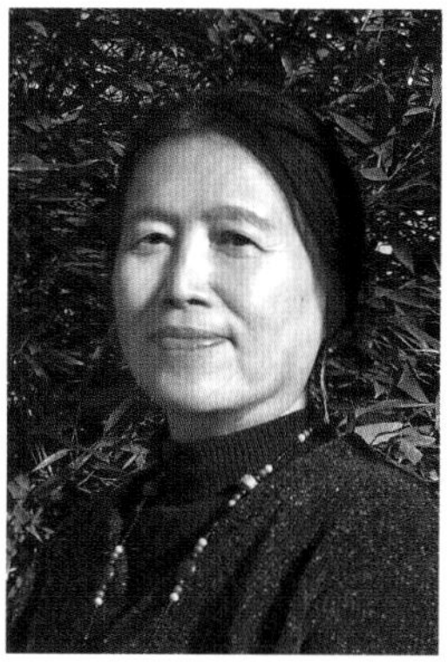

丨温瑛

1941年生，北京人。中国美术家协会会员、王雪涛纪念馆馆长、北京女美术家联谊会会长、九三学社中央及市委文教专业委员会委员、北京市文史馆馆员、《中国画》副编审。出版画册有《名家技法·温瑛画牡丹》、《温瑛花鸟画选集》。

宁静清和岁始春

作品尺寸 / 69cm×70cm
创作时间 / 2007年

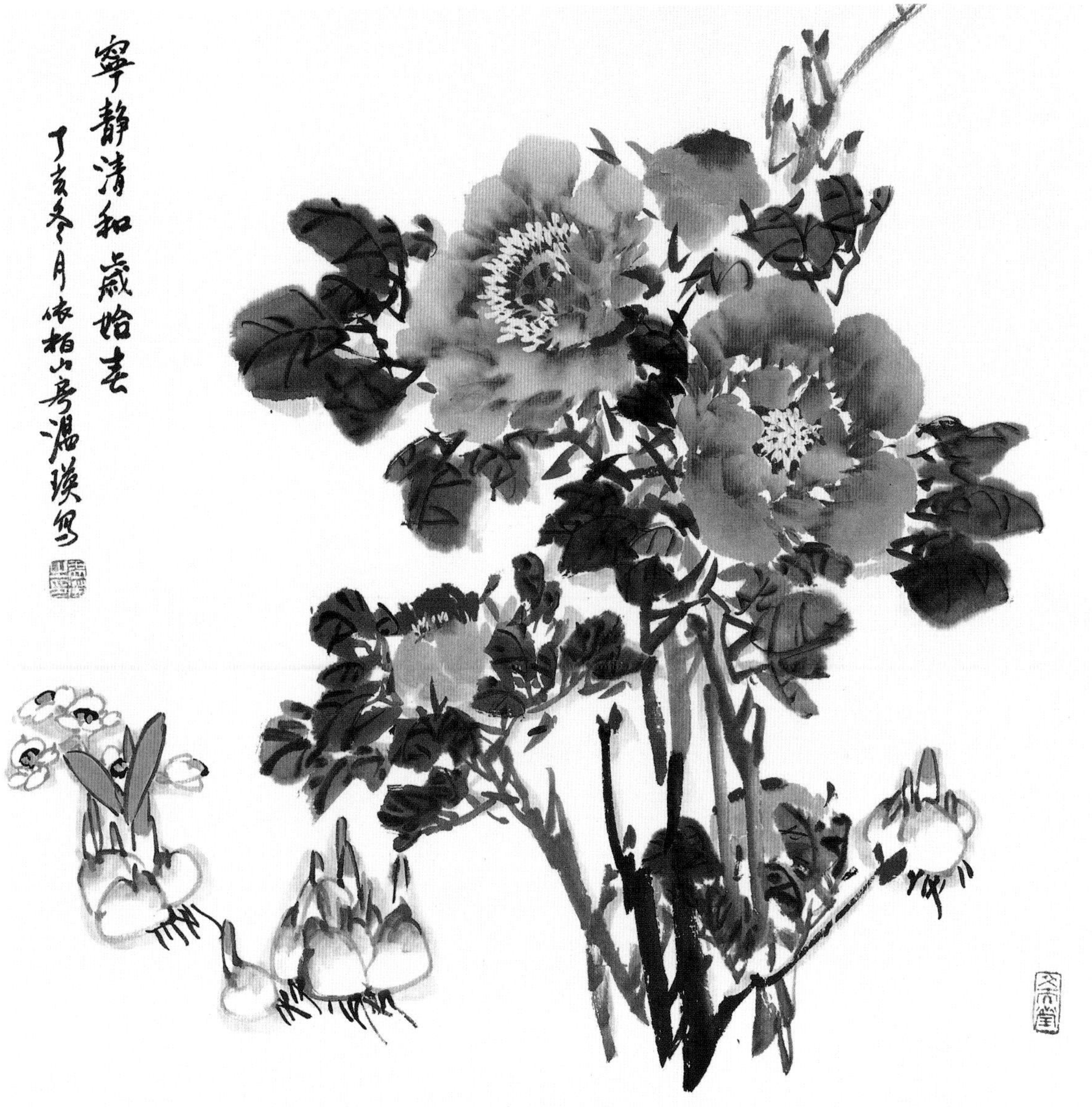

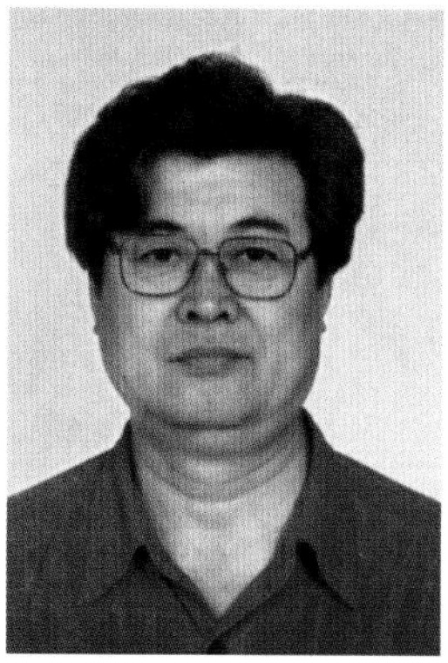

杨力舟

1942年3月生，山西临猗人。全国政协委员、中国美术家协会副主席、国家一级美术师，享受国务院津贴。曾出版《杨力舟画选》、《杨力舟速写集》、《王迎春、杨力舟画传》等画集。

山菊秋自香

作品尺寸 / 66cm×65cm

创作时间 / 2007年

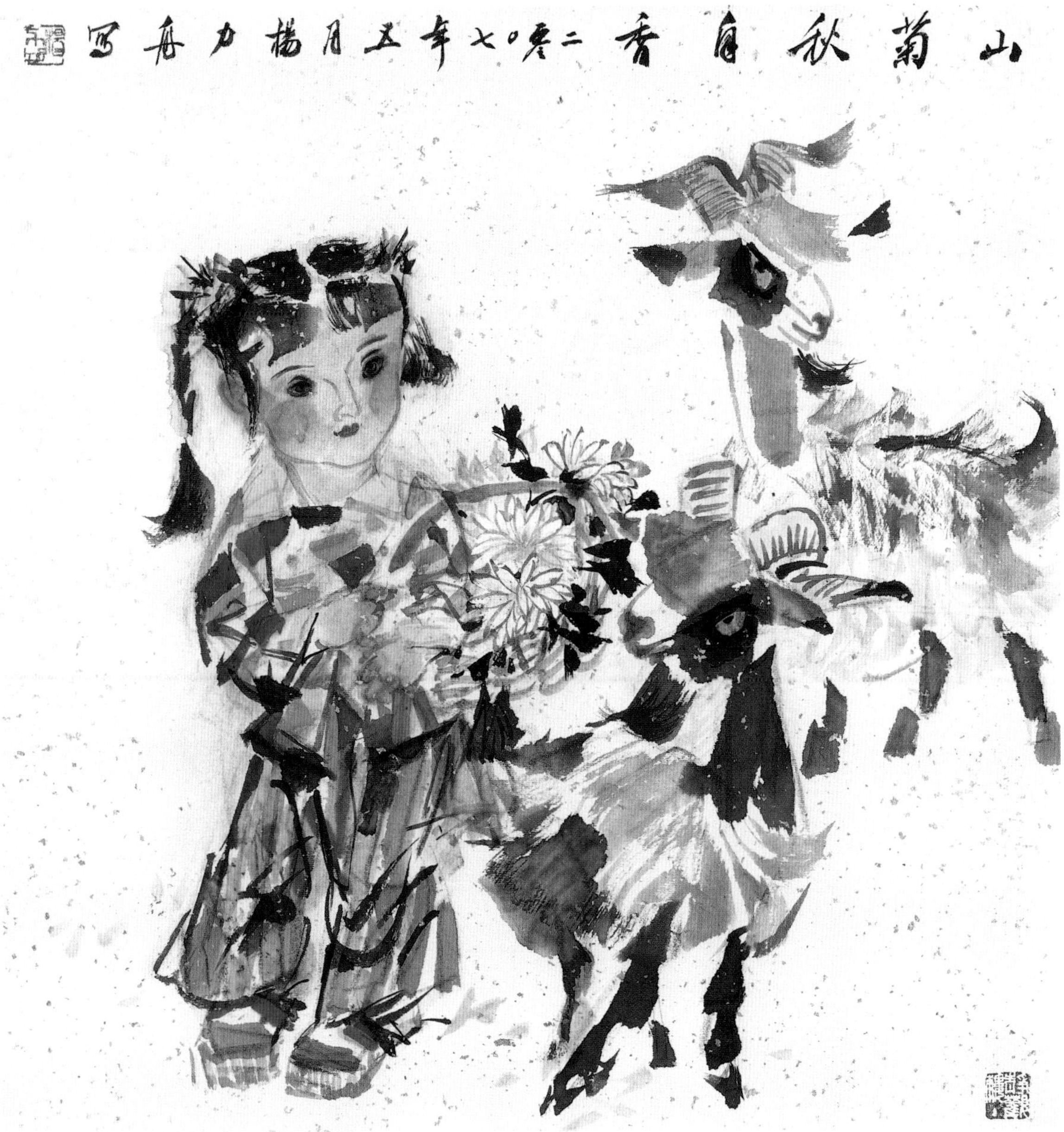

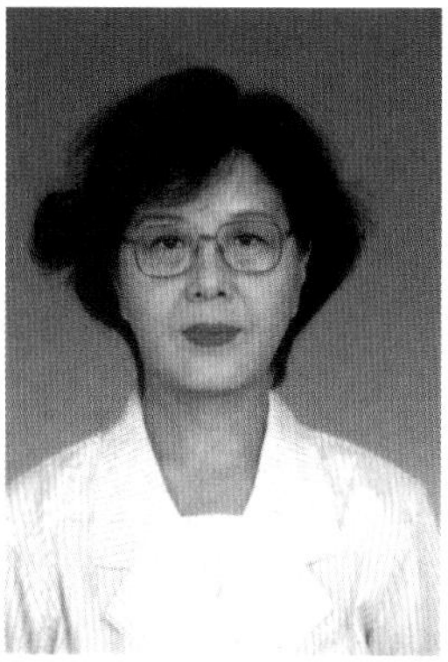

王迎春

1942年3月生，山西省太原市人。中国国家画院一级美术师、文化部特殊贡献专家、中国美协国画艺委会委员、中国美术家协会理事、文化部高级职称评审委员、北京女画家联谊会会长、北京女艺术家联谊会副会长。出版有《王迎春速写集》、《王迎春画传》、《王迎春画集》、《王迎春画选》等。

三羊开泰

作品尺寸 / 137cm×68cm
创作时间 / 2000年

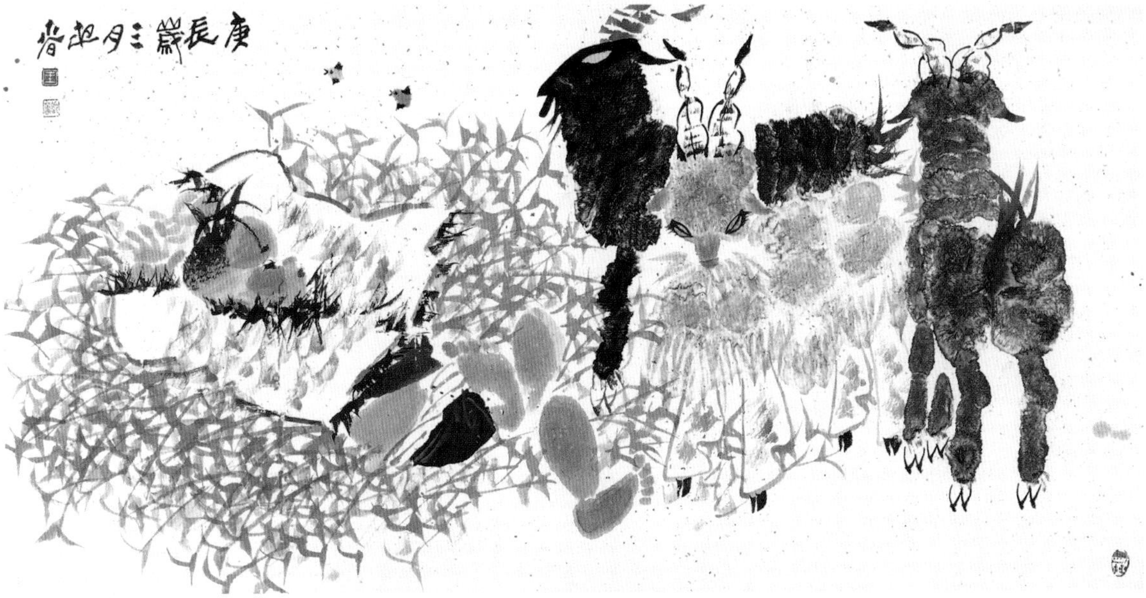

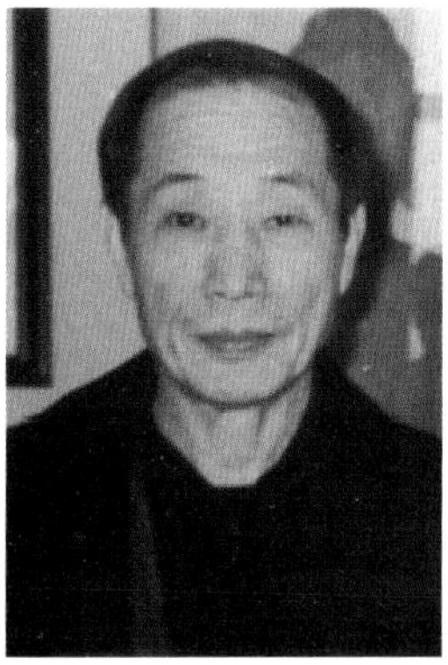

丨 郜宗远

1942年生，辽宁沈阳人。中国美术出版总社顾问、荣宝斋顾问、荣宝斋画院院长、中国美术家协会理事、中国编辑学会副会长、《中国美术全集》编辑委员会副总编辑等，享受政府特殊津贴。出版有《郜宗远作品集》、《郜宗远水墨作品集》等。

长城

作品尺寸 / 75cm×76cm
创作时间 / 2000年

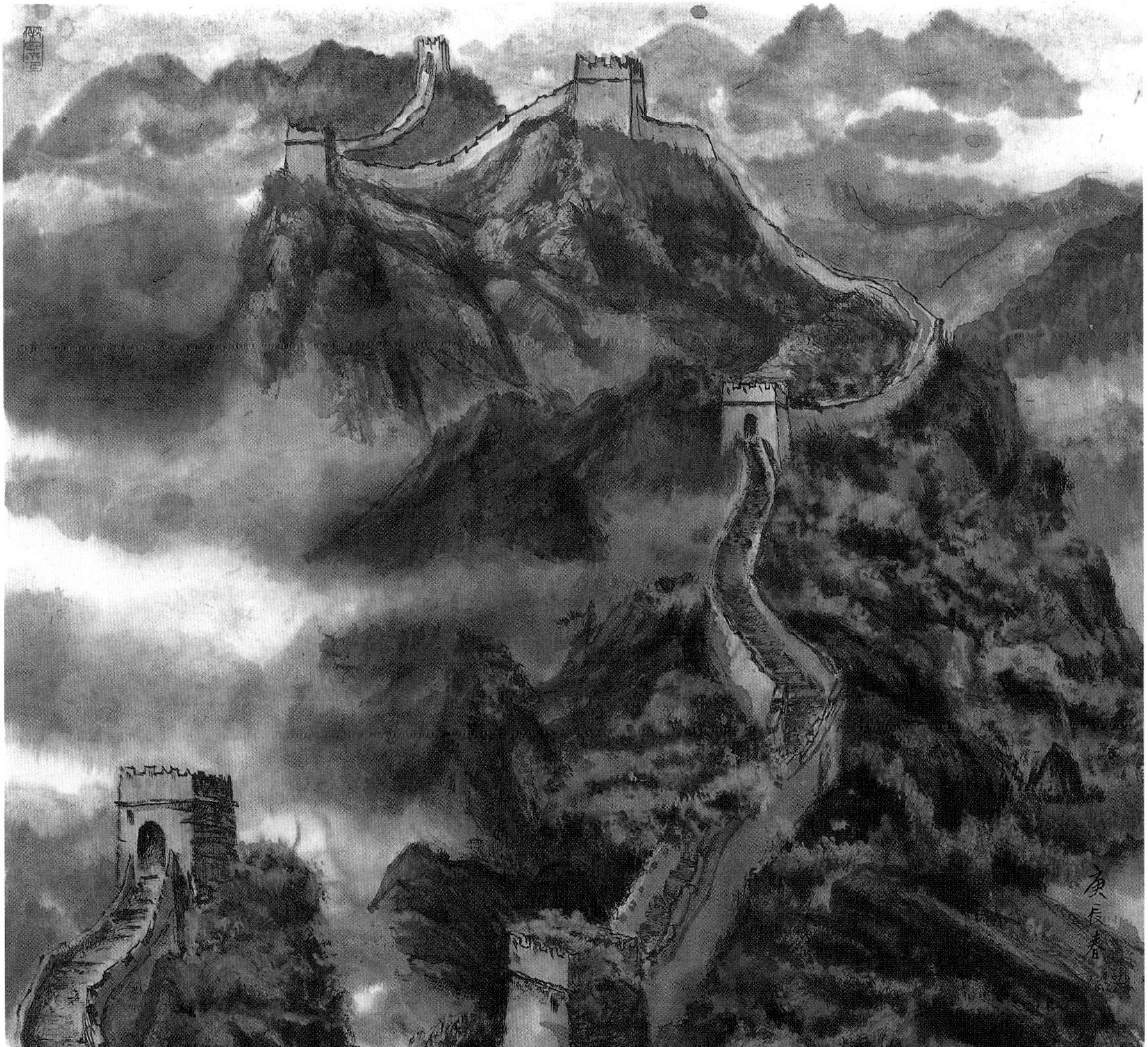

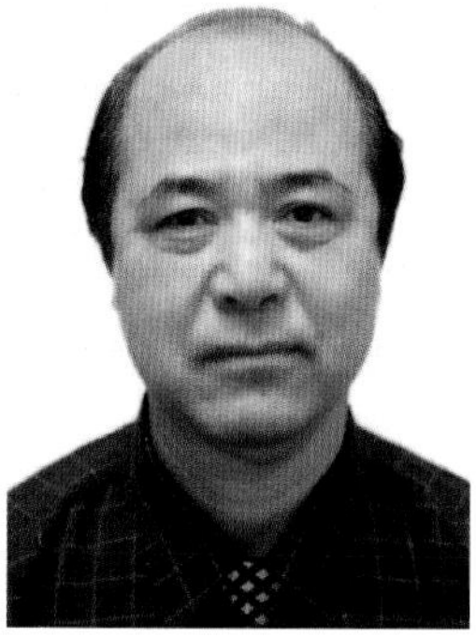

傅世芳

1943年生，北京市人。中国书画函授大学教授、中国书画研究院研究员、中国书法艺术研究院艺术顾问、齐白石艺术研究会理事。出版有《傅世芳画选》等。

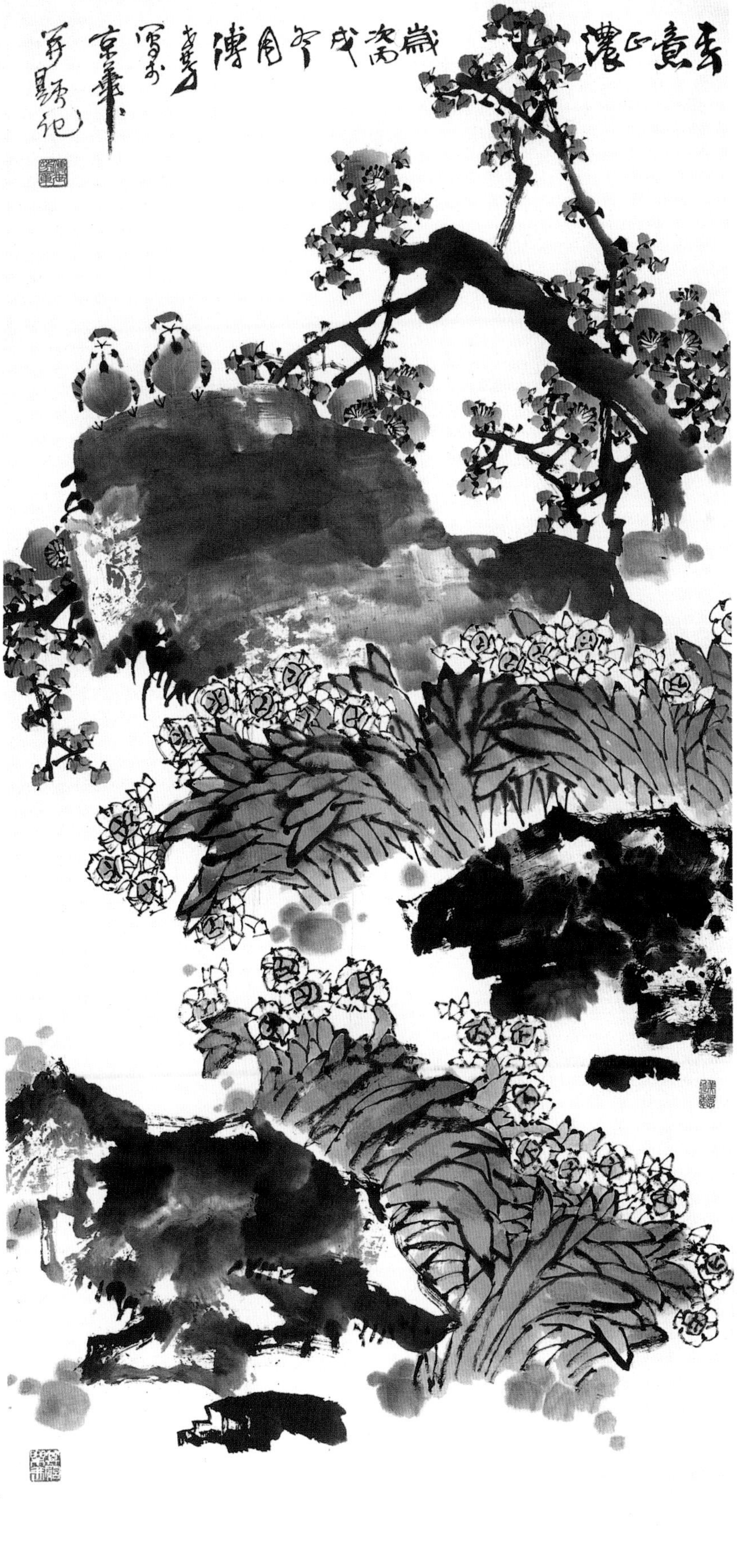

春意正浓

作品尺寸 / 68cm × 137cm

创作时间 / 2006年

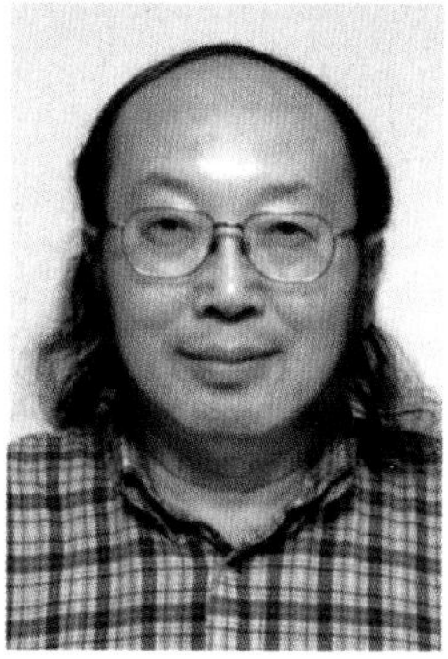

汤传杰

1943年出生，山东蓬莱人。中国艺术研究院美术研究所副研究员。自1990年开始，多次举办个人画展，作品多次入选北京及全国美展。出版有《汤传杰油画作品选》等。

丛林

作品尺寸 / 64cm×53cm
创作时间 / 2006年

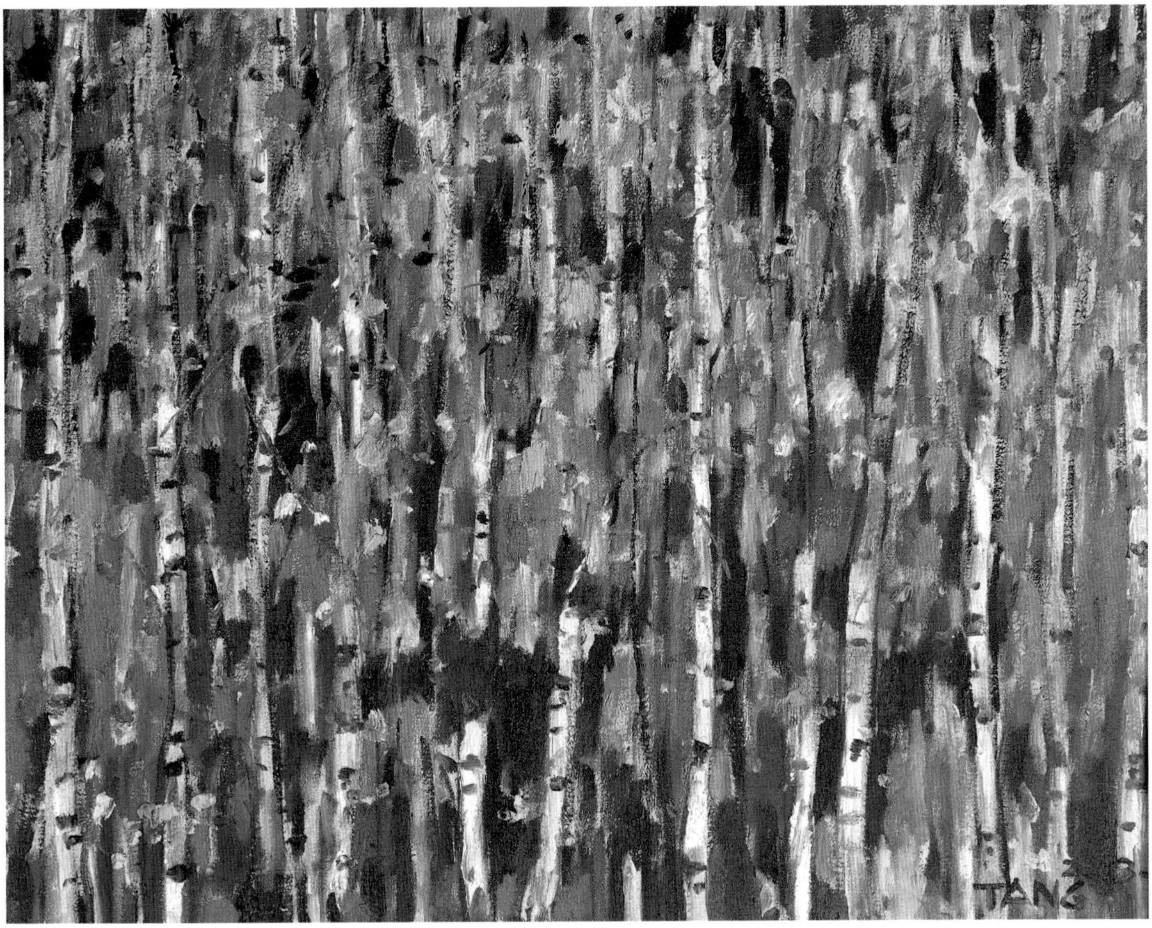

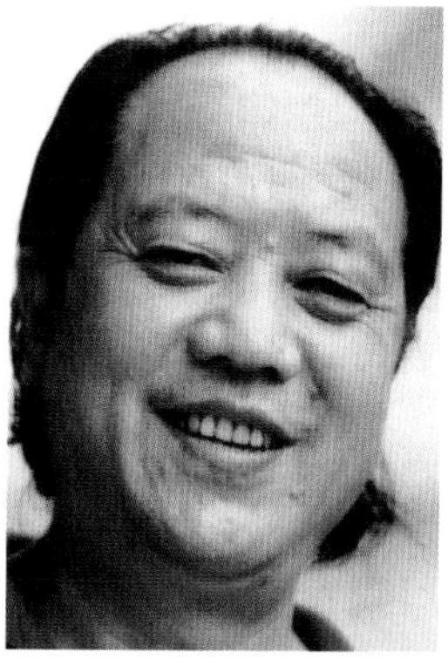

尼玛泽仁

1944年生，四川省巴塘县人。中国美术家协会副主席，祖国和平统一促进会理事，班禅画师，第九届、第十届、第十一届全国政协委员，全国政协教科文卫体专门委员会委员，国家一级美术师。

草原

作品尺寸 / 69cm×69cm
创作时间 / 2007年

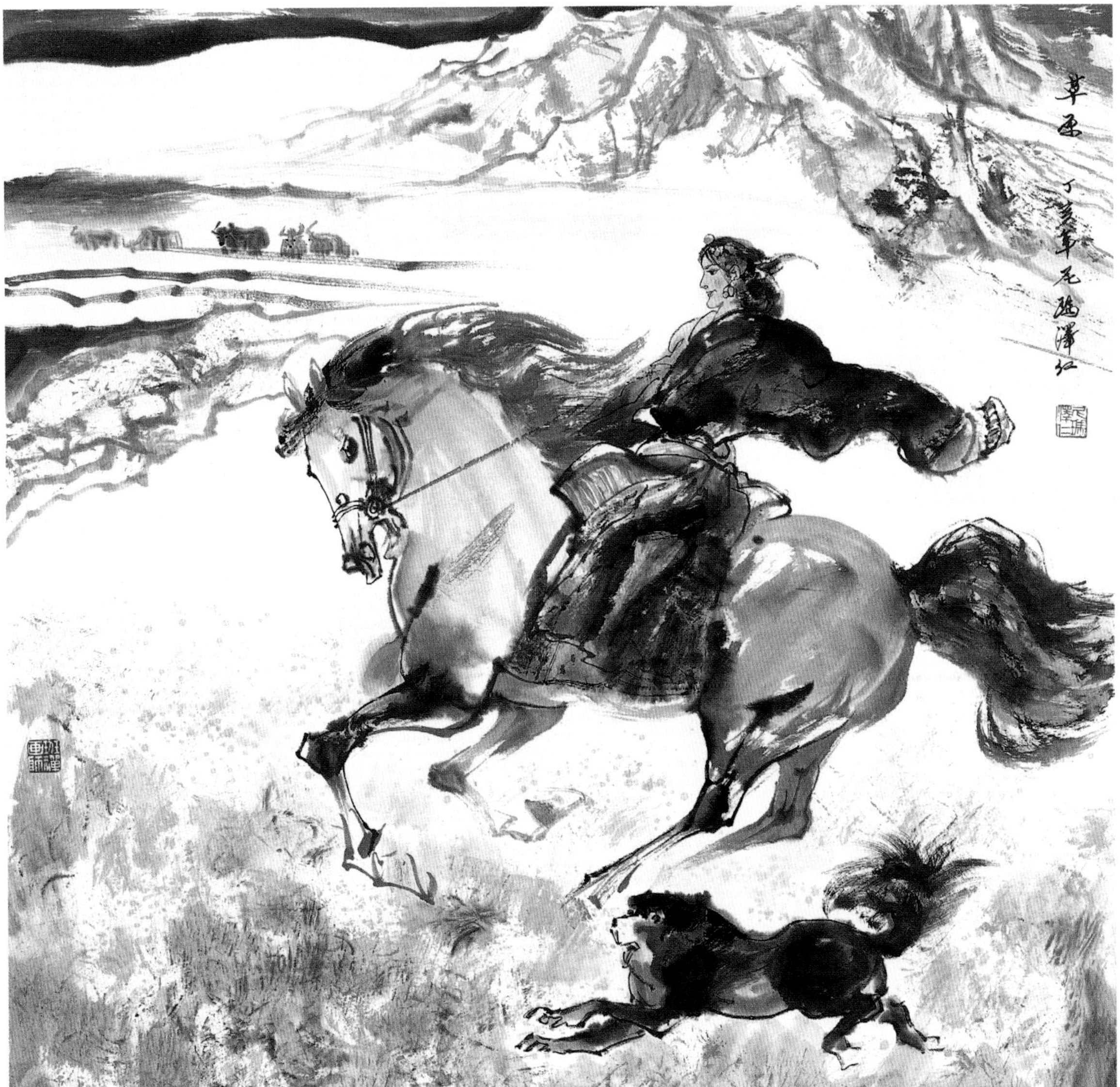

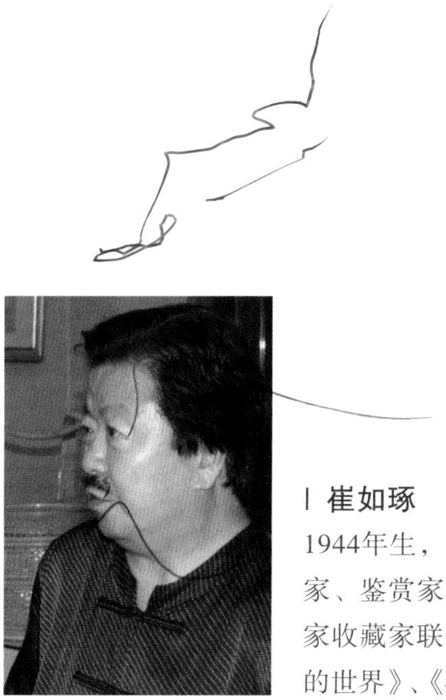

丨崔如琢

1944年生，北京人。国际著名美籍华人画家、收藏家、鉴赏家，中国美术家协会会员，世界华人书画家收藏家联合会荣誉会长。出版的著作有《崔如琢的世界》、《崔如琢画集》等。

崔如琢山水册选一

作品尺寸 / 66cm × 132cm
创作时间 / 2006年

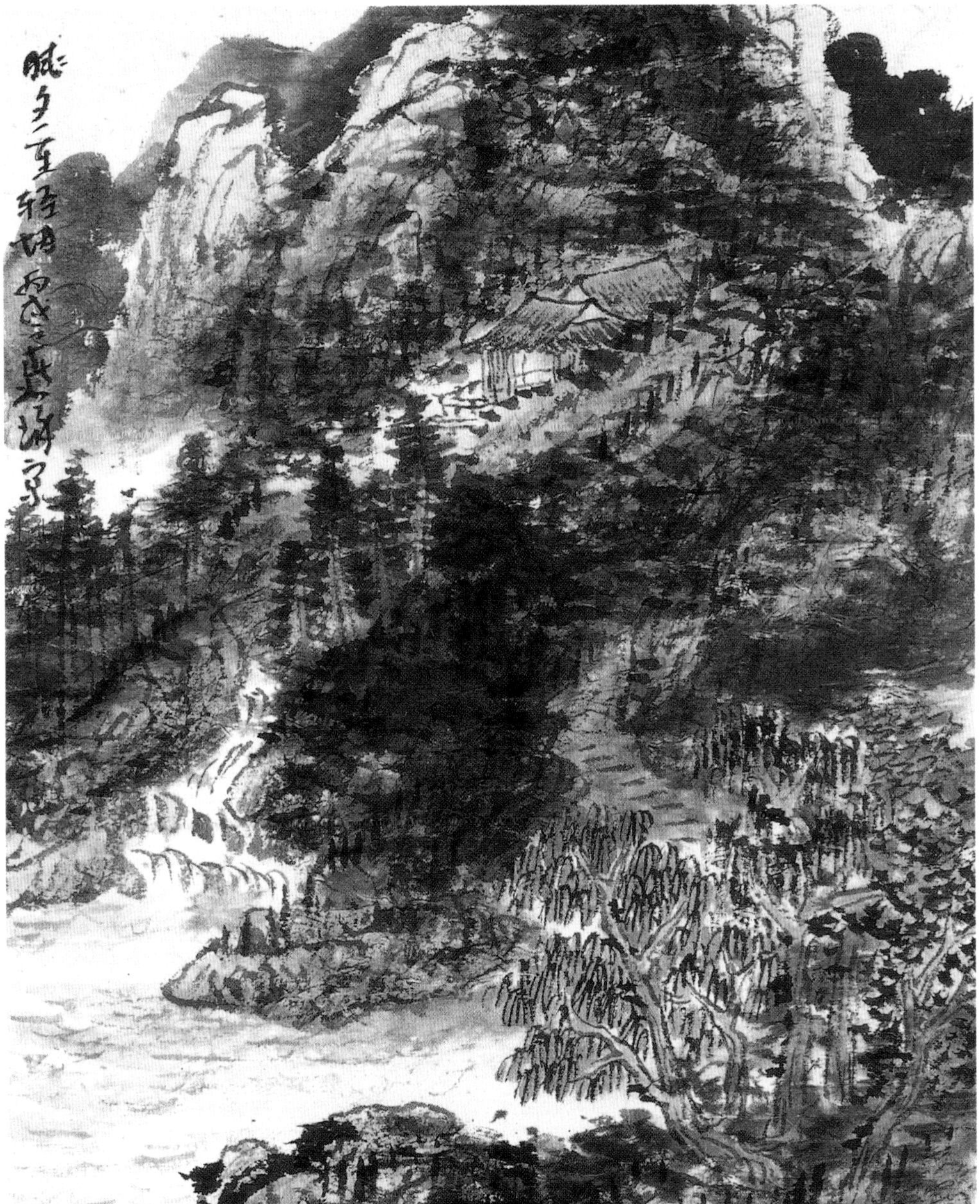

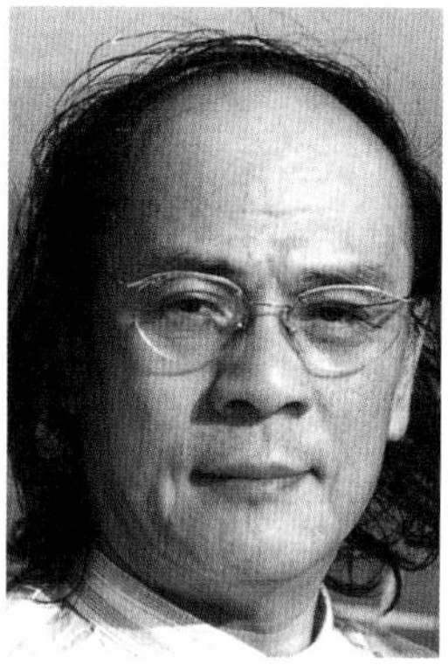

赵俊生

1944年生,天津人。中国美术家协会会员，中国美术馆艺术委员会委员、收藏委员会委员，国家一级美术师。出版有《赵俊生旧京风情画集》、《赵俊生画选》。

爱莲图

作品尺寸 / 68cm×68cm
创作时间 / 2007年

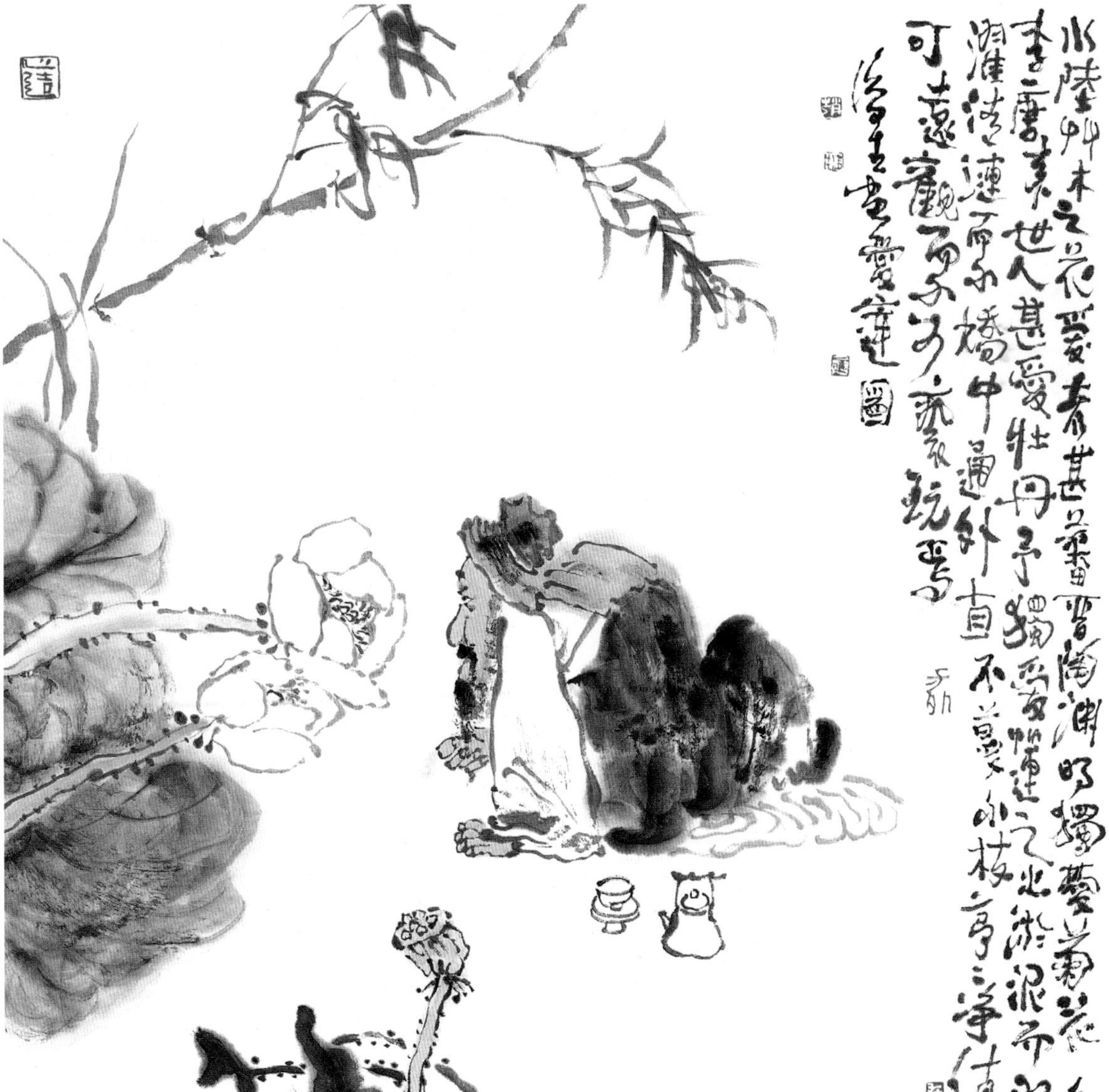

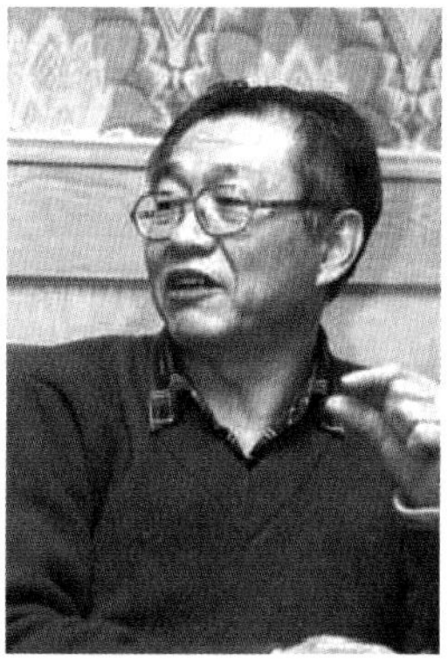

刘春华

1944年生，黑龙江省泰来县人。中国美术家协会会员、北京美协副主席、北京市文联理事、北京市版权协会理事、国家一级美术师。出版有《刘春华画集》。

柿柿如玉图

作品尺寸 / 68cm×68cm
创作时间 / 2000年

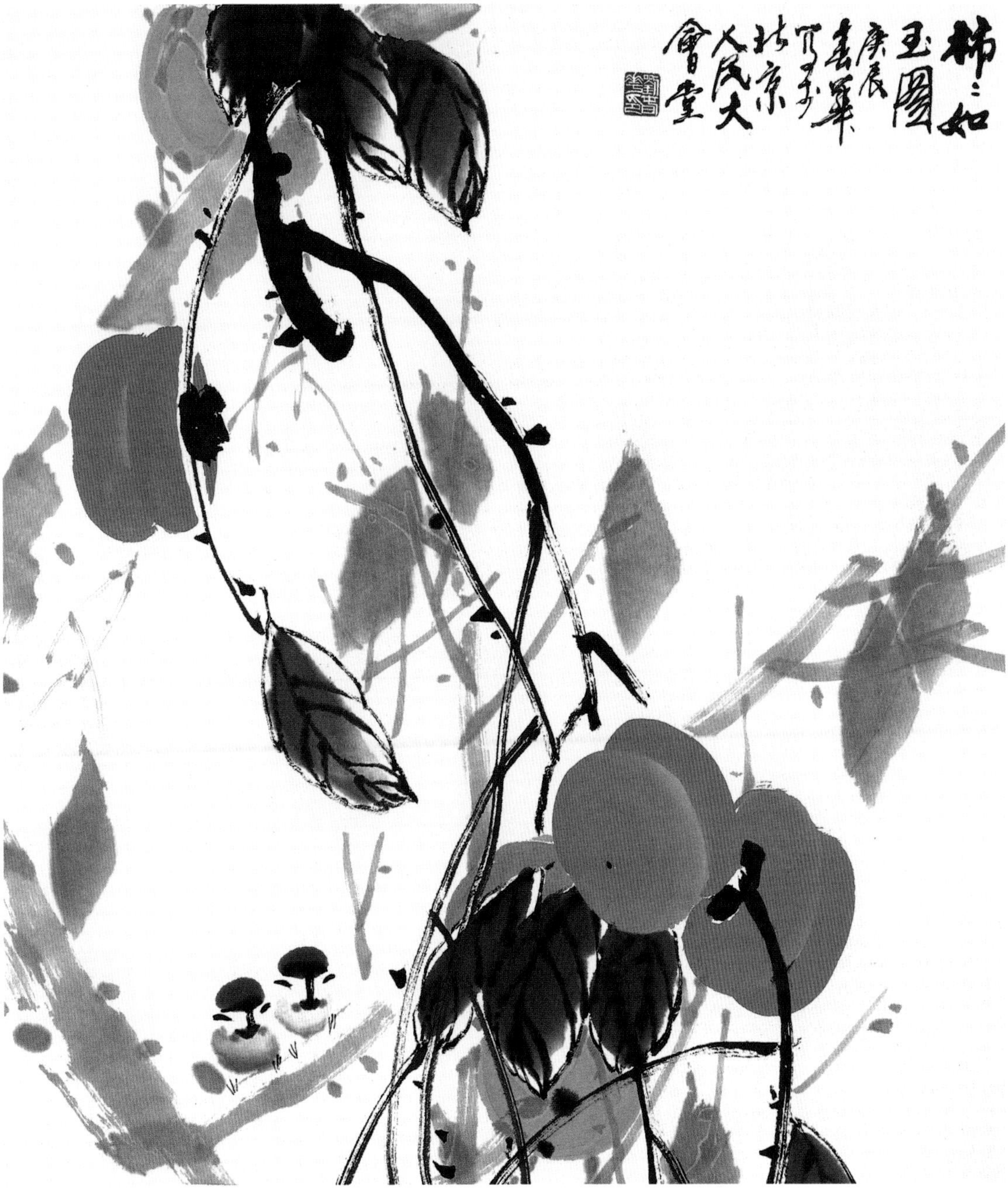

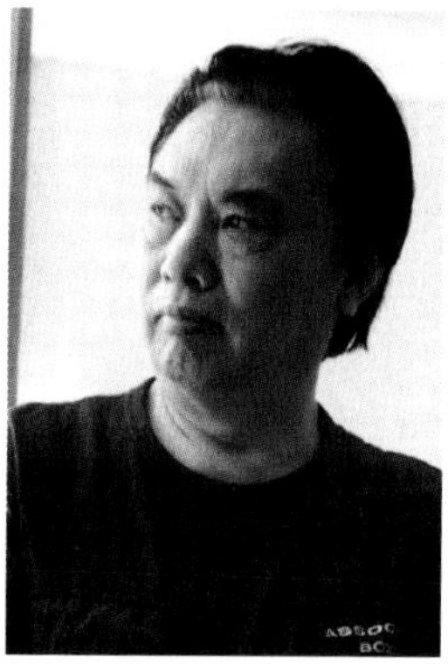

高伯龙

1944年生，北京人。中国美术家协会会员、国家一级美术师、北京东西方文化交流协会理事、泰中艺术家联合会顾问等。

佛光

作品尺寸 / 137cm×68cm
创作时间 / 2006年

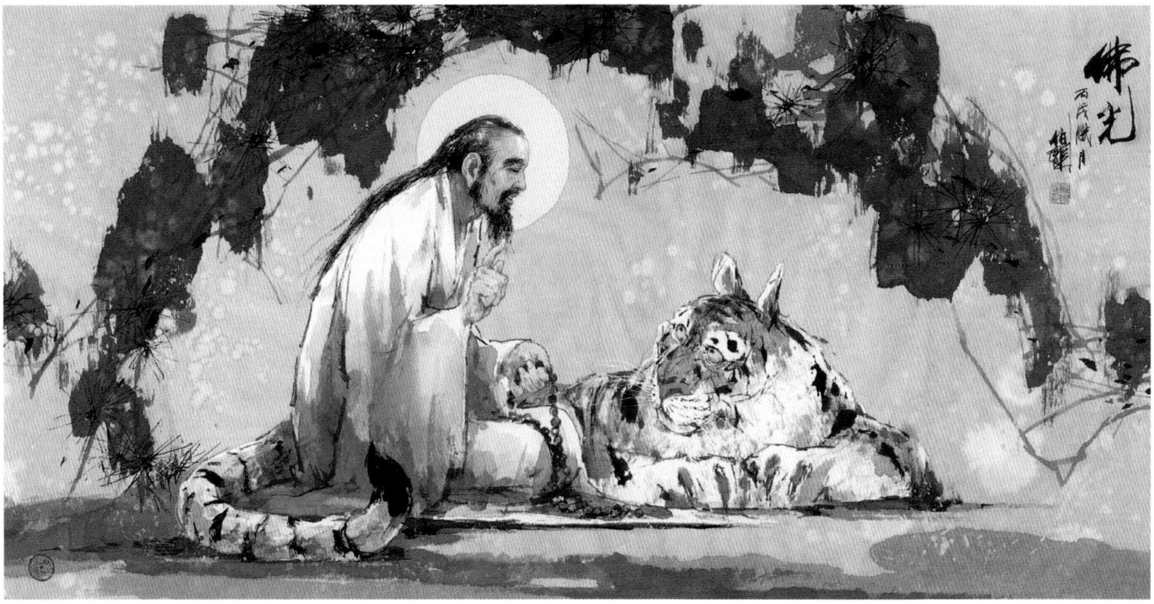

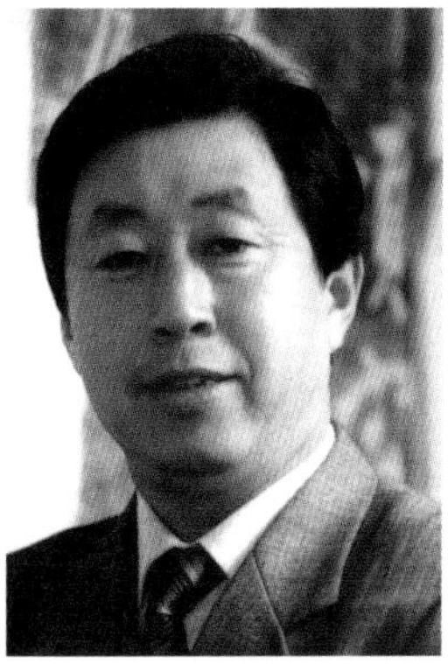

刘大为

1945年生，山东诸城人。全国政协委员。1998年当选为中国美术家协会常务副主席，主持中国美术家协会工作，兼任中国美术家交流协会名誉主席。解放军艺术学院美术系主任、教授。其主要代表作品有：《漠上》、《马背上的民族》、《阳光下》、《晚风》、《帕米乐婚礼》、《草原上的歌》等。

任重道远

作品尺寸 / 68cm×68cm
创作时间 / 2007年

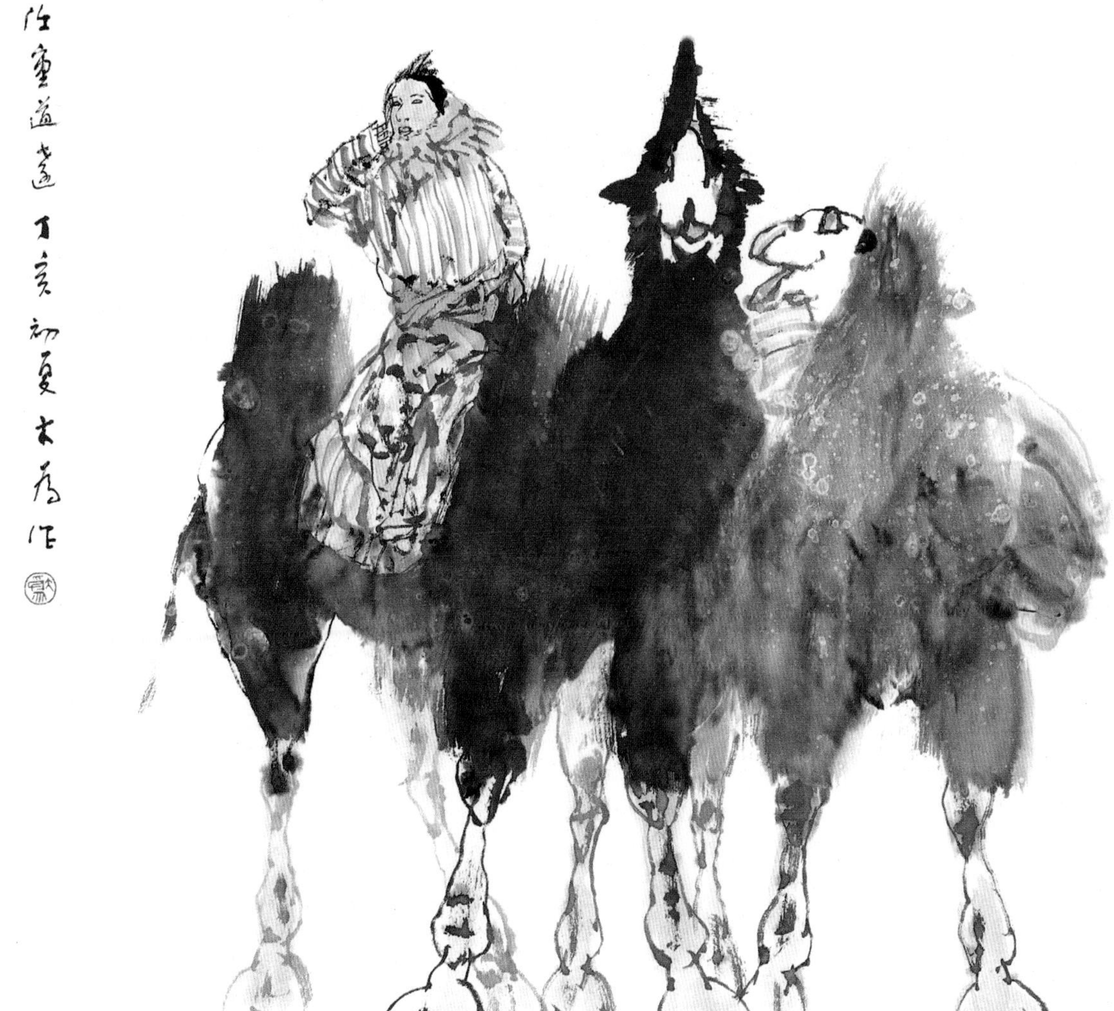

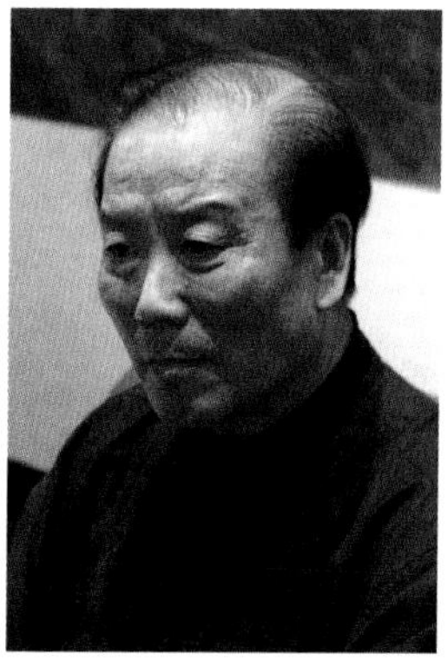

丨程大利

1945年生，北京人。中国美术家协会理事、中国美术出版总社总编辑、人民美术出版社总编辑、中华民族文化促进会常务理事、中国画艺委会委员、全国美展评委。出版有《程大利画集》，文集《宾退集》、《师心居随笔》等。

打马球图

作品尺寸 / 69cm × 68cm
创作时间 / 2000年

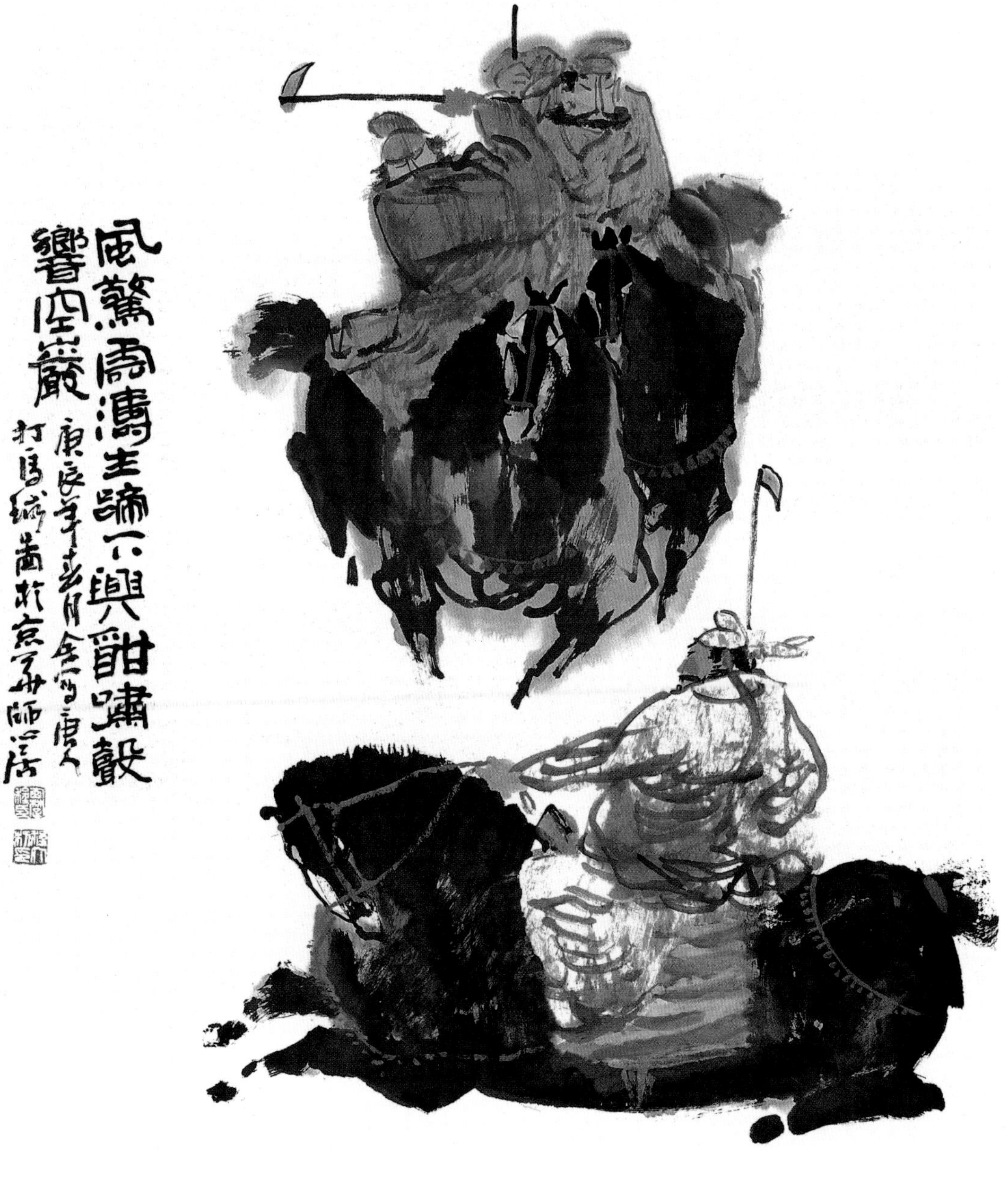

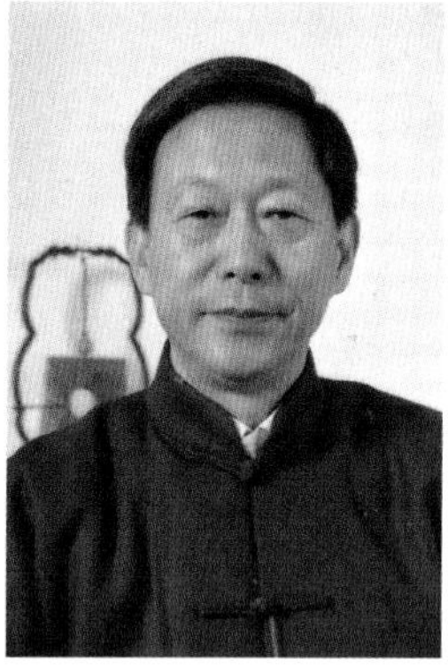

吴悦石

1945年生，北京市人。中国艺术研究院特约研究员、中国美术家协会会员、东方美术交流学会理事、中国国际文化交流中心理事。2007年被评为“中国书画年度影响力人物”。出版有《吴悦石画集》、《吴悦石作品集》等。

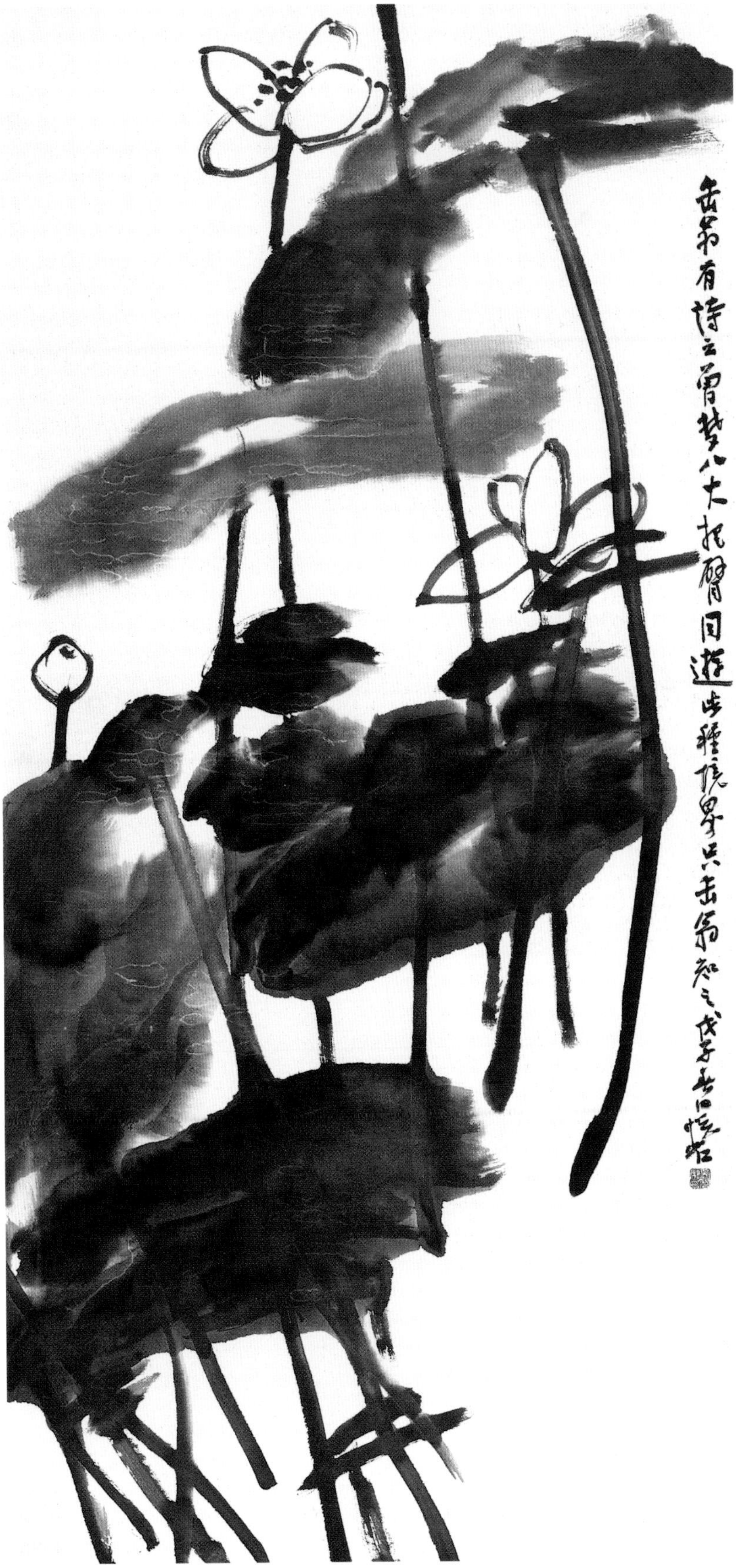

荷花

作品尺寸 / 68cm × 137cm
创作时间 / 2008年

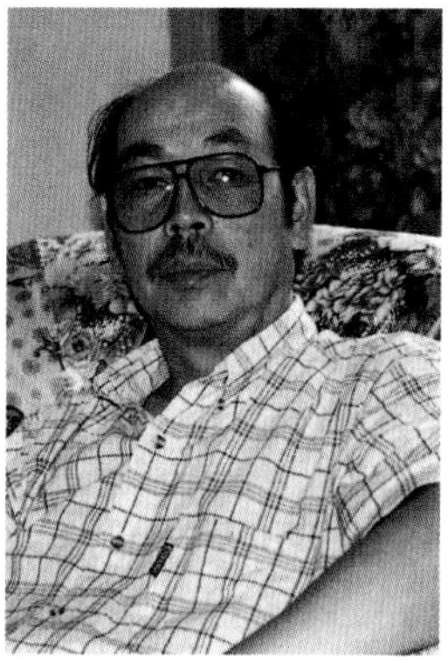

李乃宙

1945年生，天津市人。中国美术家协会会员、上海中国画院院外画师、南京书画院院外画家。出版有《李乃宙画集》等。

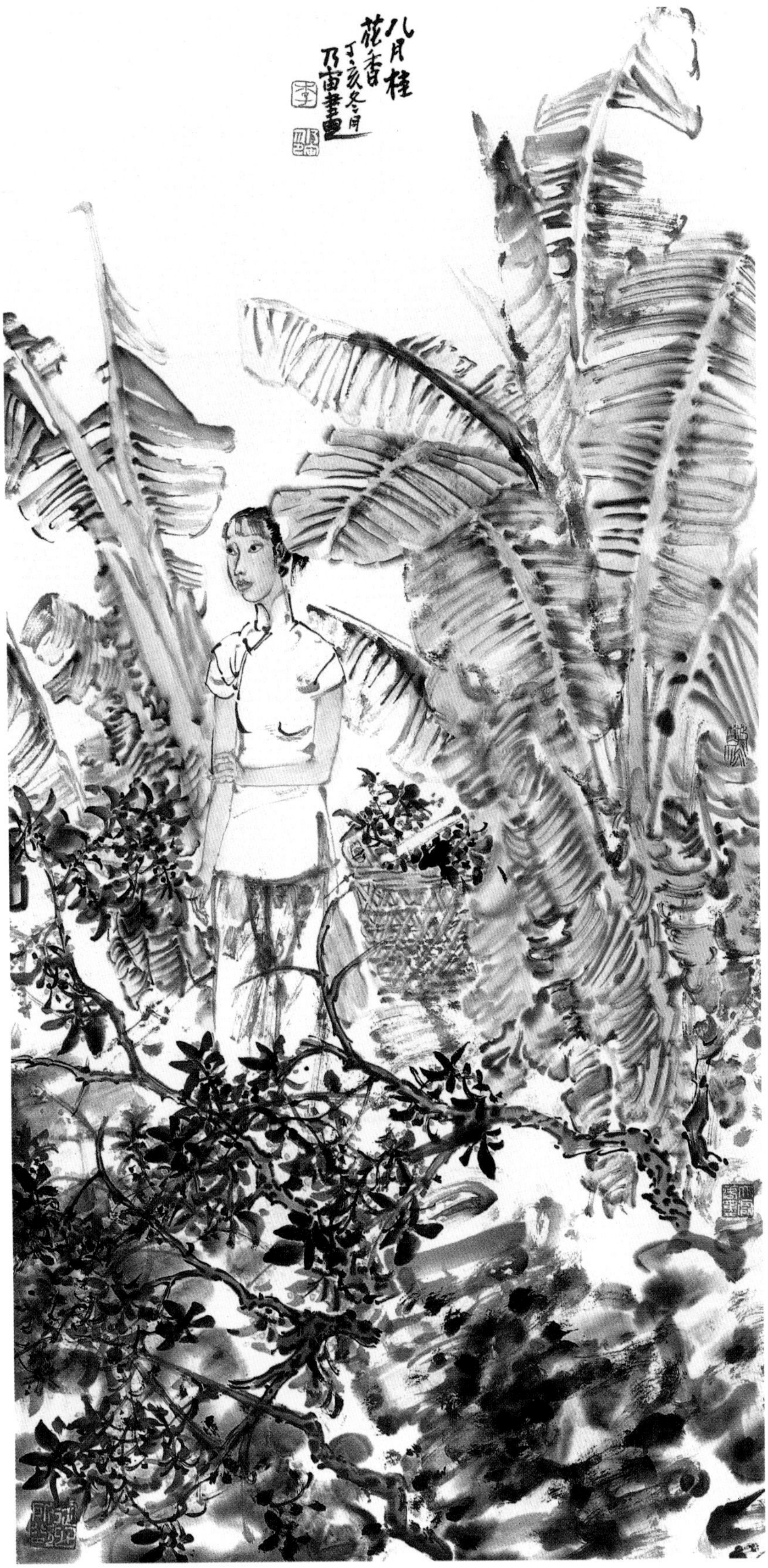

八月桂花香

作品尺寸 / 68cm × 137cm
创作时间 / 2007年

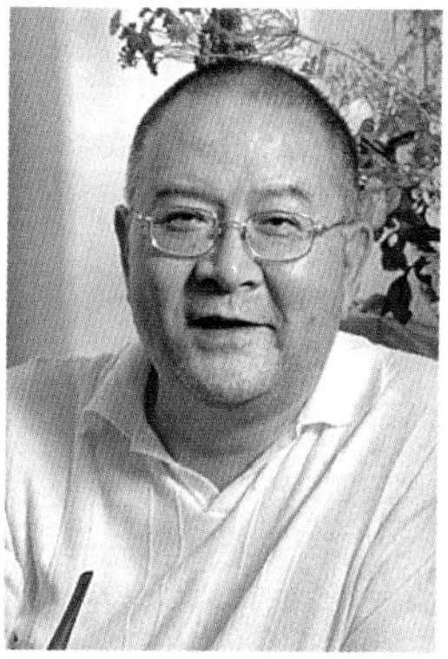

龙瑞

1946年8月生，四川成都人。全国政协委员。中国国家画院院长、中国国家画院一级美术师、中国美术家协会中国画艺术委员会委员，擅长山水画。出版有《龙瑞水墨画集》、《秋天的收获——龙瑞山水画专辑》等。

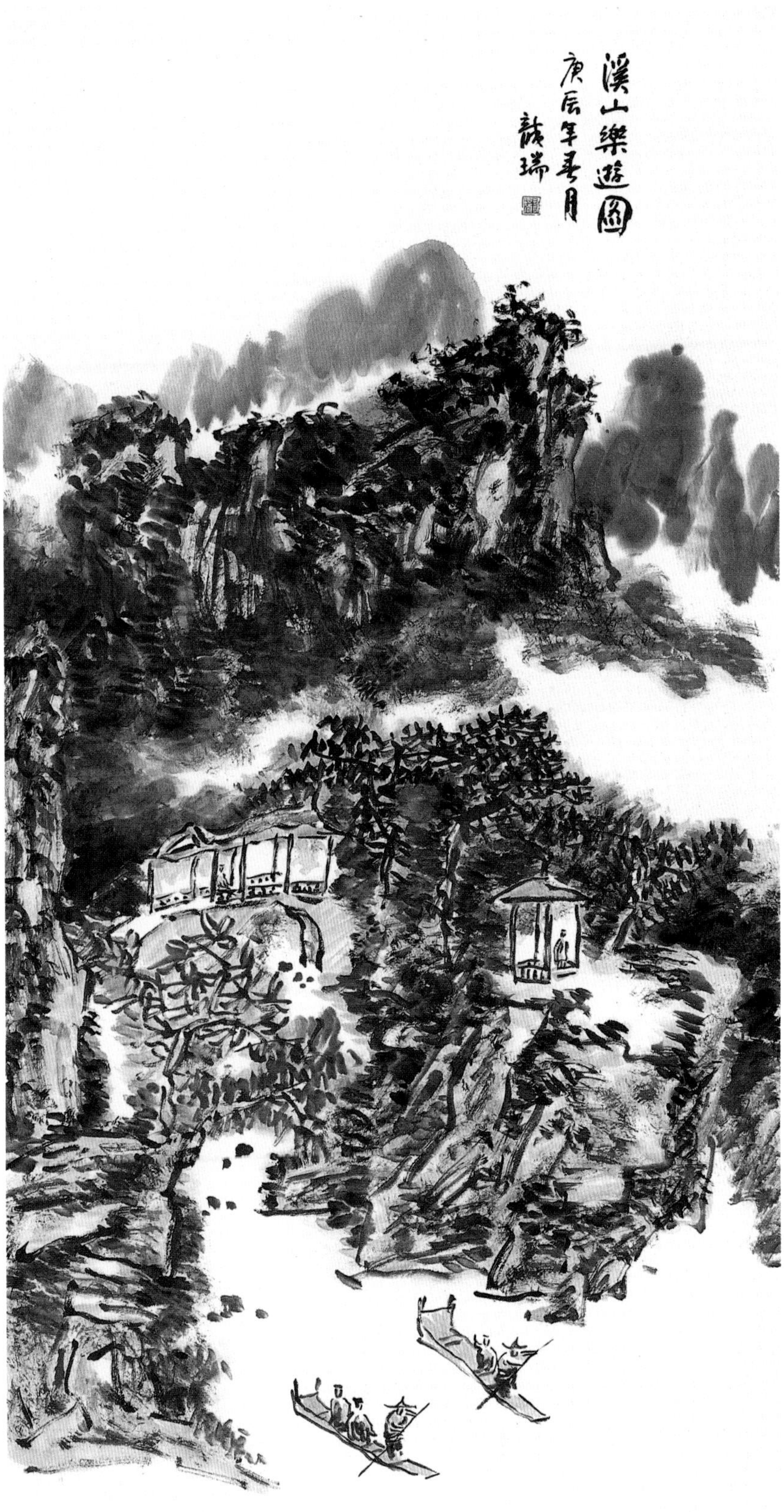

溪山乐游图

作品尺寸 / 69cm × 137cm
创作时间 / 2000年

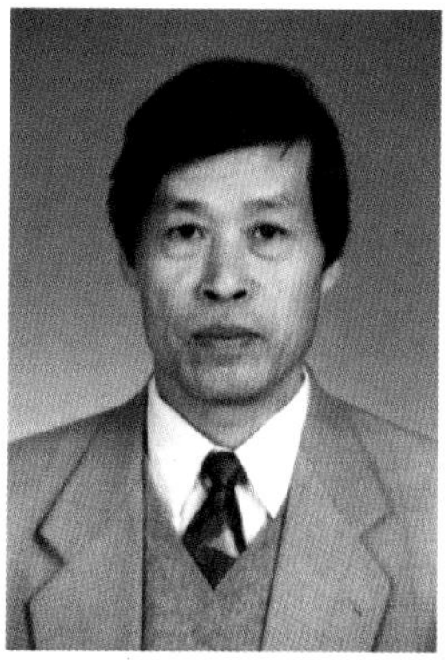

丨 程振国

1946年生，山东省临朐人。中国美术家协会会员，北京美术家协会副主席。先后参加了由江泽民主席题字的《锦绣中华》、《江山万里图》巨幅山水画创作，赠送港、澳特区政府。出版有《程振国画集》等。

梦里听雨图

作品尺寸 / 68cm × 68cm
创作时间 / 2007年

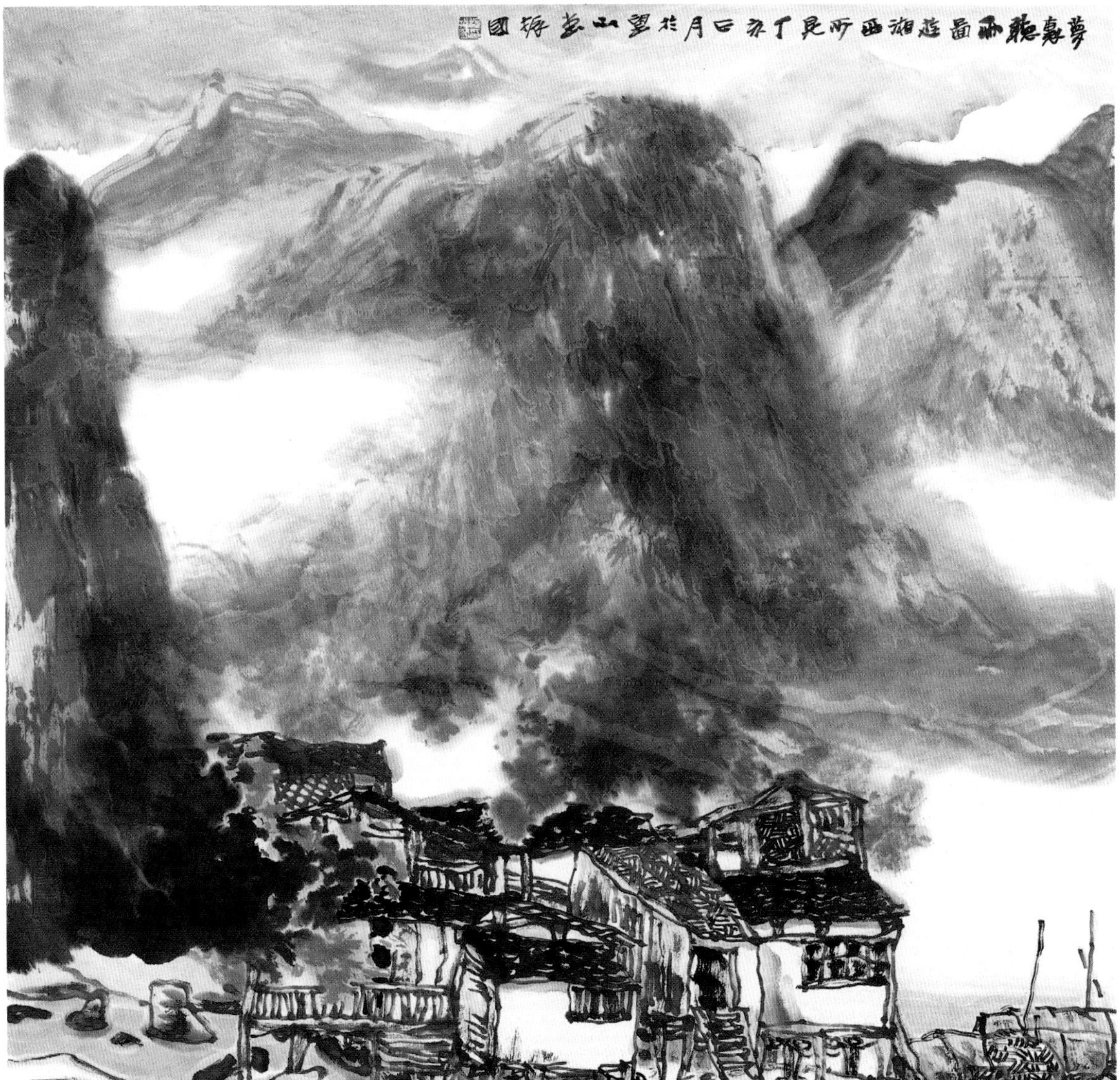

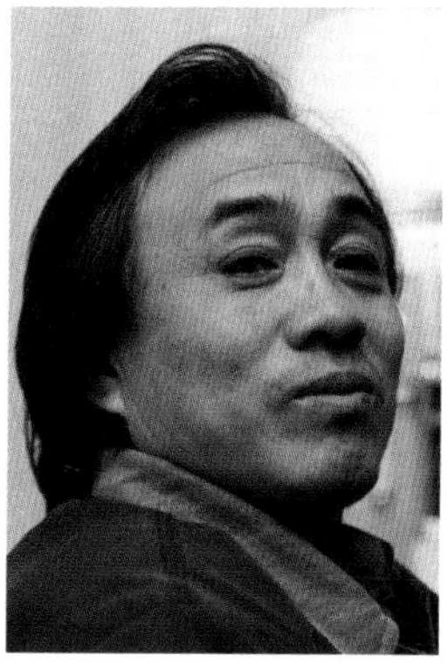

郑绍敏

1946年生，河北邯郸人。中国美术家协会会员、中国连环画艺委会委员、中国当代工笔画学会会员、全国书画院创作交流协会副秘书长、首都师范大学美术学院客座教授。出版有《画牛技法资料》、《山水画新技法》、《水墨画鹿》、《水墨画骆驼》等十几部专著。

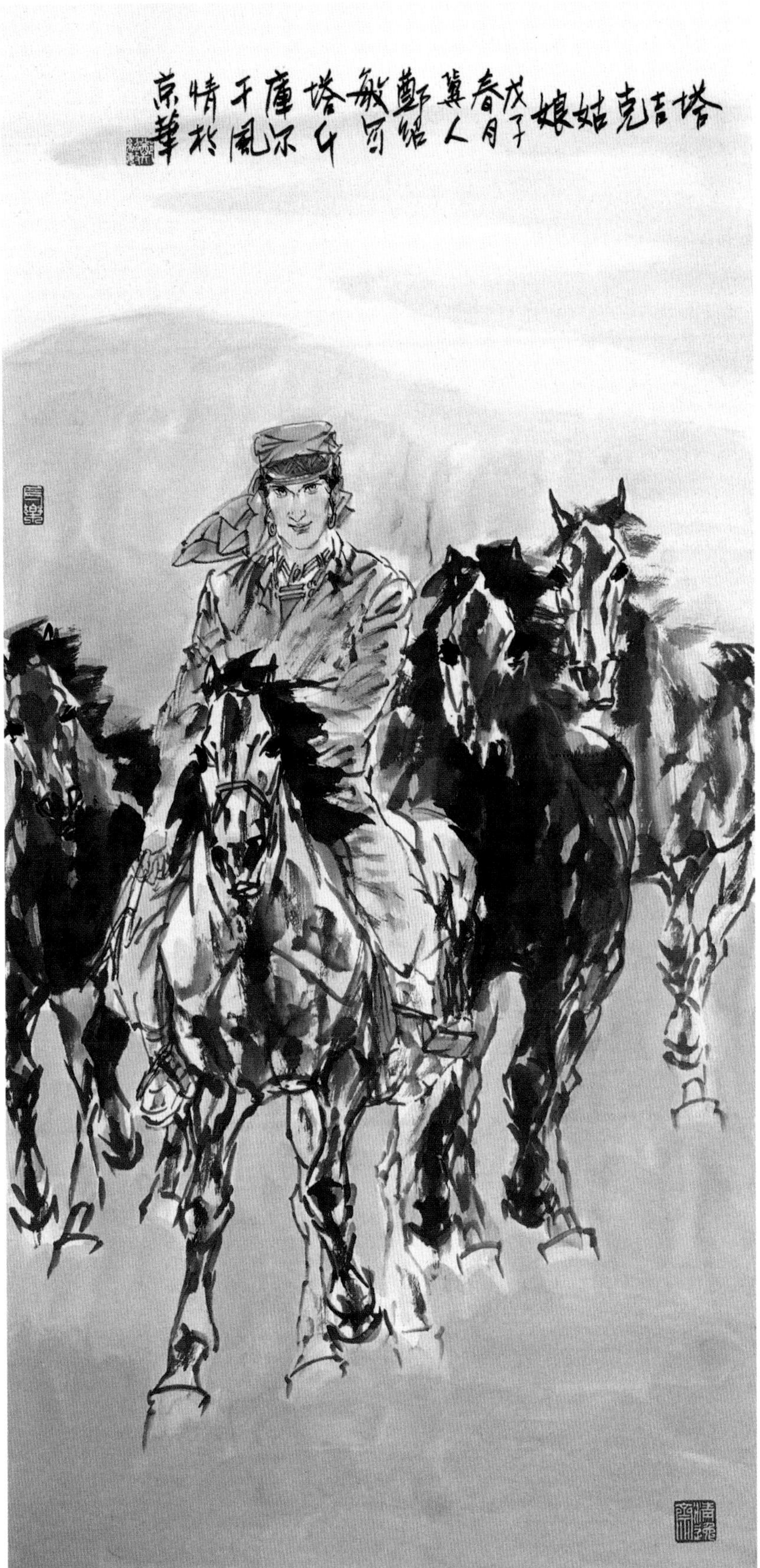

塔吉克姑娘

作品尺寸 / 69cm × 138cm
创作时间 / 2008年

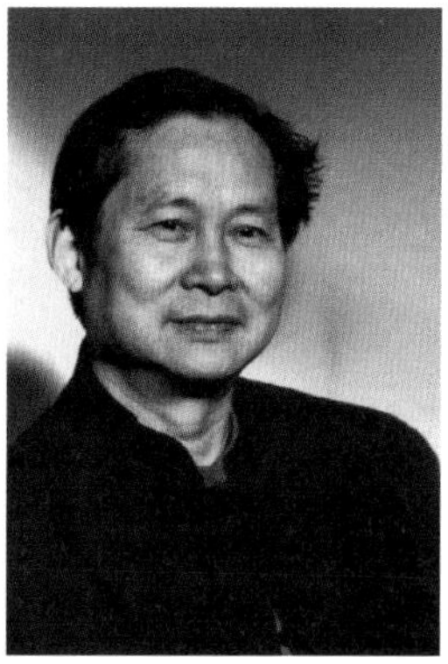

汤立

号借闲堂主，1947年生，湖北武汉人。中国美术家协会会员、国家一级美术师、中国长城书画院副院长、东方大学城艺术研究院名誉院长、国际水墨画家联盟常务理事。出版有《中国近现代名家·汤立花鸟画精选》、《中国名画家精品集·汤立》、《汤立作品集》等。

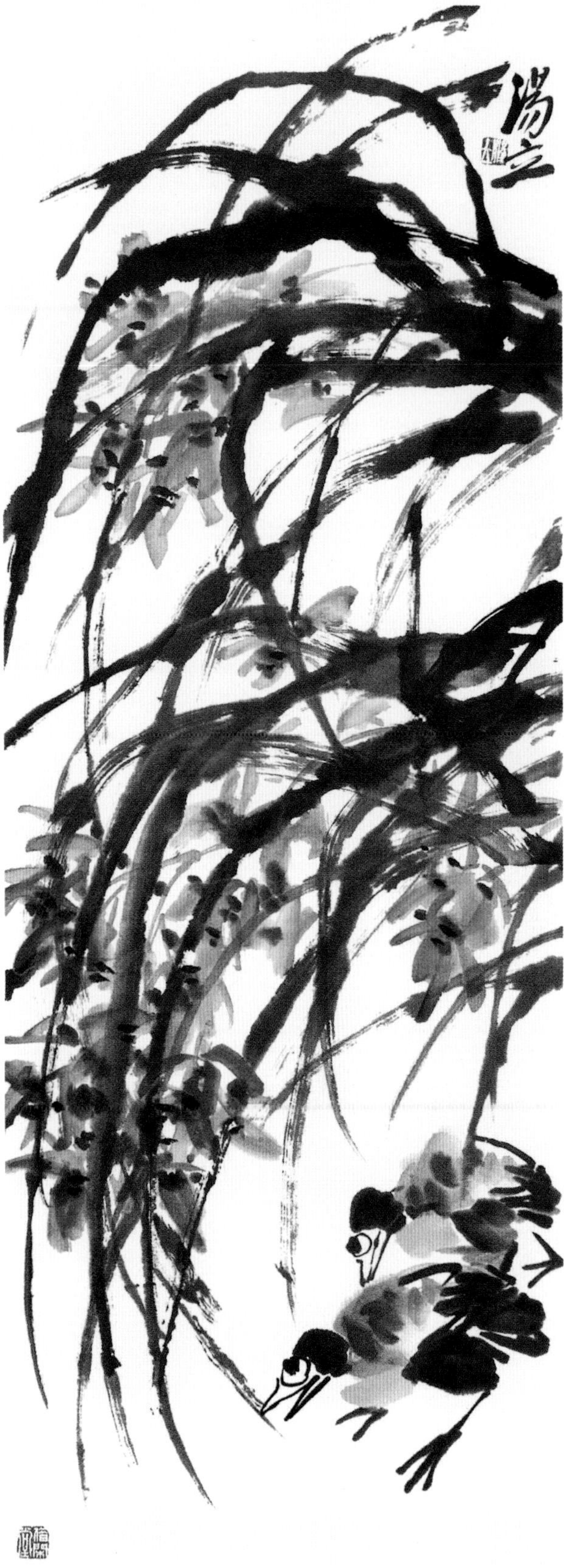

花鸟

作品尺寸 / 52cm × 139cm
创作时间 / 2008年

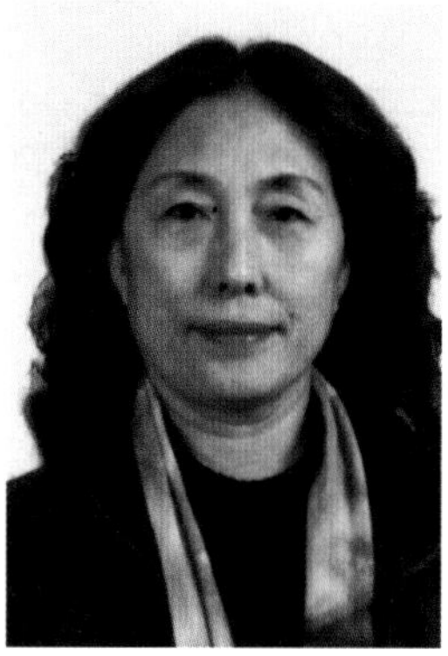

李秀峰

1948年生，河北省泊头市人。甘肃省美术家协会专职副主席、甘肃国画院院长、中国美术家协会会员、国家一级美术师。出版有《李秀峰作品集》等。

草原深处

作品尺寸 / 68cm×68cm
创作时间 / 2007年

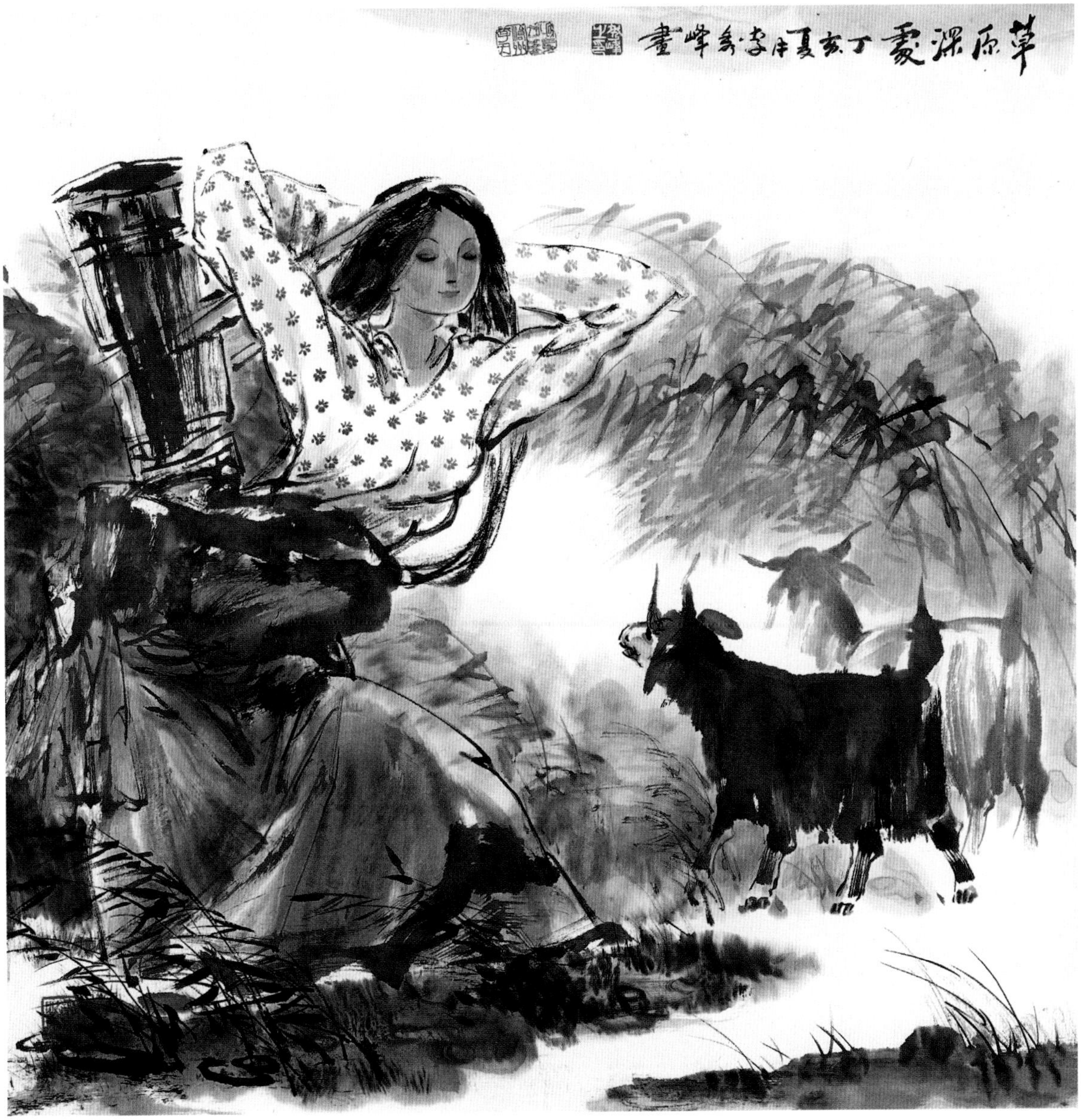

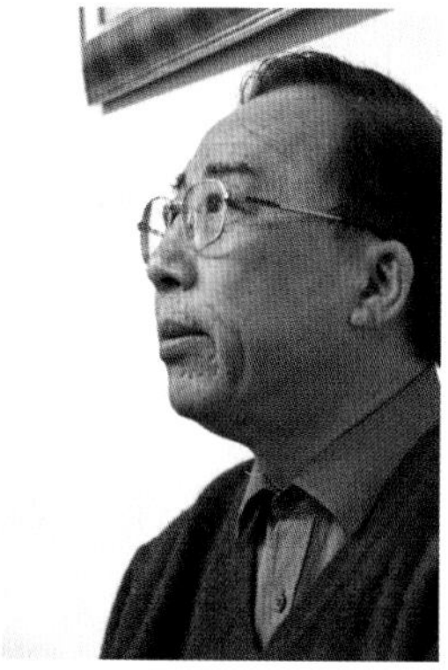

刘怀山

1948年生，辽宁锦州人。国家一级美术师、中央民族大学客座教授、中国美术家协会培训中心特邀教授、中国美术家协会会员、中华诗词协会会员。出版有《刘怀山作品集》等。

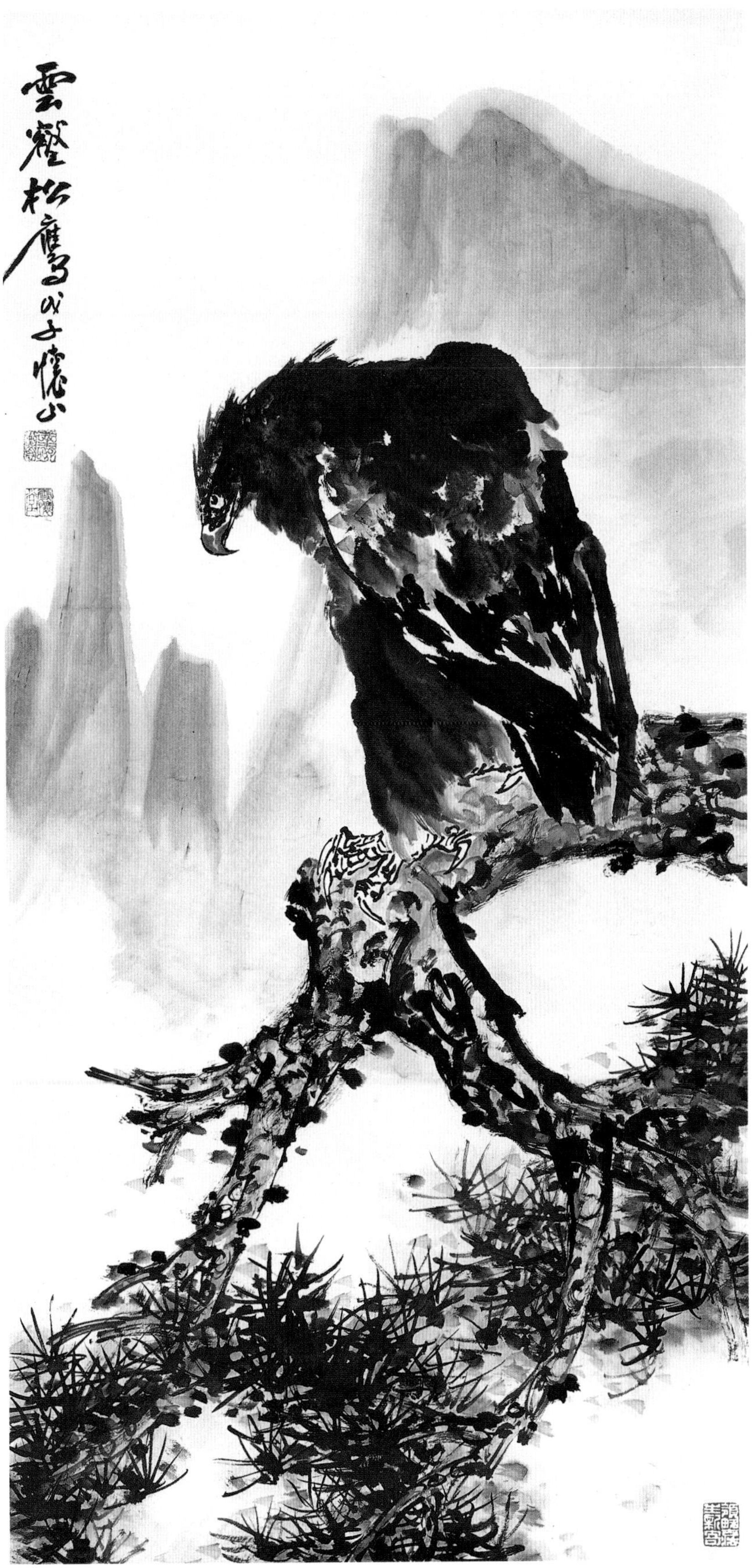

云壑松鹰

作品尺寸 / 69cm × 137cm

创作时间 / 2008年

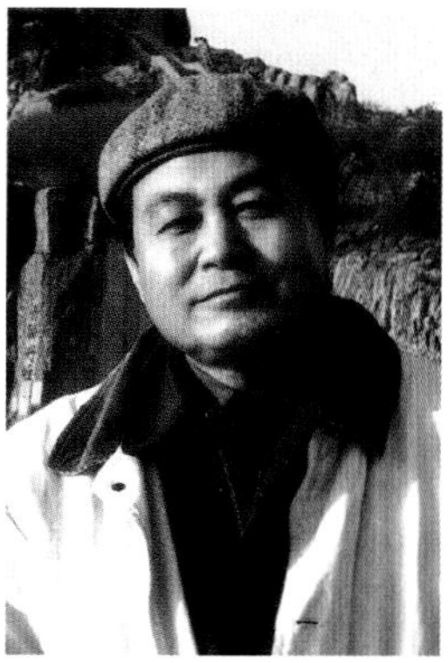

丨 王玉良

1949年生，山东诸城人。清华大学美术学院教授、博士研究生导师，中国美术家协会会员。出版有《王玉良画集》、《王玉良风景色彩写生》、《王玉良线描》、《王玉良水墨造像》等多种专集。

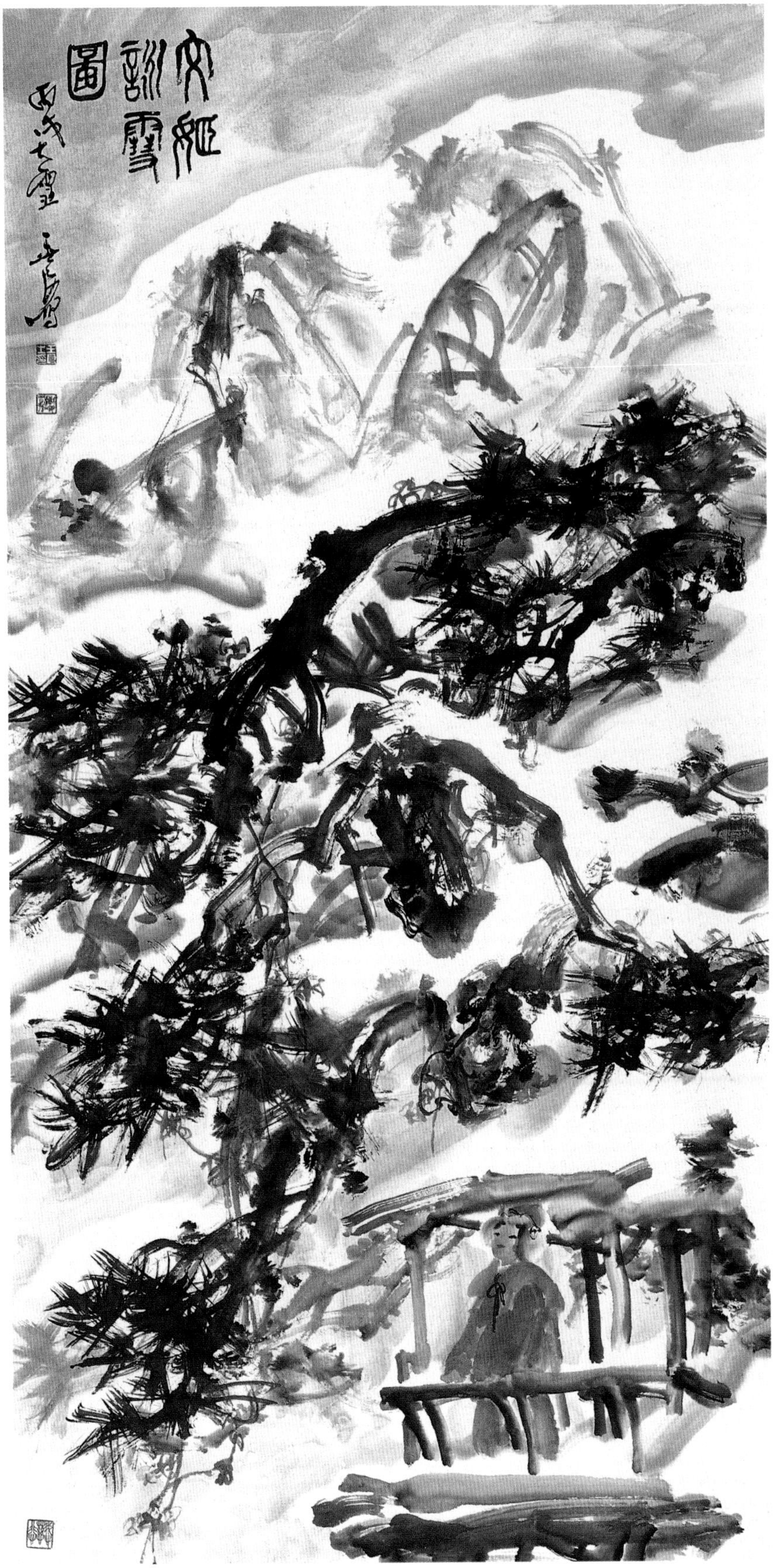

文姬咏雪图

作品尺寸 / 68cm×136cm
创作时间 / 2006年

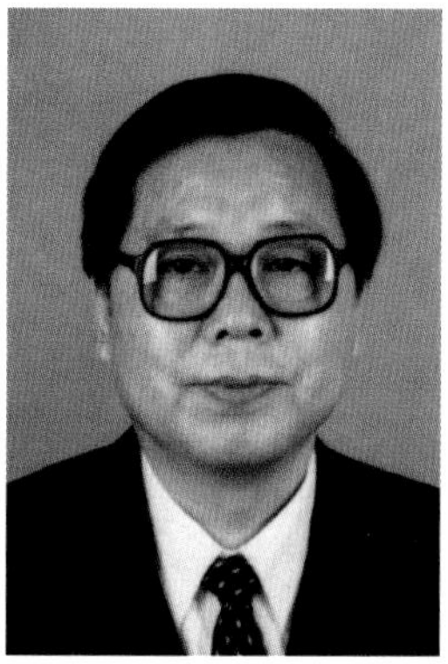

李荣海

1950年出生，山东省曹县人。中国美术家协会党组成员、副秘书长、研究馆员（教授），中国美术家协会理事，中国书法家协会理事，中国书协评审委员会委员。出版有《李荣海花鸟作品集》、《李荣海书法作品集》等。

乾坤清风图

作品尺寸 / 69cm×69cm
创作时间 / 2006年

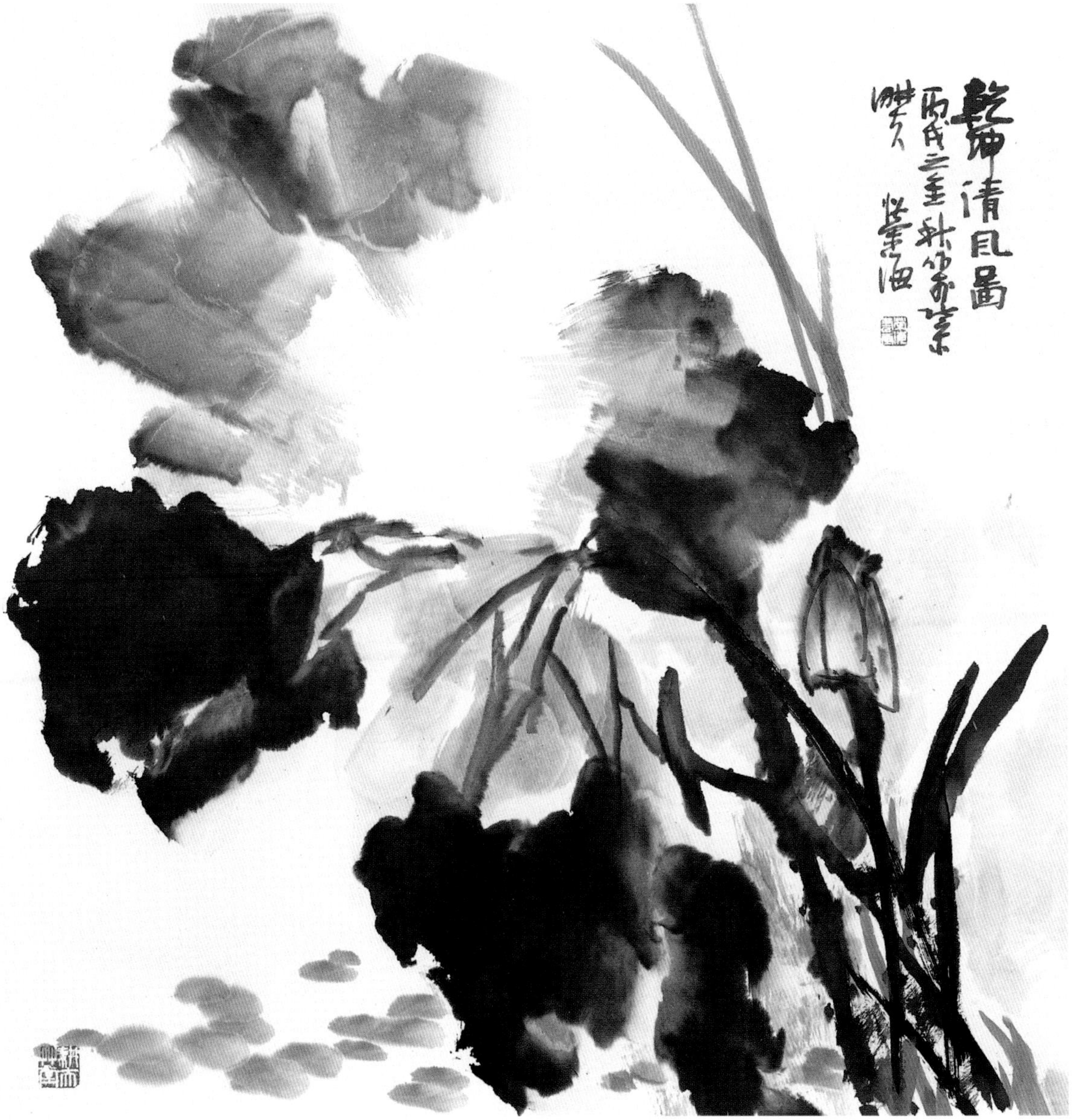

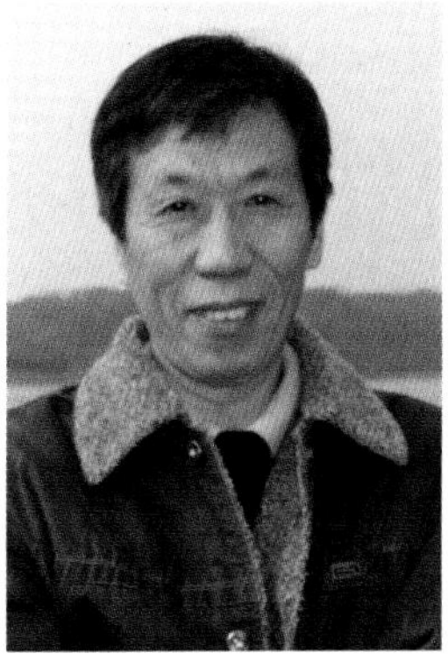

吴庆林

1950年生，北京人。中国美术家协会会员、中国出版对外贸易总公司艺术中心画家、国家一级美术师。擅长写意山水画，题材多以太行山及江南水乡为主。出版有数十本合集及《吴庆林画集》。

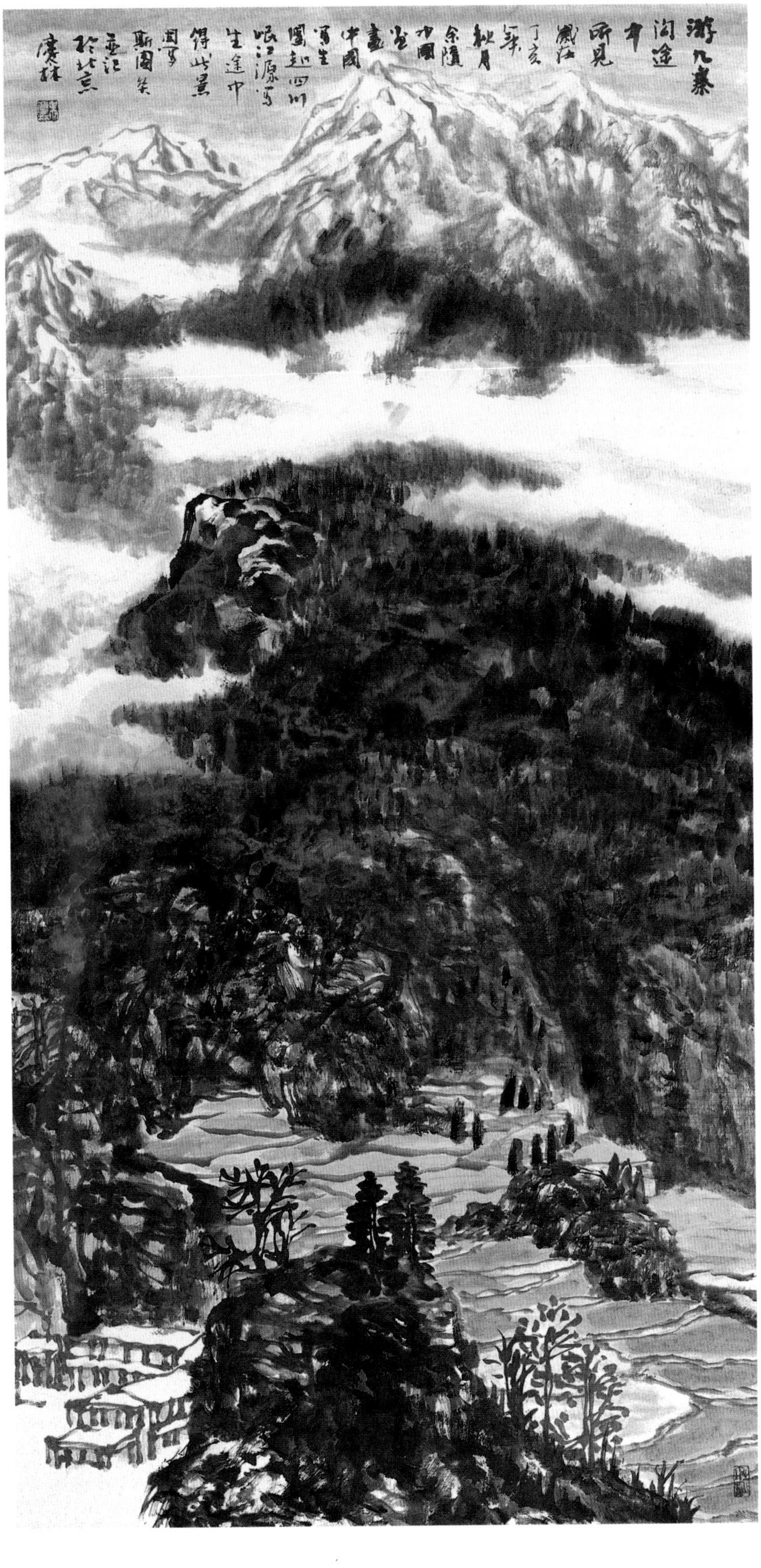

游九寨沟

作品尺寸 / 68cm × 137cm
创作时间 / 2007年

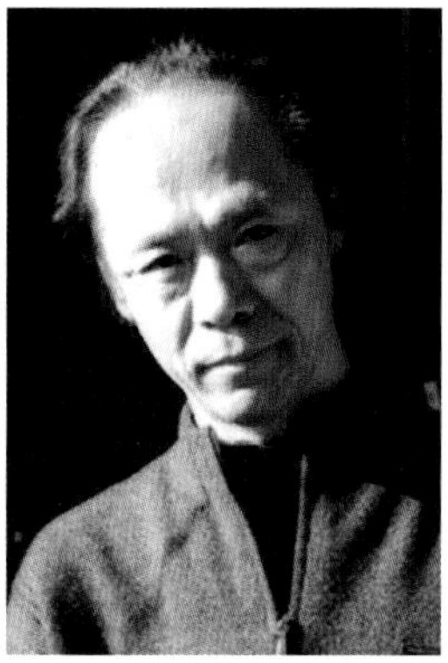

王隽珠

1950年生，山东莱芜人。中国美术家协会会员、黑龙江省画院专职画家、北京解放军艺术学院美术系特聘教授、国家一级美术师。出版有《王隽珠画集》。

三羊开泰

作品尺寸 / 68cm×68cm
创作时间 / 2007年

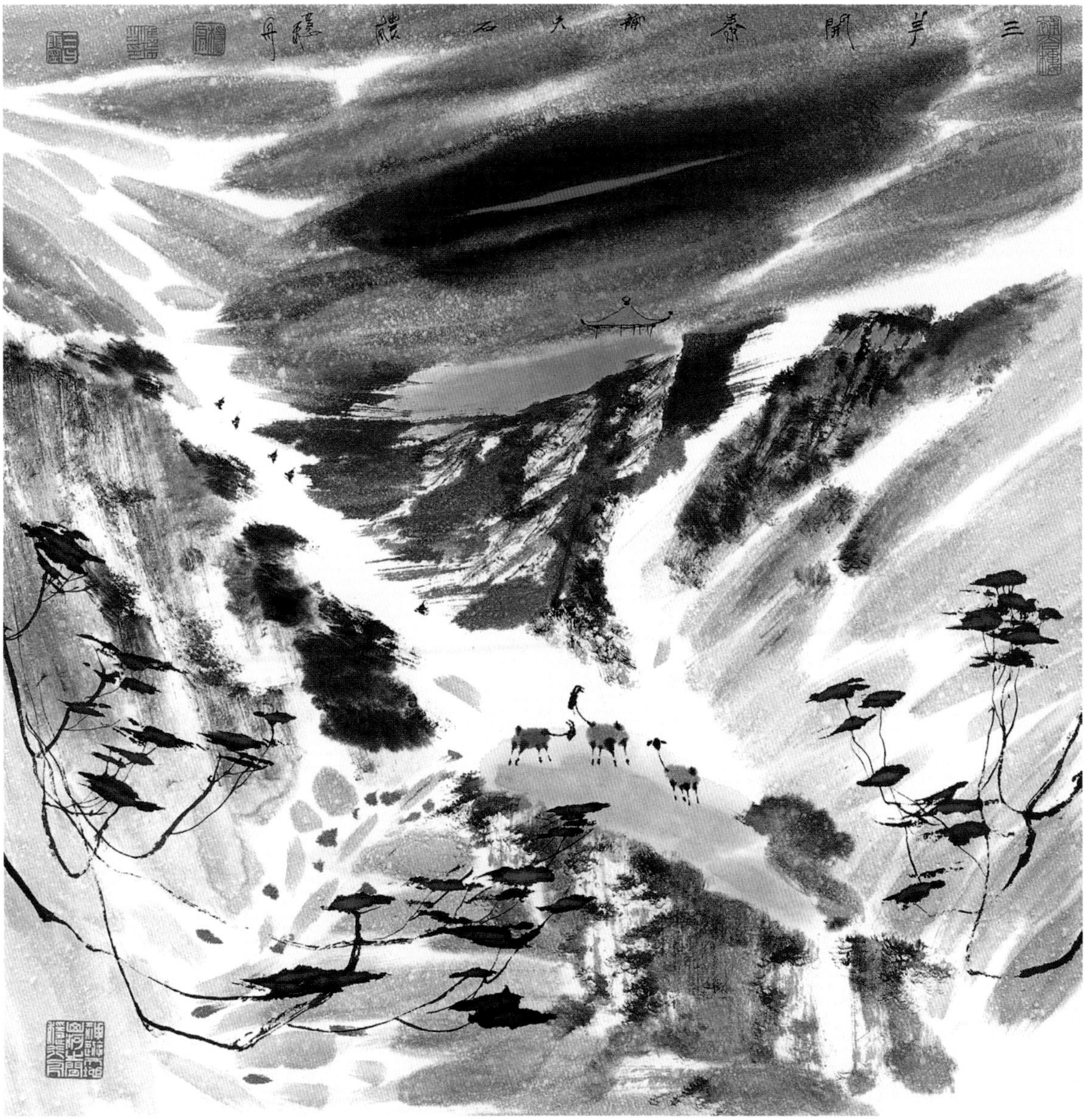

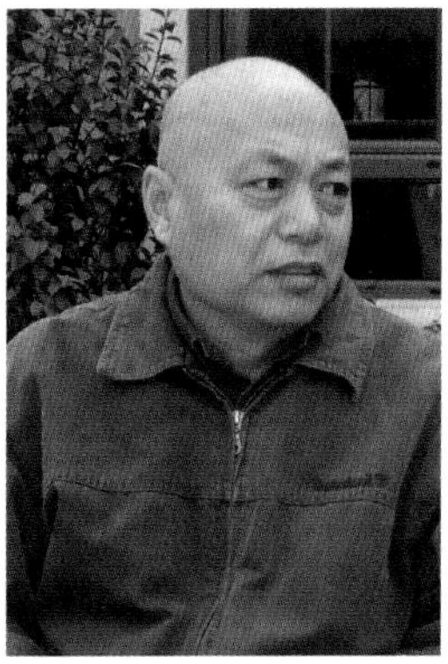

孙志钧

1951年11月生，北京人。中国美术家协会会员，首都师范大学美术学院院长、教授、硕士研究生导师，北京美术家协会副主席。出版有《孙志钧画集》、《孙志钧中国画作品》、《工笔人物画范》、《孙志钧草原情韵》等。

牧马

作品尺寸 / 132cm×67cm
创作时间 / 2007年

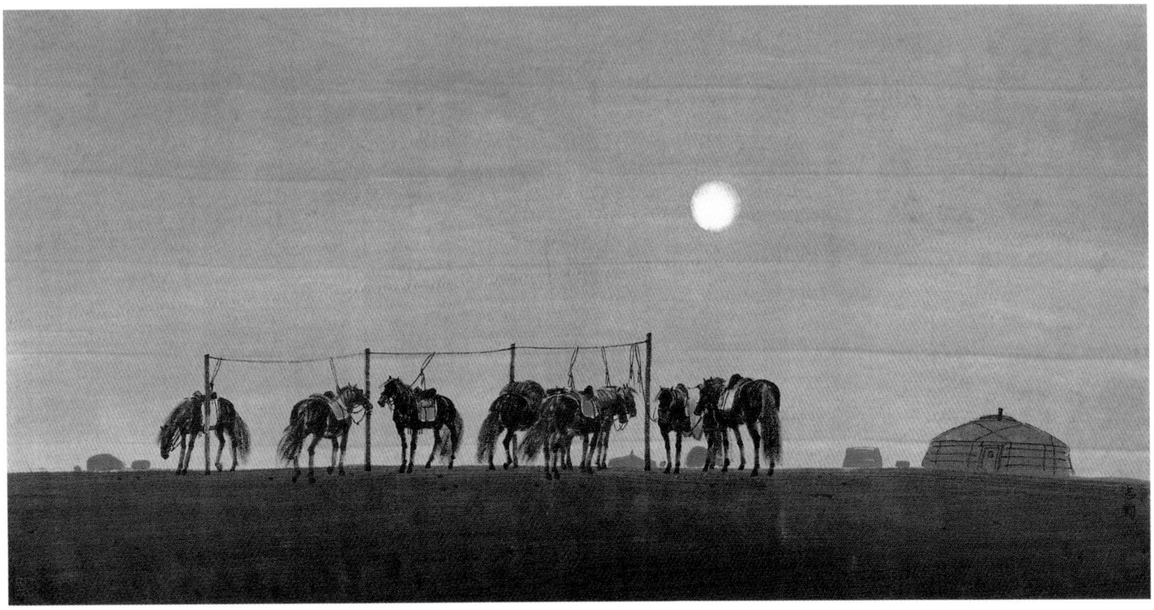

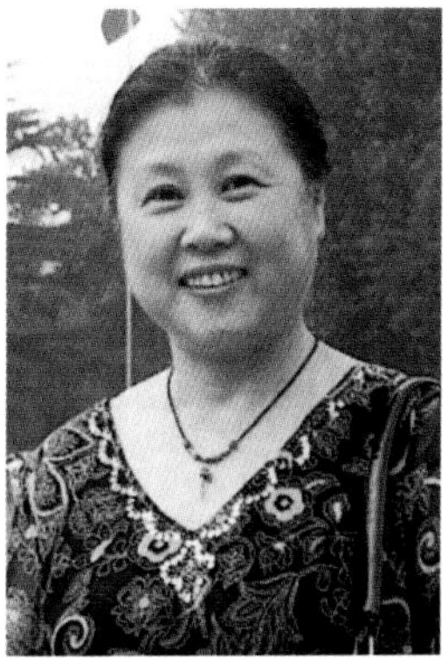

张桂徵

1951年生，辽宁省绥中县人。中国美术家协会会员、清华大学美术学院特聘教授。出版有《桂徵现代工笔花鸟画》等。

工笔花鸟

作品尺寸 / 68cm×68cm
创作时间 / 2007年

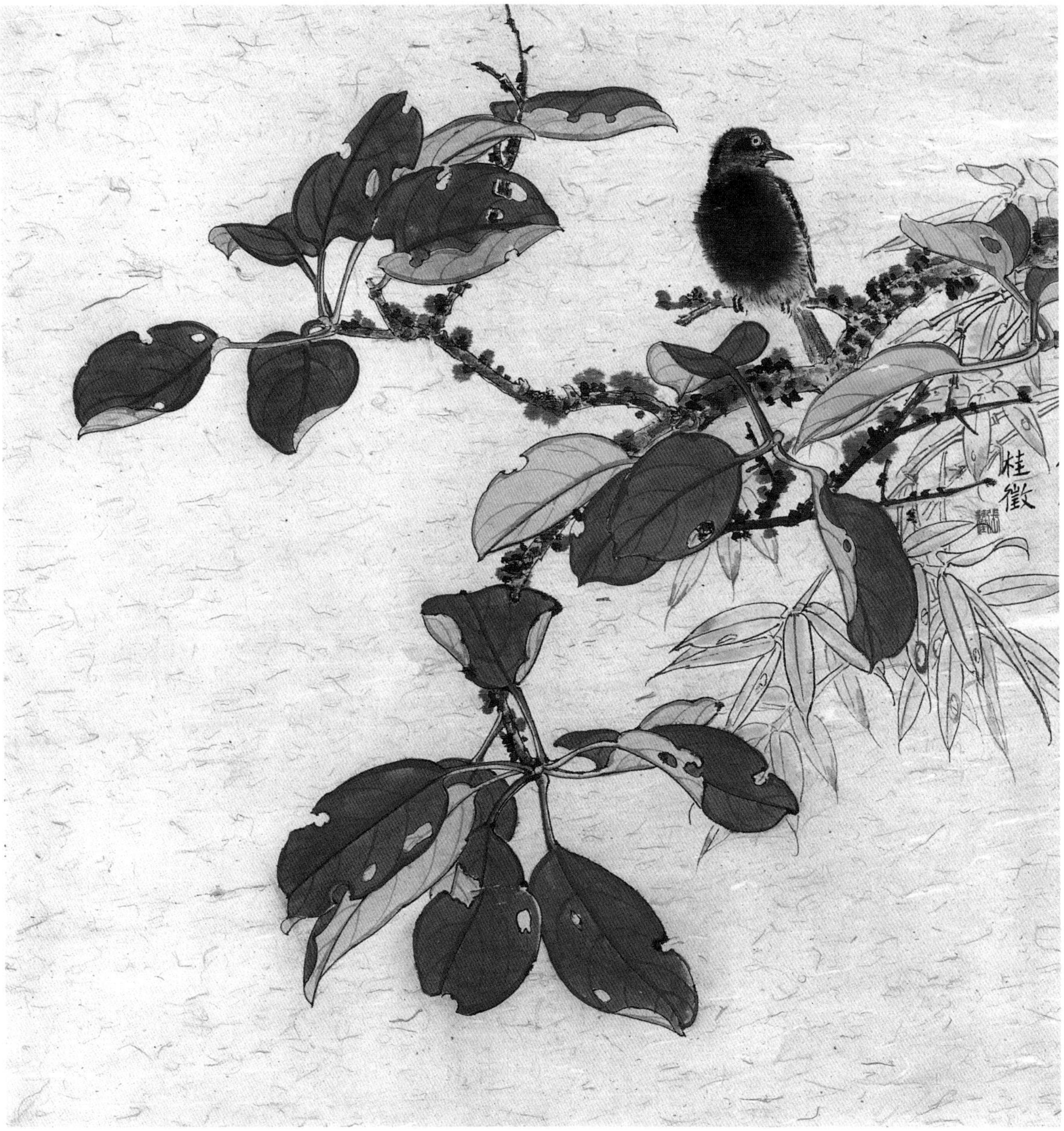

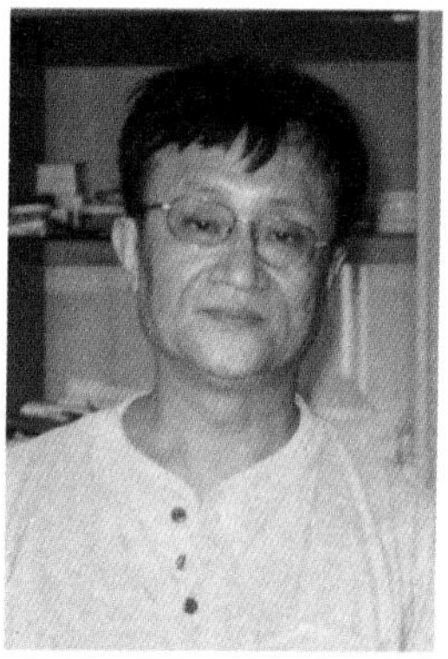

邓文华

1951年生，四川射洪人。职业画家。出版有《邓文华作品山水马牛集》等。

八极寄英图

作品尺寸 / 68cm×68cm
创作时间 / 2007年

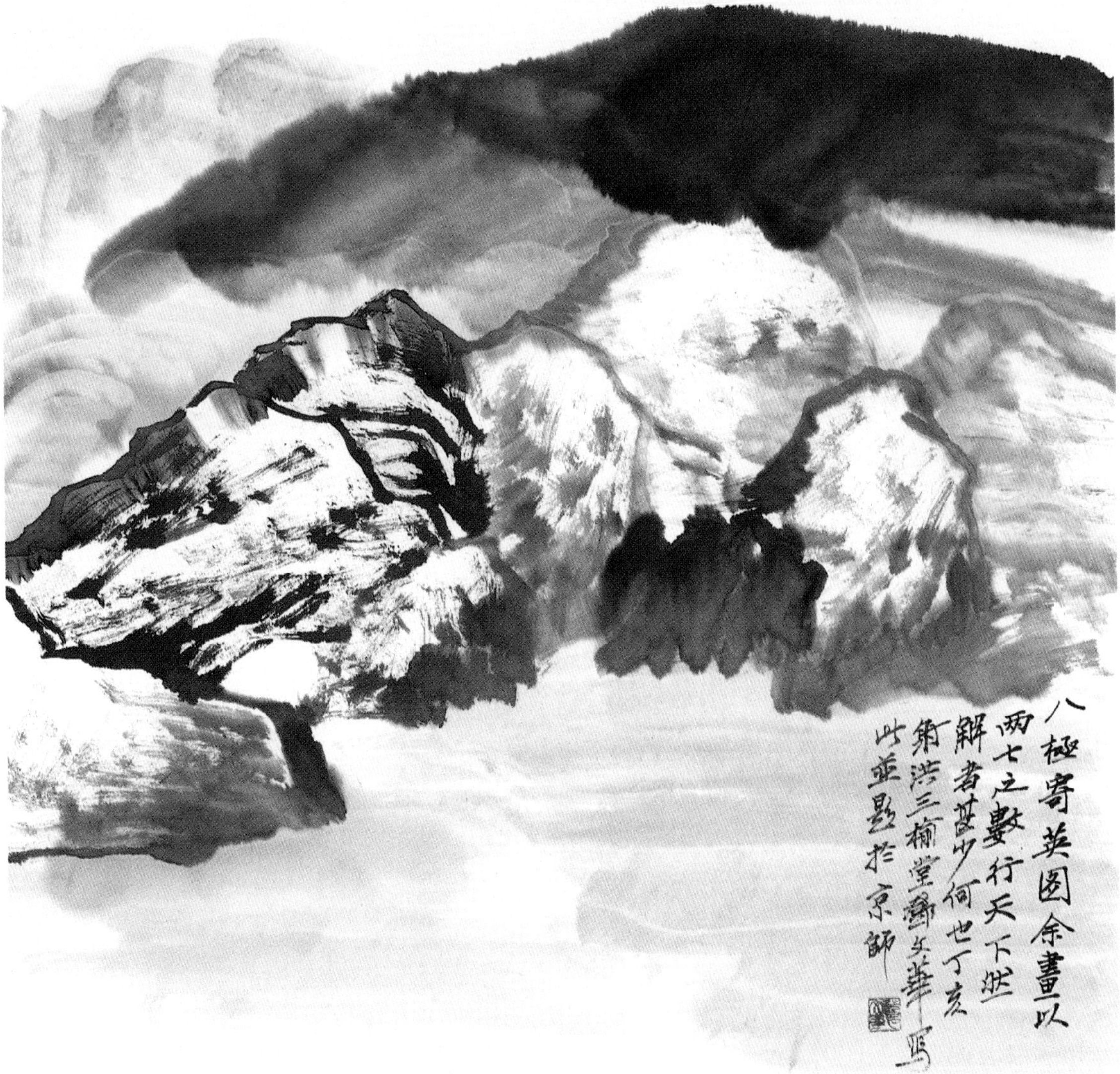

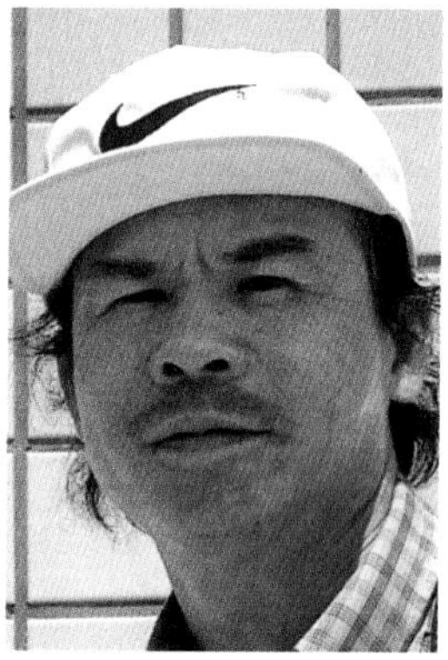

丨陈幼民

1951年生，北京人。中国工人出版社编审、副总编辑。出版有《陈幼民写意人物画》等。

仕女图

作品尺寸 / 69cm×69cm
创作时间 / 2008年

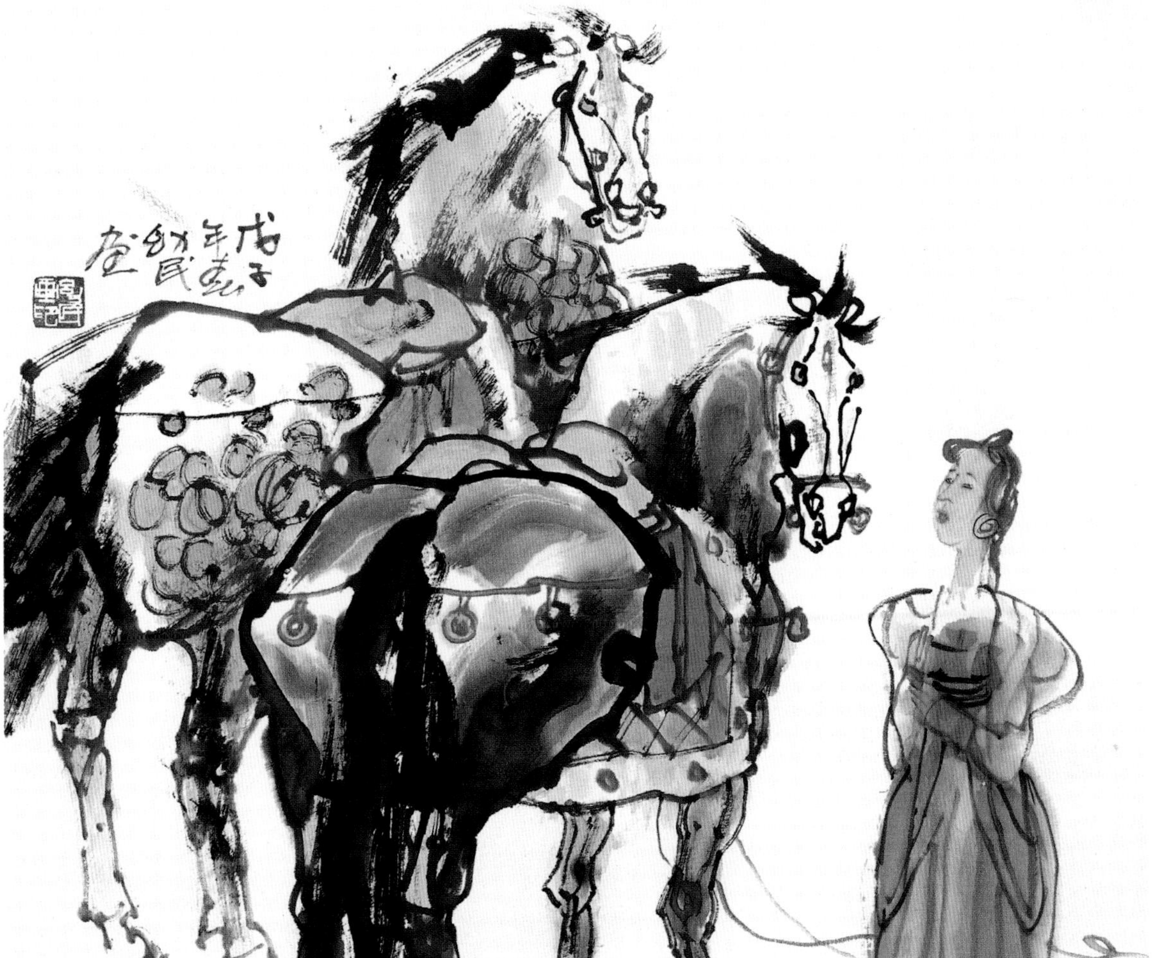

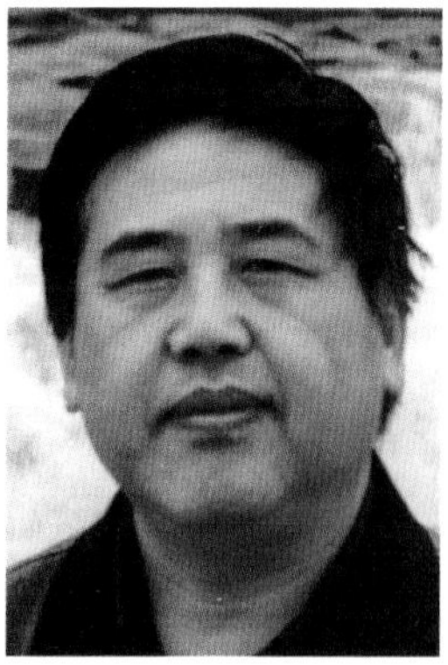

王玉山

1951年生，北京人，中国美术家协会会员，人民美术出版社图书出版社中心副总编辑、编审，中国人民革命军事博物馆书画研究院特聘画家。擅长图书编辑、中国画。编辑出版有《新中国美术50年》等。

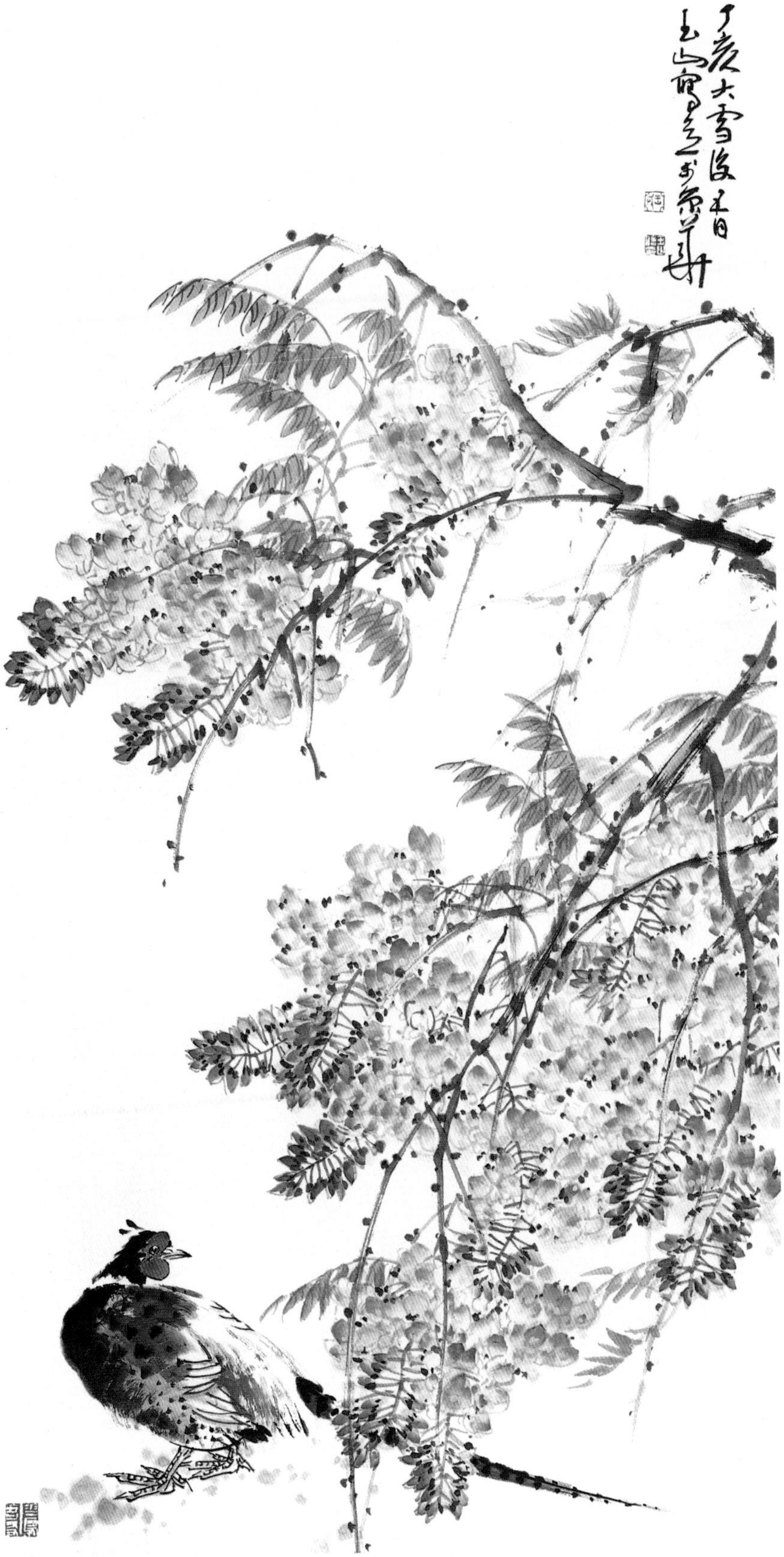

花鸟

作品尺寸 / 69cm×137cm
创作时间 / 2007年

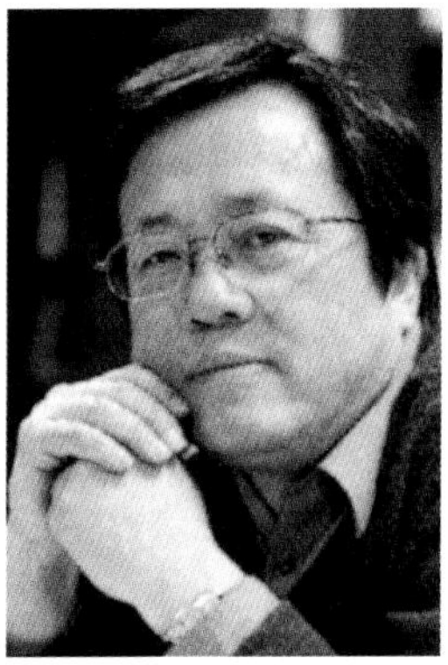

冯远

1952年生，上海人，祖籍江苏无锡。全国政协委员，中国文学艺术界联合会副主席、党组成员、书记处书记，中国美术家协会副主席，中国画艺术委员会副主任，中国艺术研究院博士研究生导师。出版有《水墨人物画教程》、《东窗笔录》、《冯远画集》等。

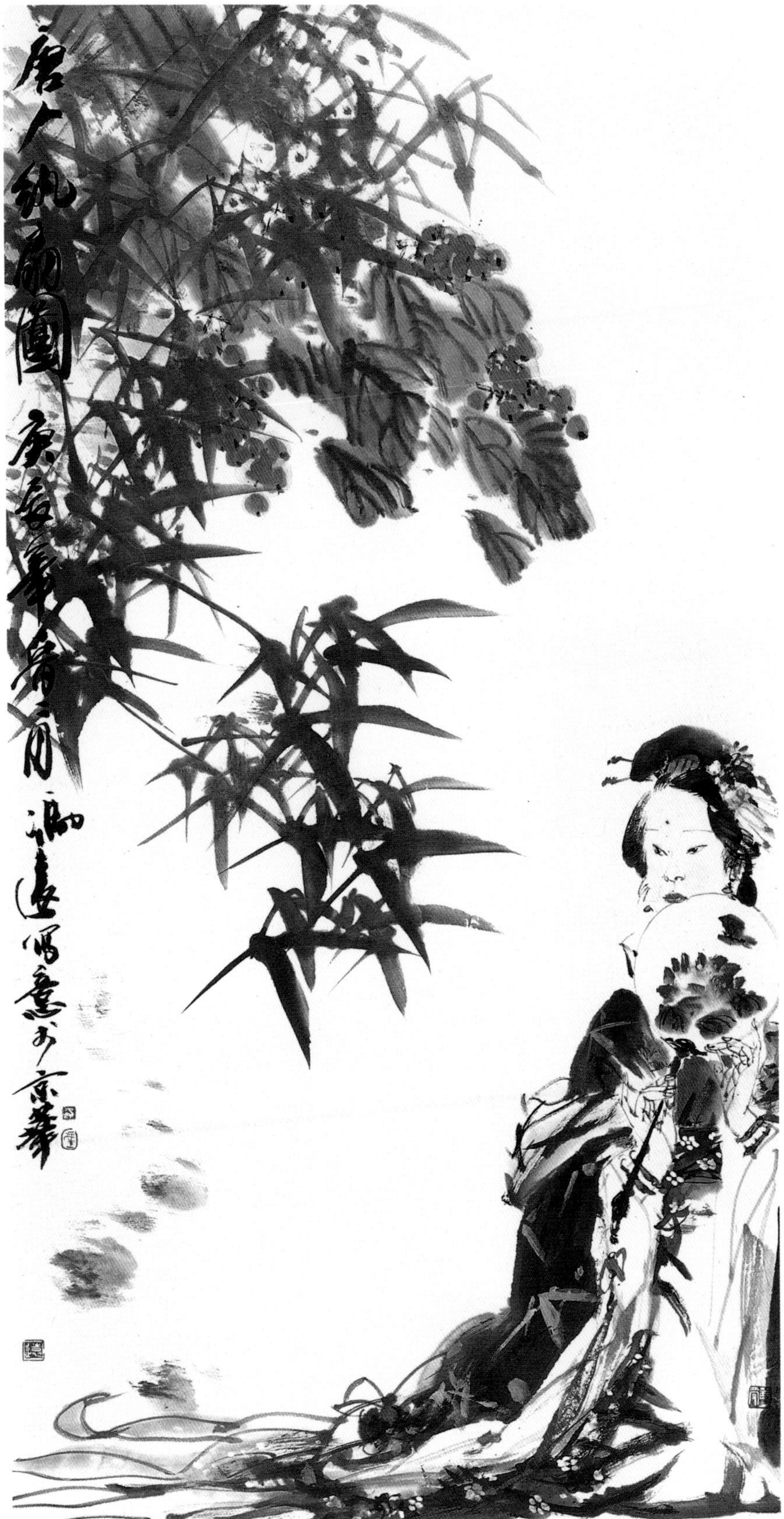

唐人纨扇图

作品尺寸 / 69cm×137cm
创作时间 / 2000年

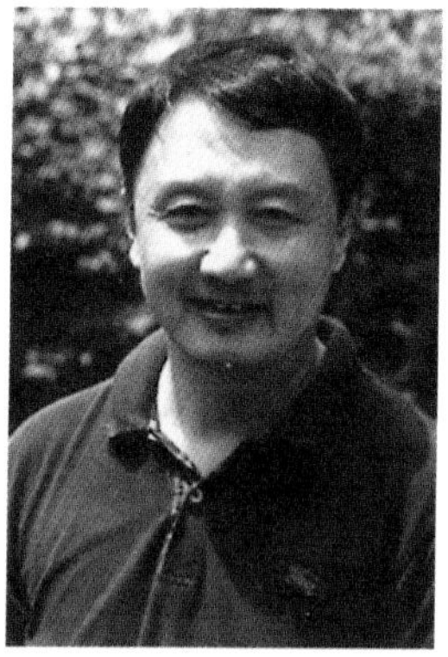

王明明

1952年生，山东省蓬莱县人。全国政协常委、中国美术家协会副主席、北京画院院长、北京市文化局副局长、北京美协主席、北京市文联副主席、全国政协书画室副主任、中国文联全委会委员、中国艺术研究院研究生院博士生导师。

春光

作品尺寸 / 180cm × 97cm
创作时间 / 2000年

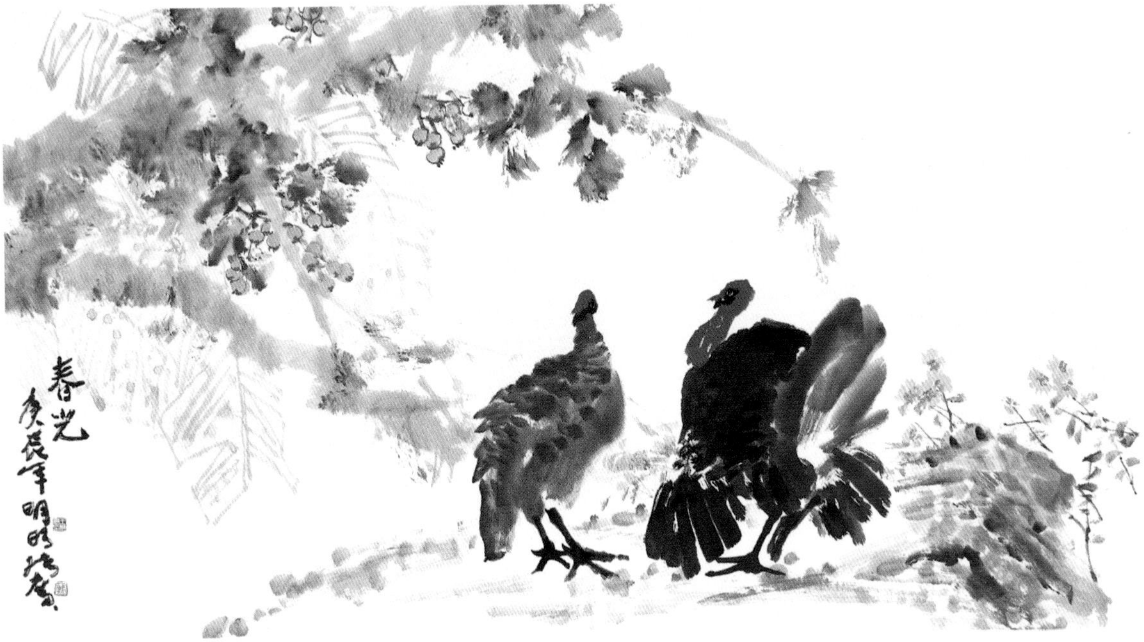

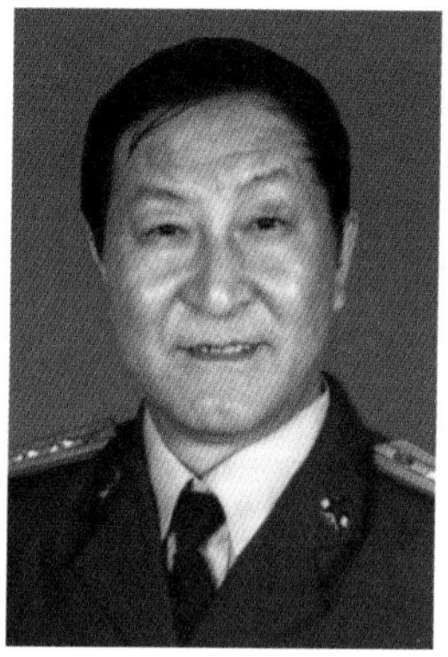

丨李保民

1952年3月生，甘肃兰州人。中国美术家协会会员、中国美协新疆创作中心副主任、中国秦文研究会书画艺术委员会评委、中国诗书画研究会研究员、新疆边塞山水画研究会理事、新疆书画研究院秘书长。出版有《李保民边塞山水画集》等。

天山之春

作品尺寸 / 400cm × 200cm
创作时间 / 2007年

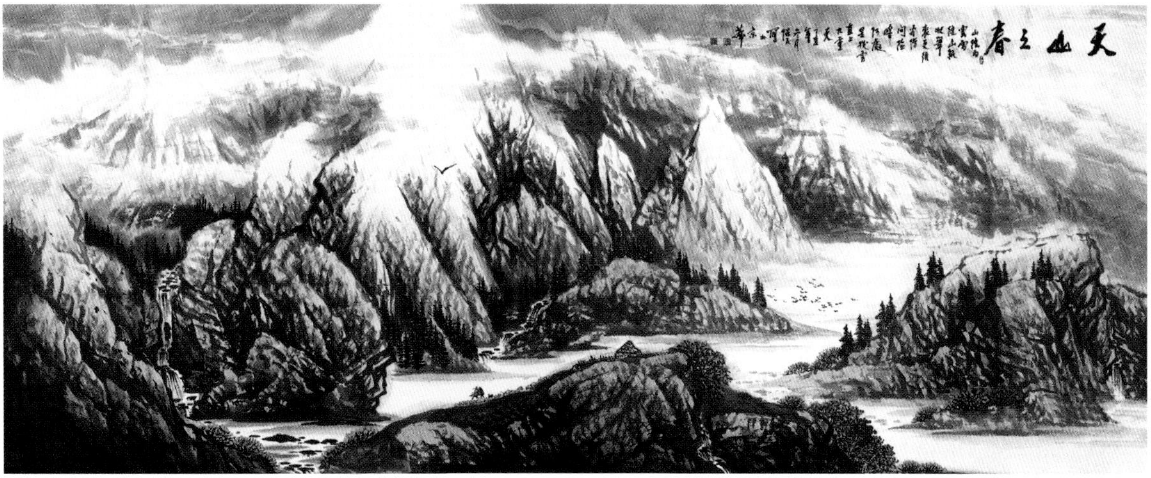

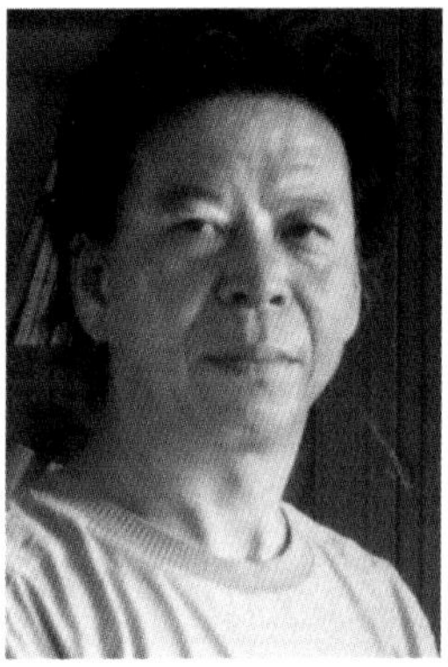

于永茂

1952年生，北京人。中国美术家协会会员、中国山水画研究院副院长。出版有《于永茂水墨山水画》等。

江亭对弈图

作品尺寸 / 136cm×68cm
创作时间 / 2007年

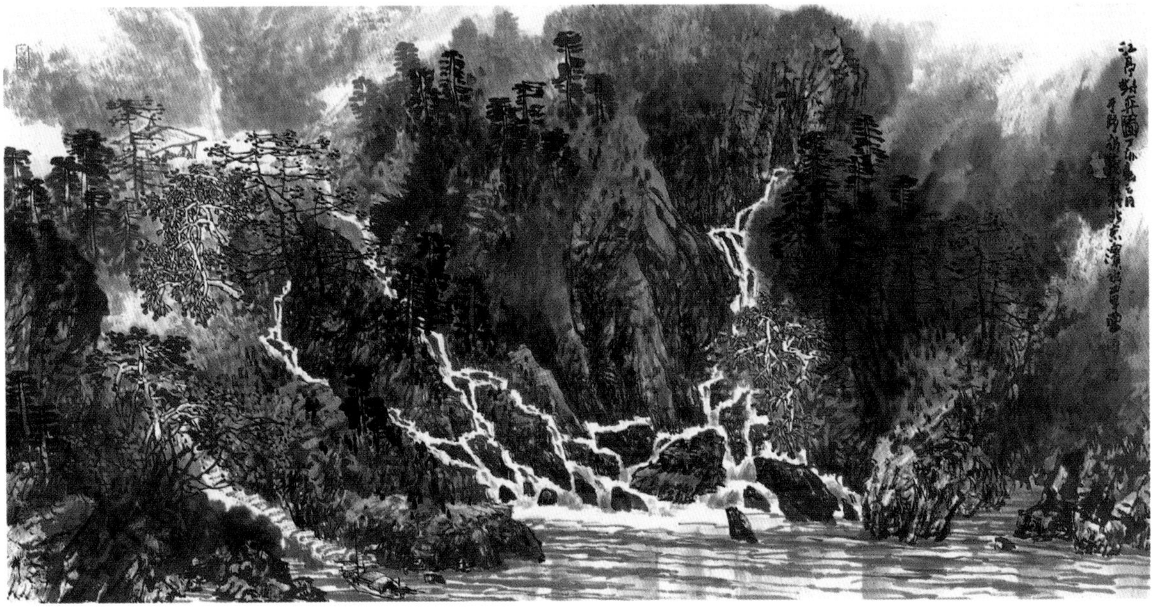

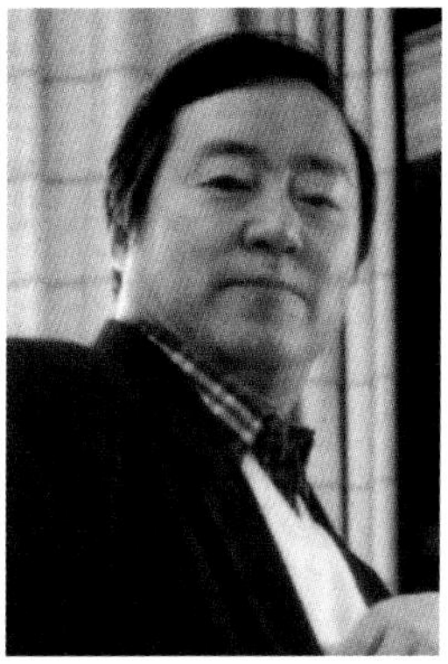

陈培伦

1953年生，山东省单县人。国家文化部老干部局副局长、中国美术家协会会员、中国楹联学会会员、全国美术考级评审委员会委员等。出版有《陈培伦画集》、《陈培伦写生作品》等。

竹篱茅屋趁溪斜

作品尺寸 / 68cm×68cm
创作时间 / 2007年

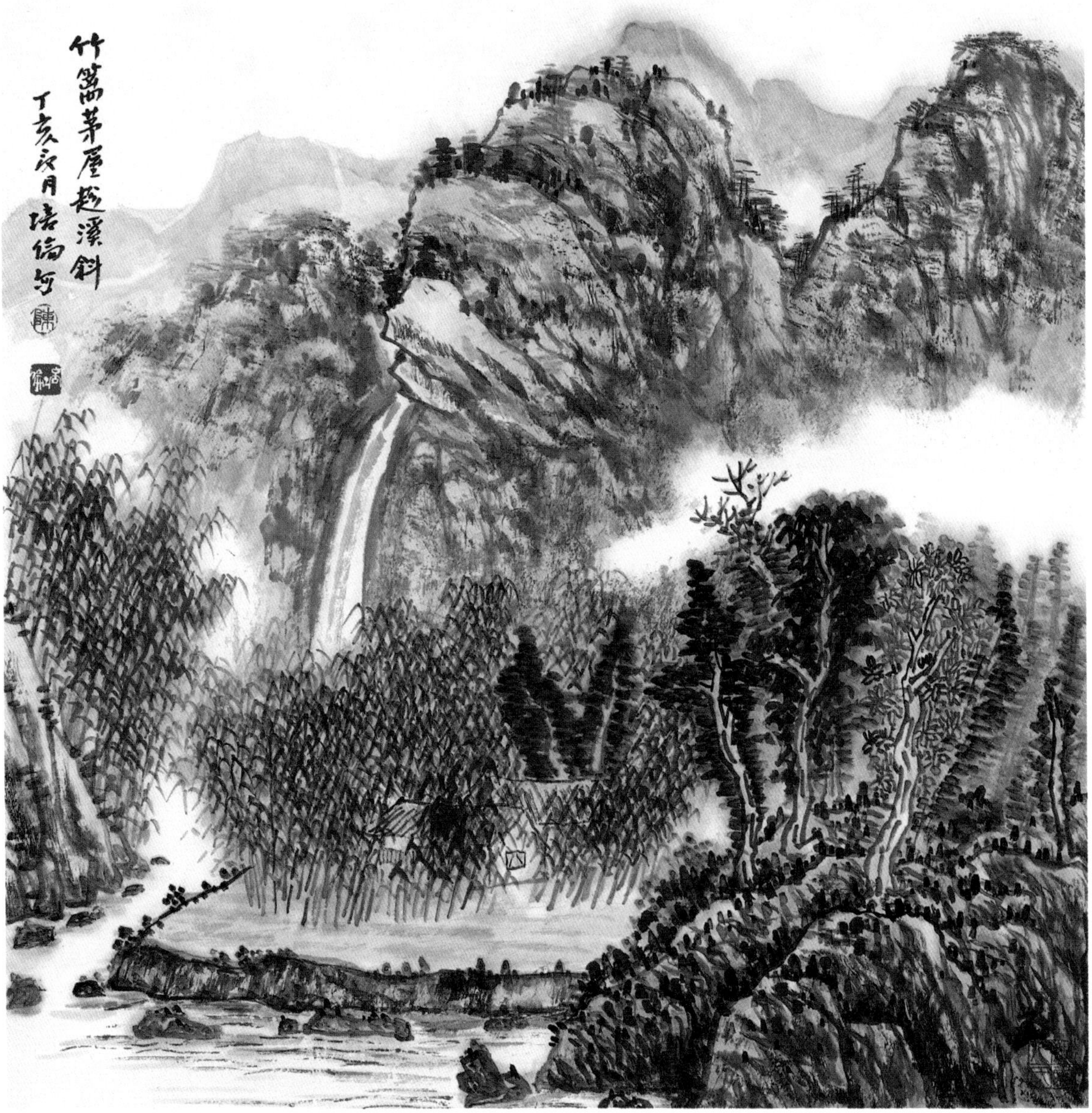

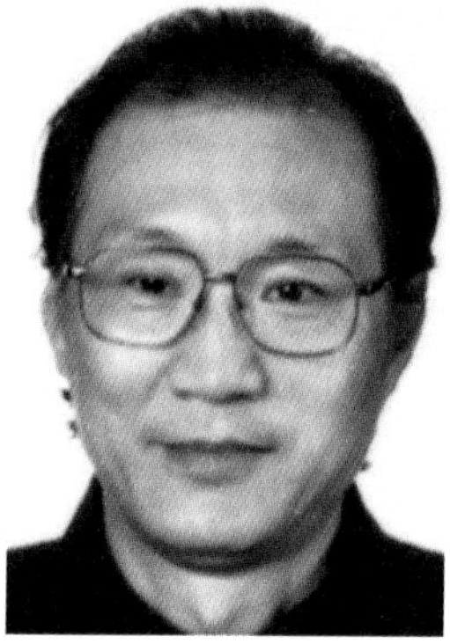

| 周曦

1953年1月生，北京人。中国美术家协会会员。出版有《周曦画集》等。

燕山雨后

作品尺寸 / 68cm×68cm
创作时间 / 2006年

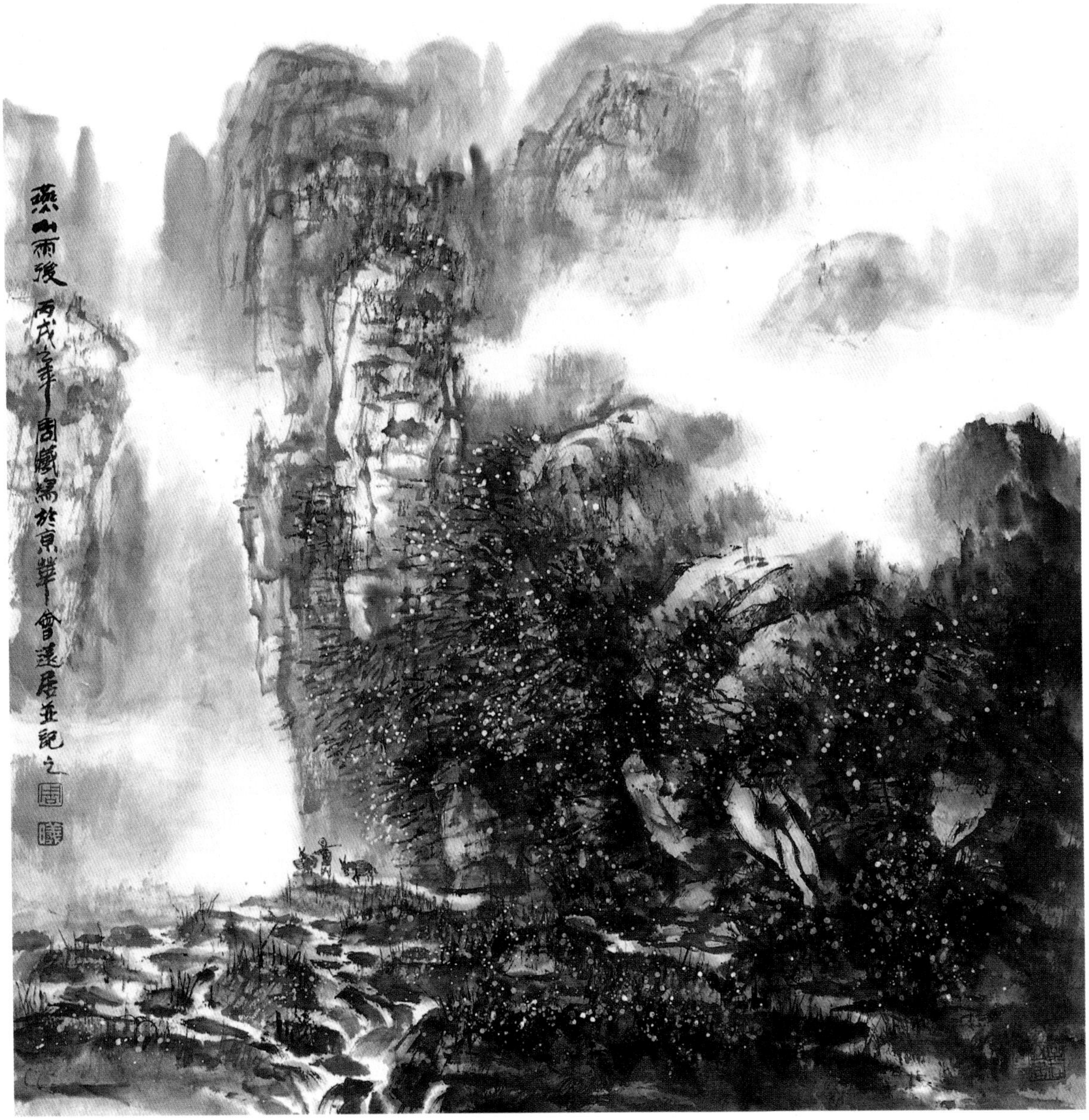

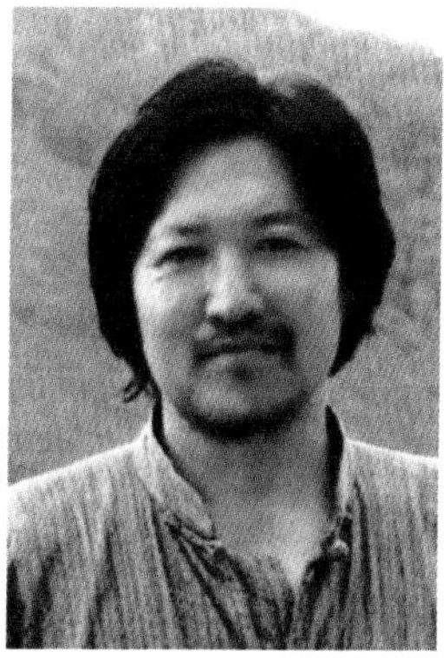

陈克永

1953年生，北京人。中国山水画研究院院长、中国美术家协会会员、北京美术家协会理事。出版有《陈克永山水画集》等。

气清更觉山川近

作品尺寸 / 137cm×70cm
创作时间 / 2007年

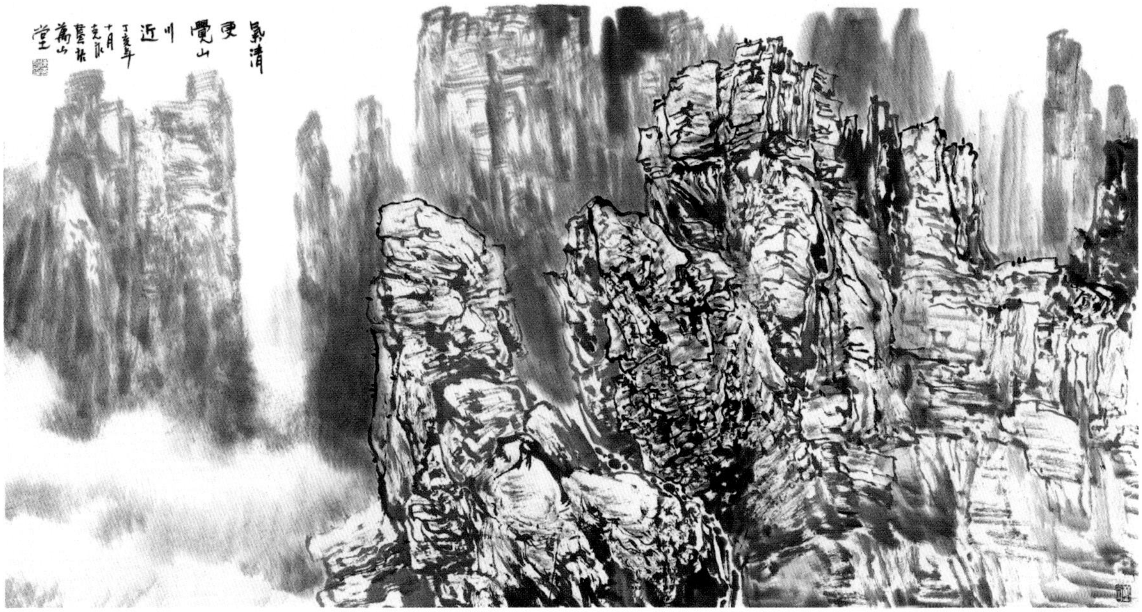

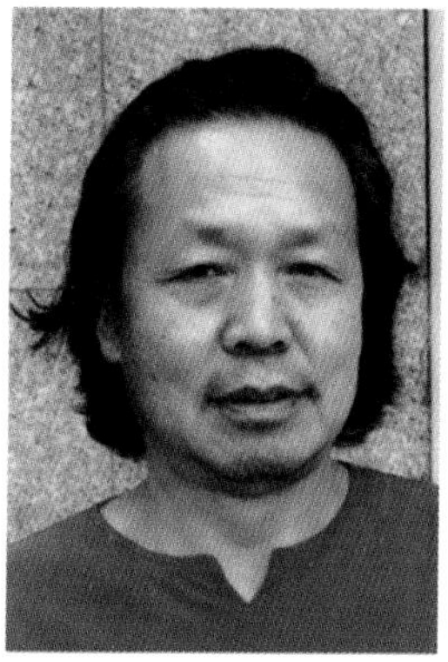

丨张卫平

字田月，生于1953年，甘肃临洮人。中国美术家协会会员、甘肃省美术家协会副主席、一级美术师。出版有《张卫平》等个人专集多部。

郎木浓冬

作品尺寸 / 120cm×135cm
创作时间 / 2007年

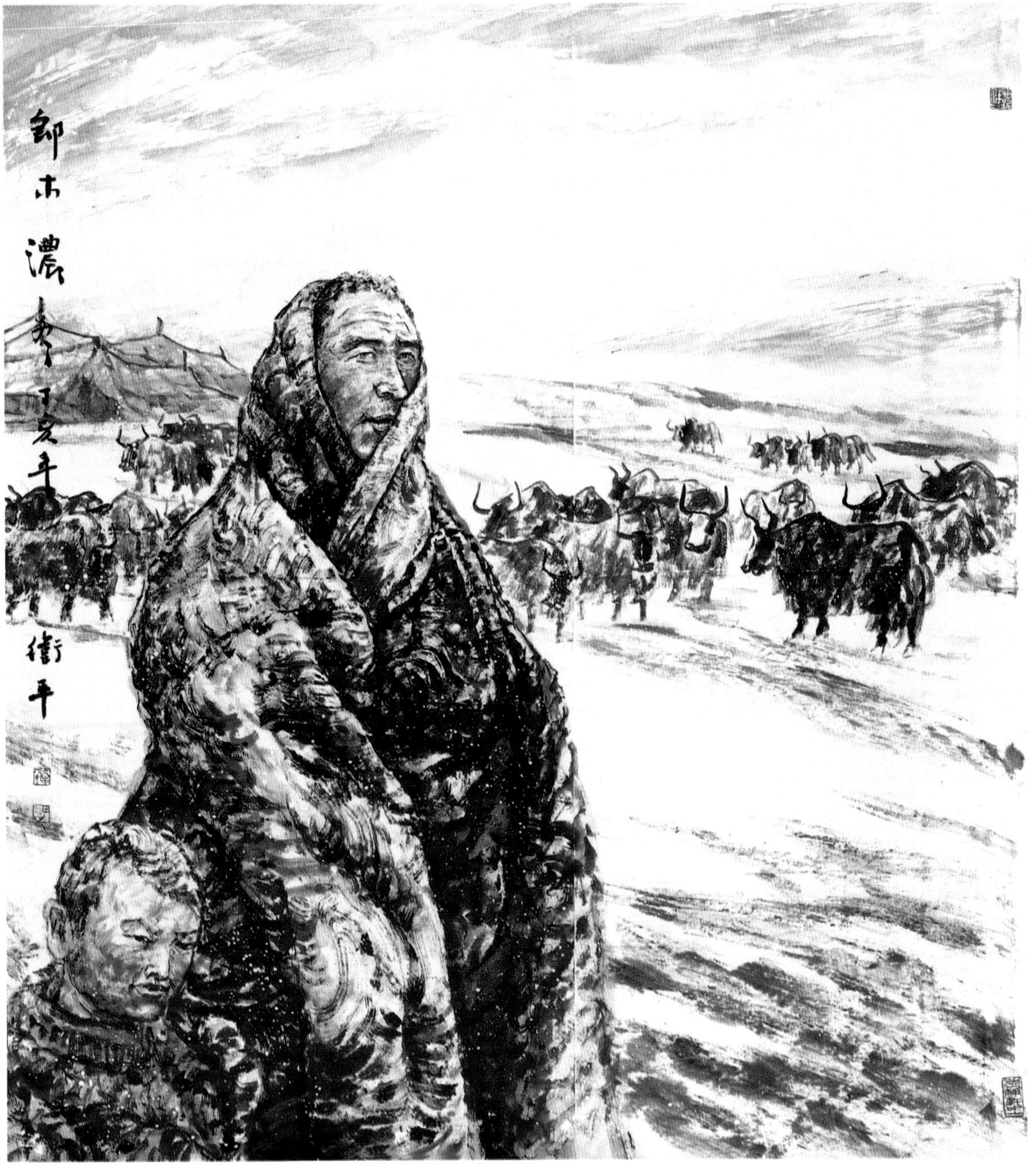

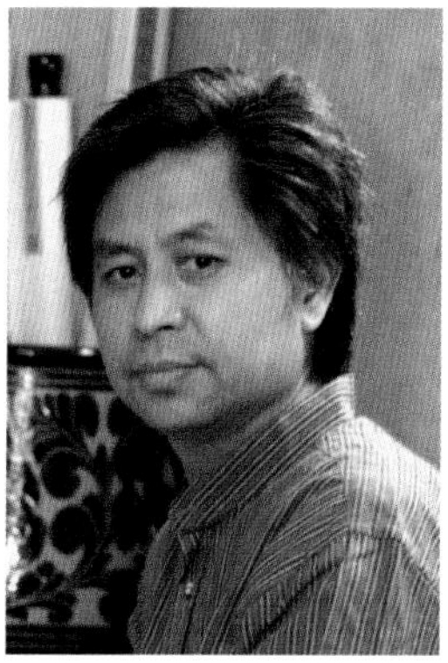

丨韩拓之

1954年生，河北石家庄人。河北省中国画研究会副会长、河北中国画研究院副院长。出版有个人画集《当代中国花鸟画新篇章——韩拓之卷》。

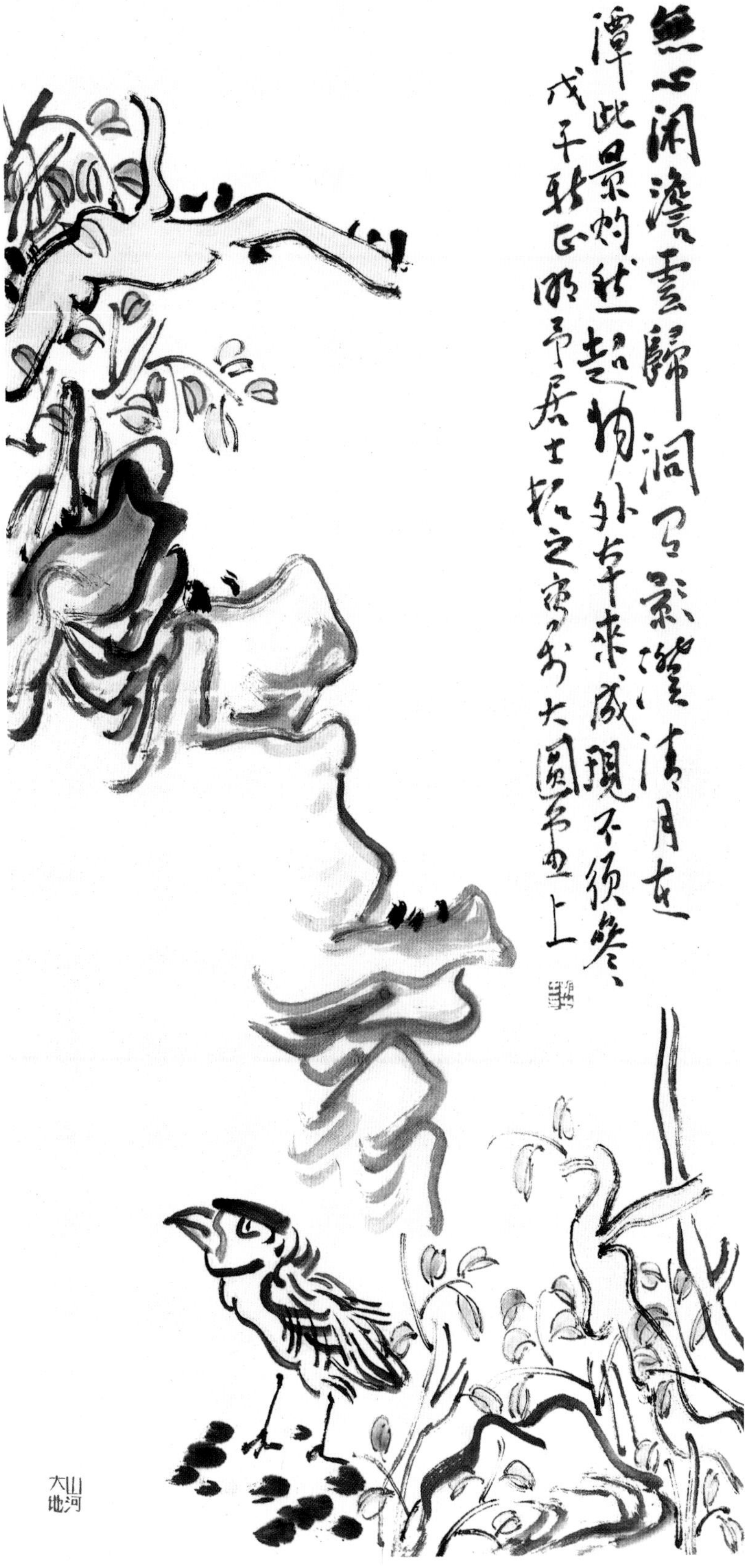

闲思图

作品尺寸 / 69cm × 137cm

创作时间 / 2008年

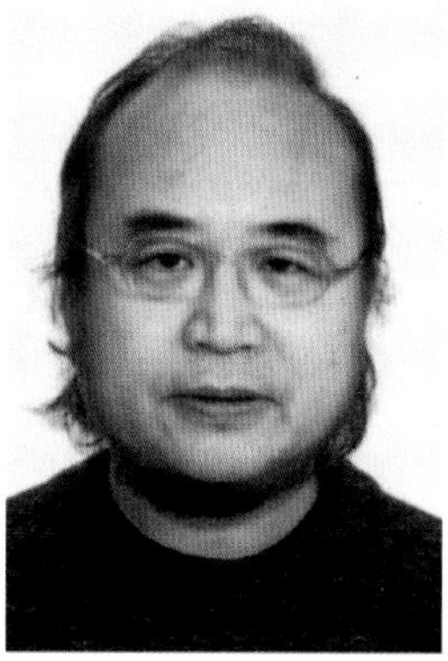

丨 赵刚

号无滓，1954年生，北京人。中国美术家协会会员、江苏省国画院特聘画家、中外文化艺术交流促进会理事、中国书画艺术研修中心教授。出版有《赵刚画集》等。

山乡

作品尺寸 / 69cm × 68cm
创作时间 / 2007年

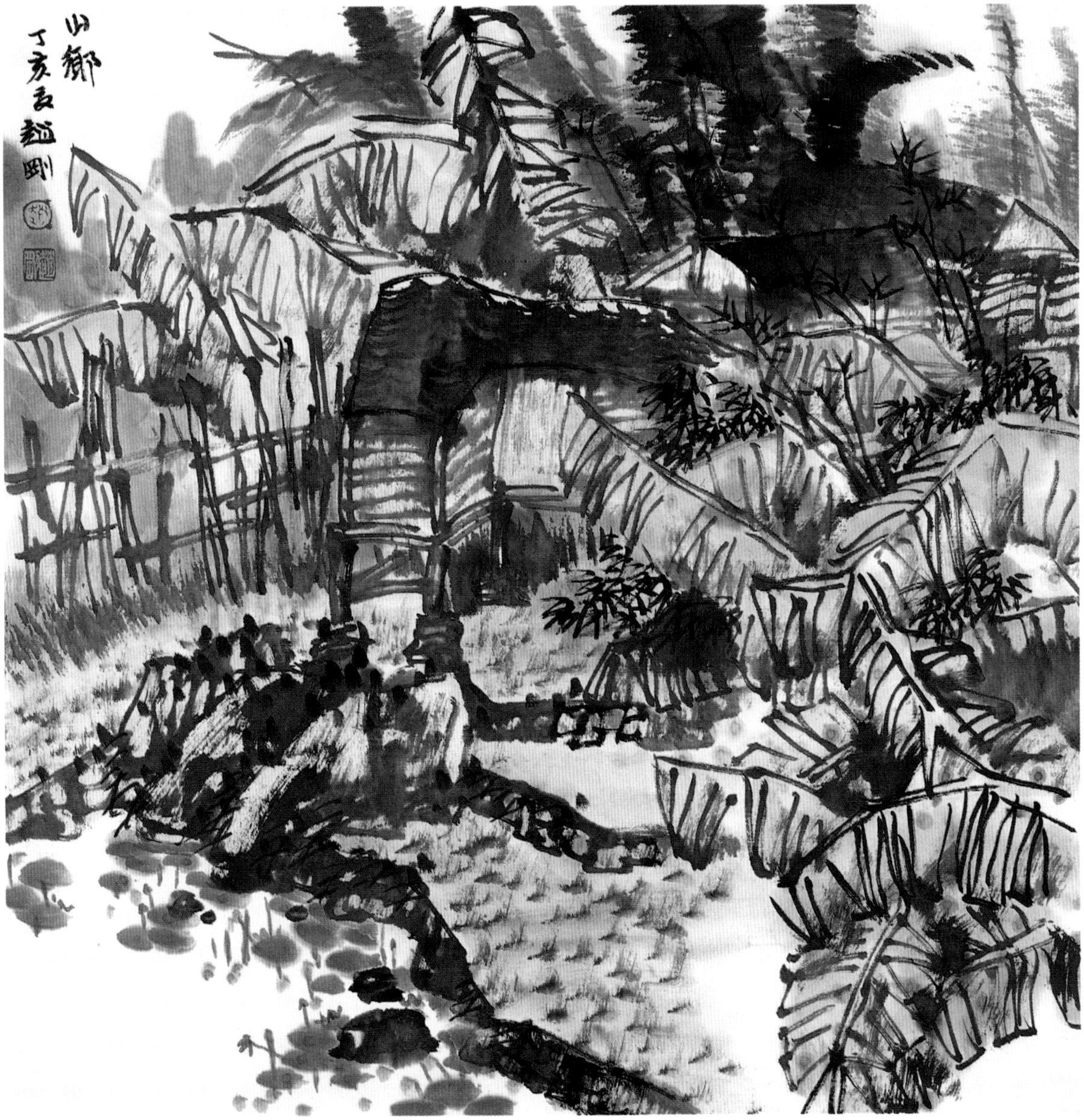

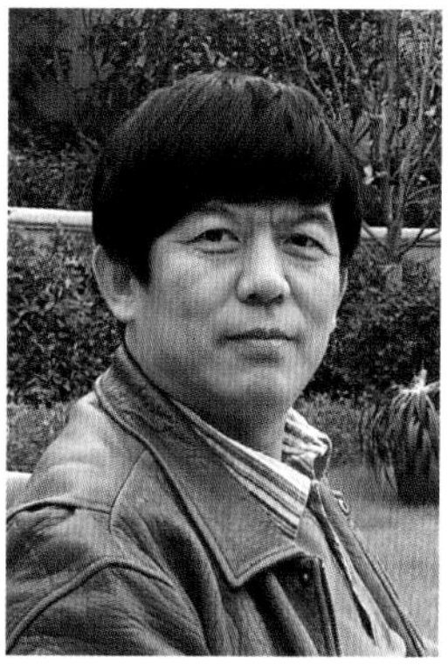

张文华

1955年4月生，山东人。中国美术家协会《美术》杂志副社长、编辑部主任，中国美术家协会理事，北京美术家协会理事，北京美术教育学会理事。

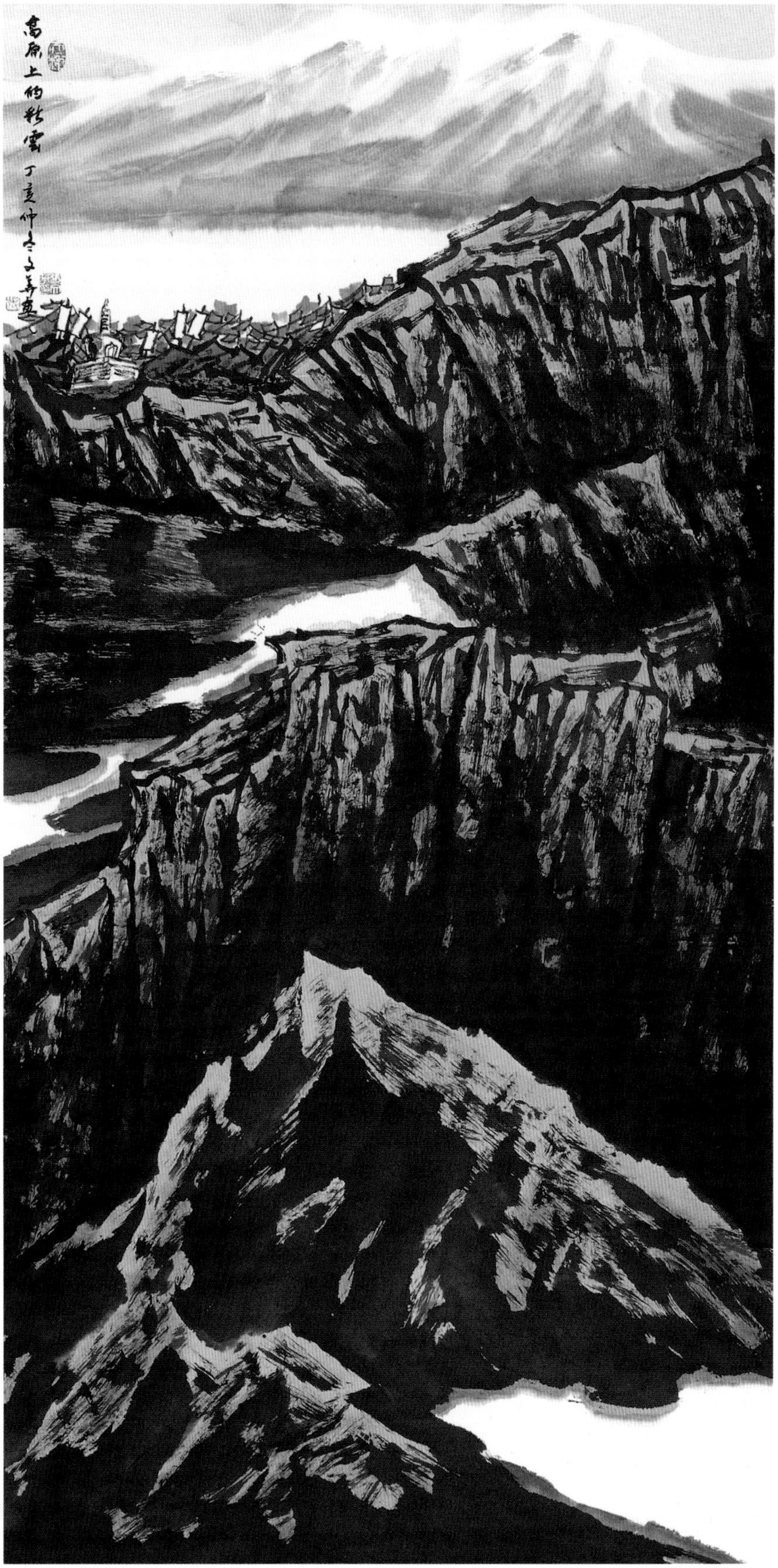

高原上的彩云

作品尺寸 / 70cm × 138cm
创作时间 / 2007年

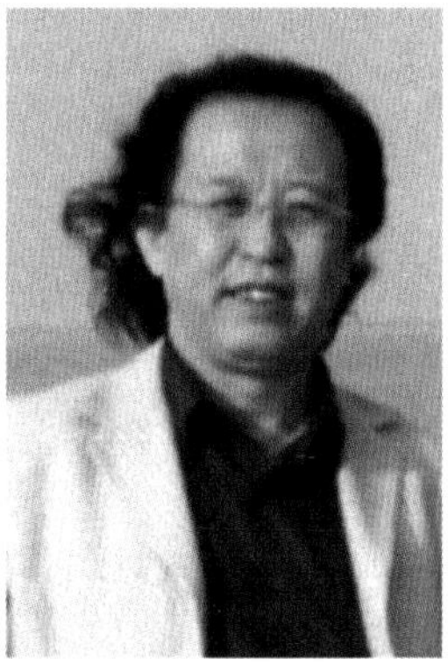

胡宝利

1955年生，辽宁营口人。中国美术家协会理事、中国国家画院国际文化交流中心主任、文化部艺术品评估委员会委员、文艺报美术专刊艺术顾问。出版有《胡宝利西山风情中国画作品选》、《胡宝利中国画人物精品选》、《胡宝利山河颂国画集》等。

鸣山启晴秀

作品尺寸 / 180cm×96cm
创作时间 / 2007年

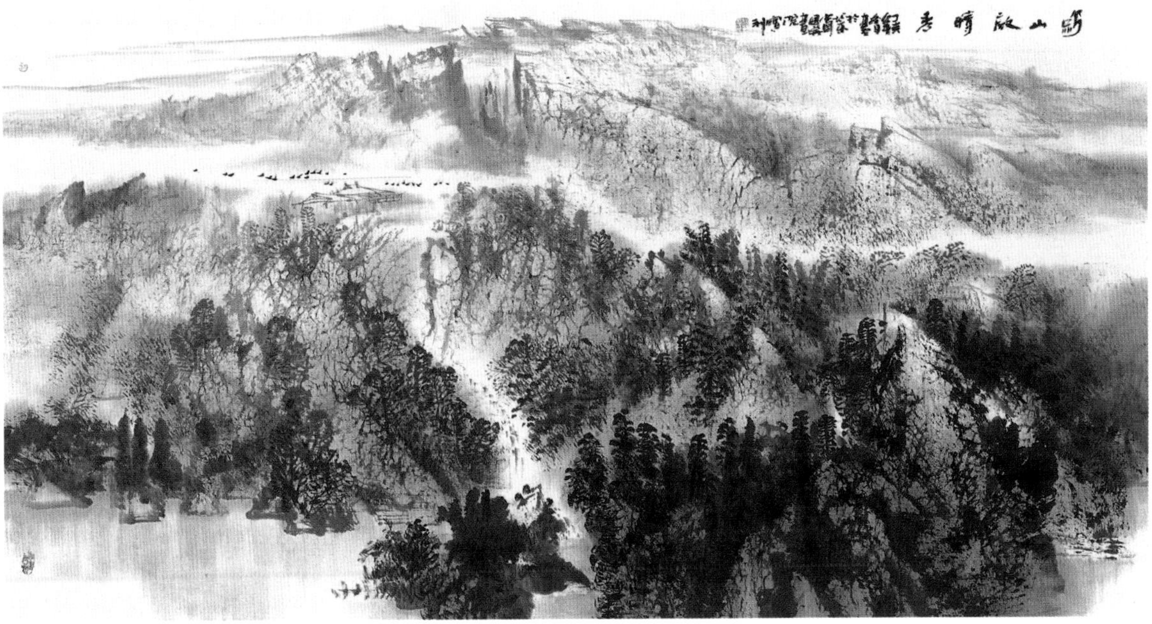

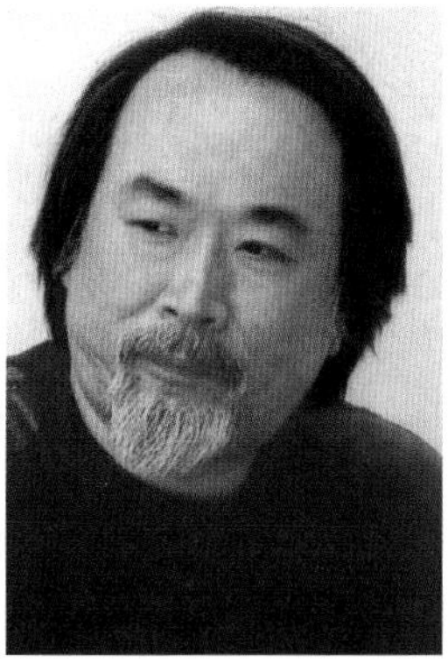

邢少臣

1955年生，北京人。中国美术家协会会员，中国国家画院创研部副主任、花鸟画研究室主任，国家一级美术师、教授。出版有《邢少臣画集》、《邢少臣小品集》等。

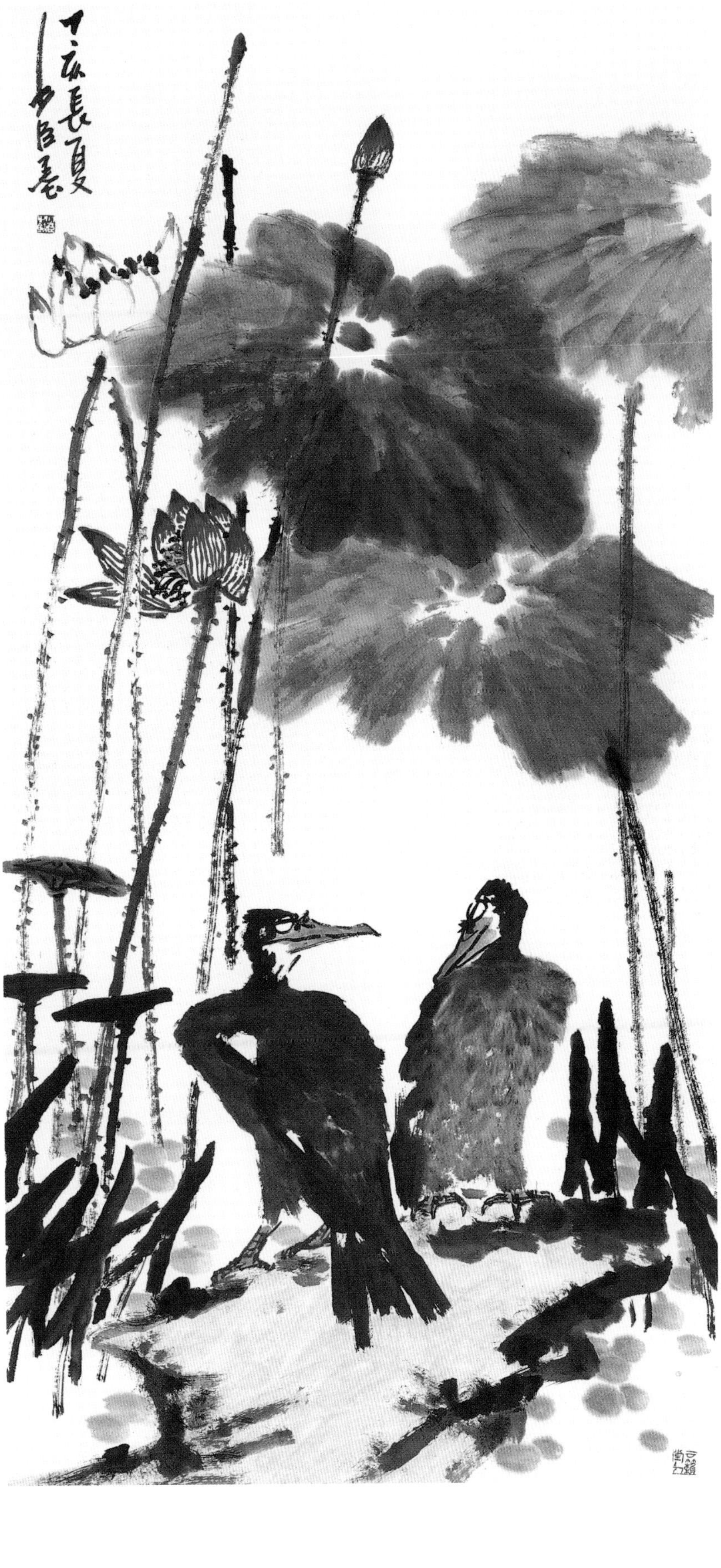

鱼鹰

作品尺寸 / 97cm×200cm
创作时间 / 2007年

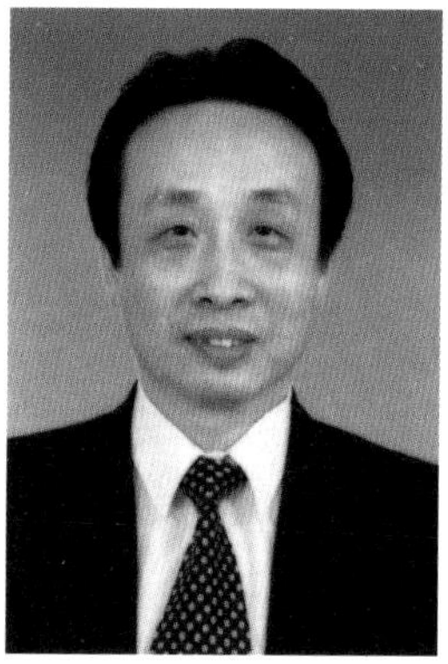

白振奇

1955年1月生，北京人。中国美术家协会会员、中国书法家协会会员、中央文史研究馆书画院研究员、中国神农画院副院长。

玉龙雪山

作品尺寸 / 68cm×68cm
创作时间 / 2007年

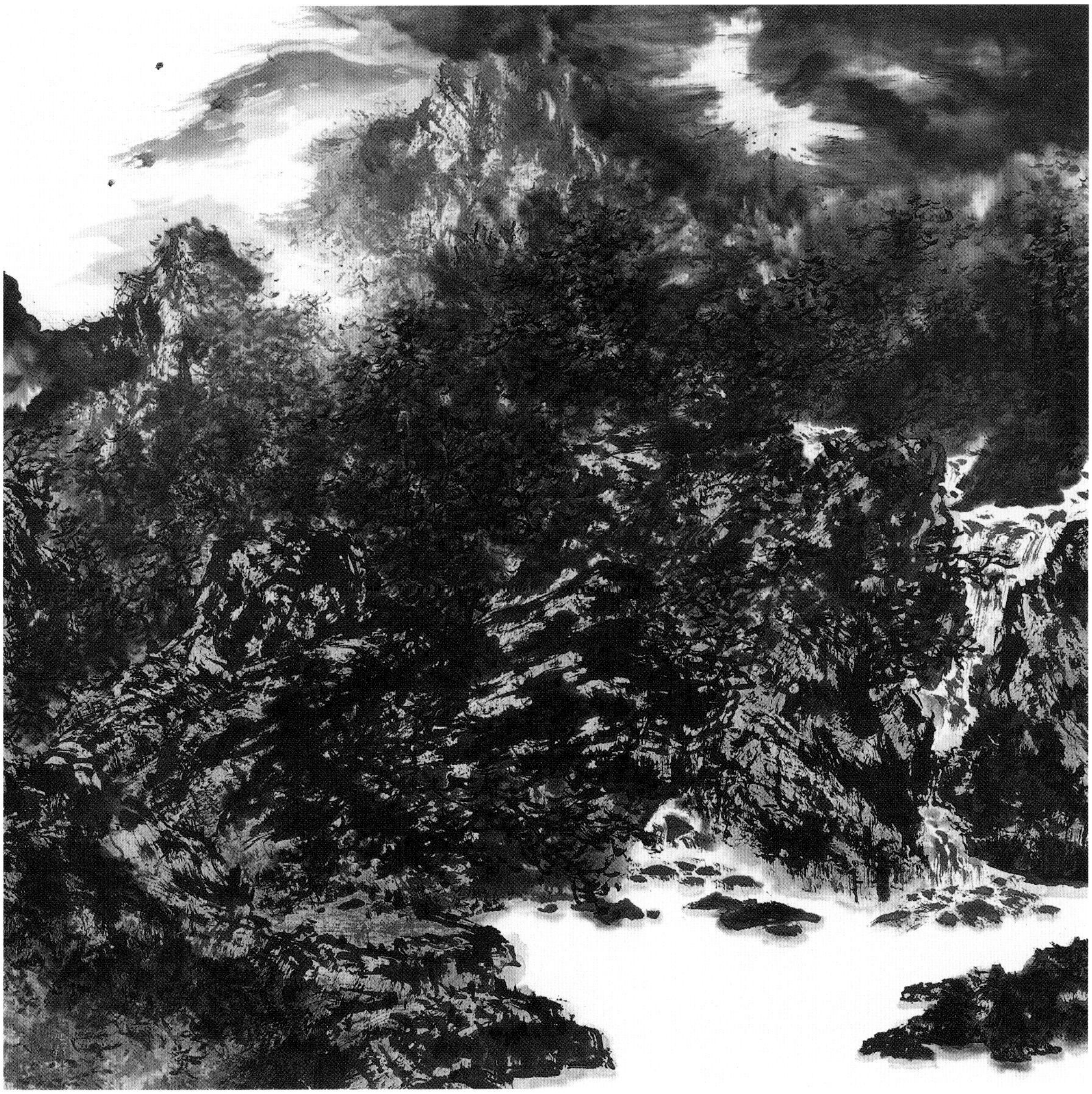

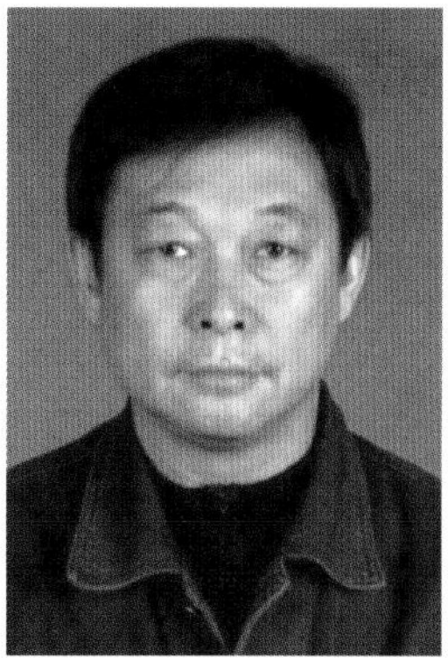

刘继红

1955年生，安徽阜阳人。中国美术家协会会员、中国国家画院客座教授、中华魂书画网艺术顾问、国家一级美术师。

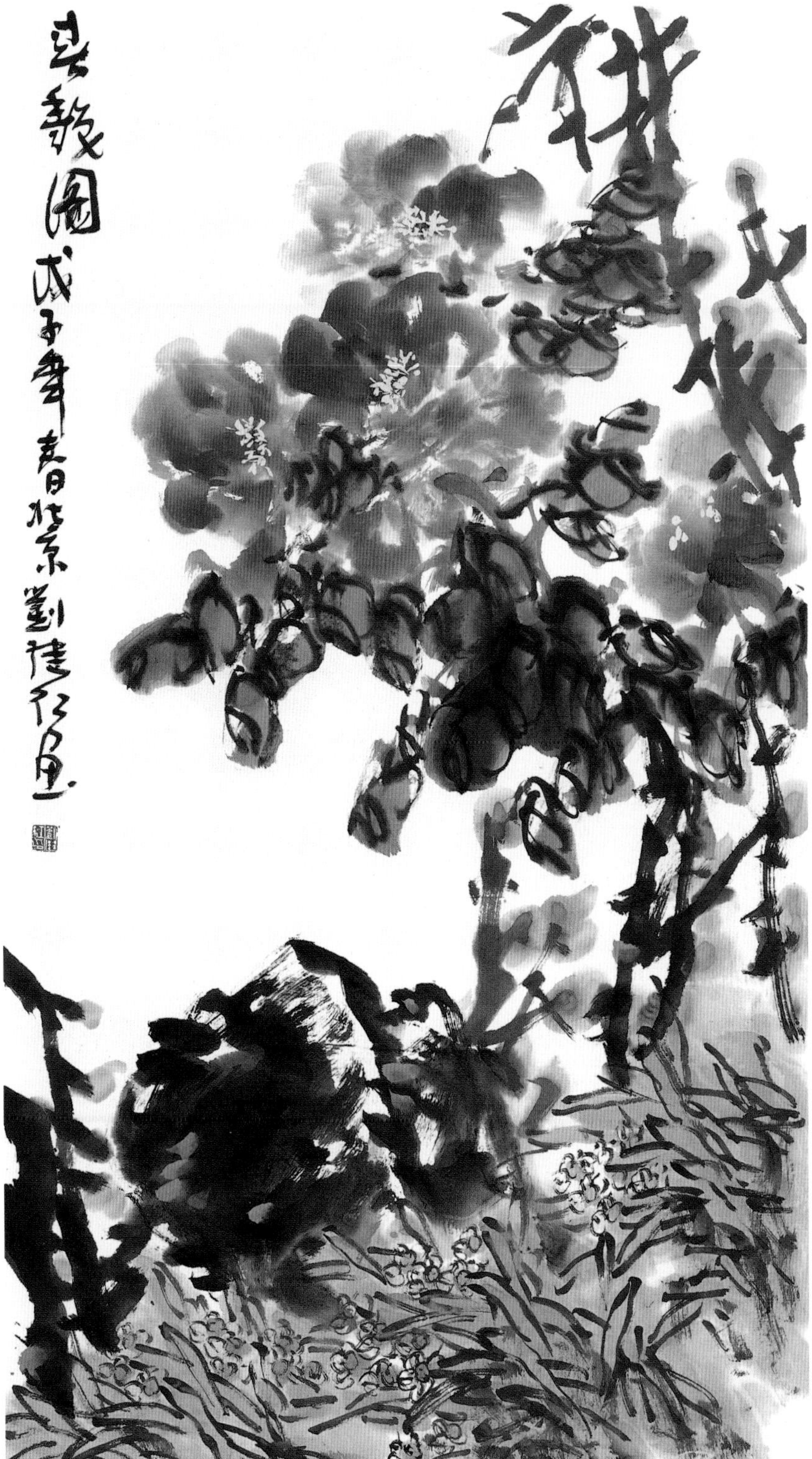

春艳图

作品尺寸 / 69cm × 137cm

创作时间 / 2008年

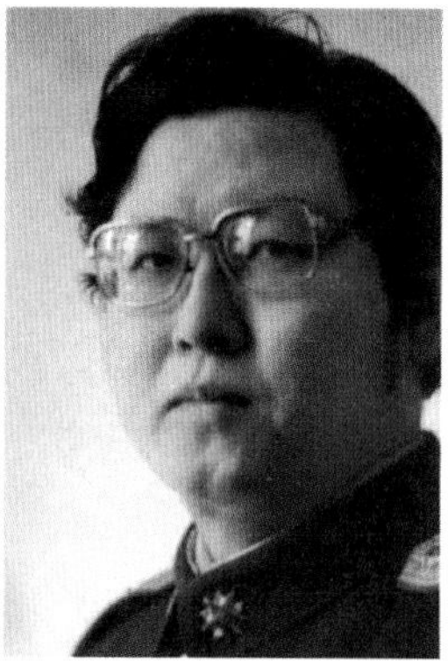

| 柴京津

1955年生，山西大同人。中国美术家协会会员、中国书画经营家协会副会长、全国书画院协会副秘书长、八一书画院副院长、国家一级美术师等。出版有《柴京津画选》等。

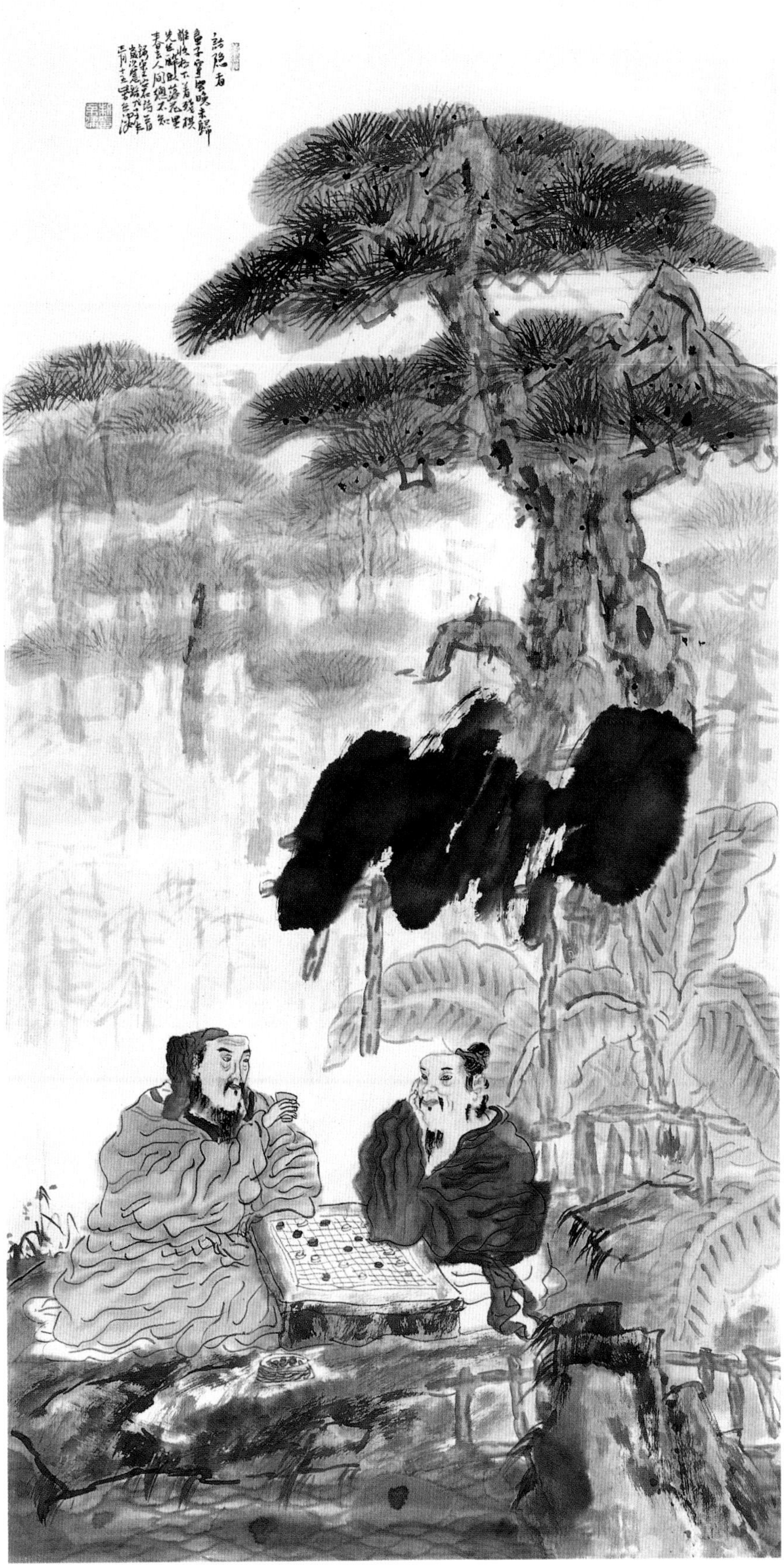

访隐者

作品尺寸 / 70cm×138cm
创作时间 / 2008年

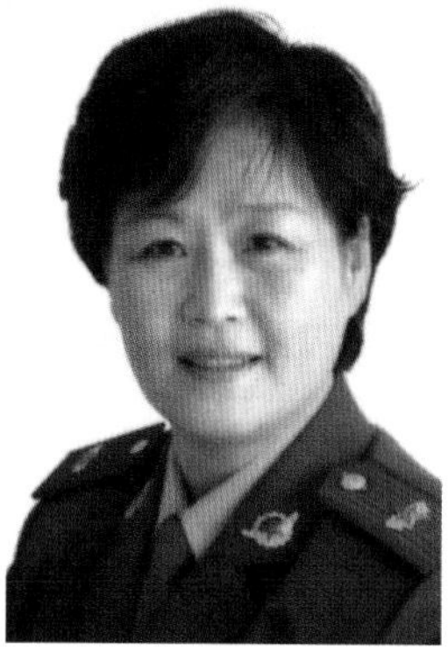

刘娟

1955年生，北京人。中国美术家协会会员、空军政治部文艺创作室美术创作员、中国舞台美术家学会会员、北京女美术家联谊会会员、北京工笔画会会员。出版有《刘娟花鸟作品集》、《敦煌印象》、《刘娟人物作品集》等。

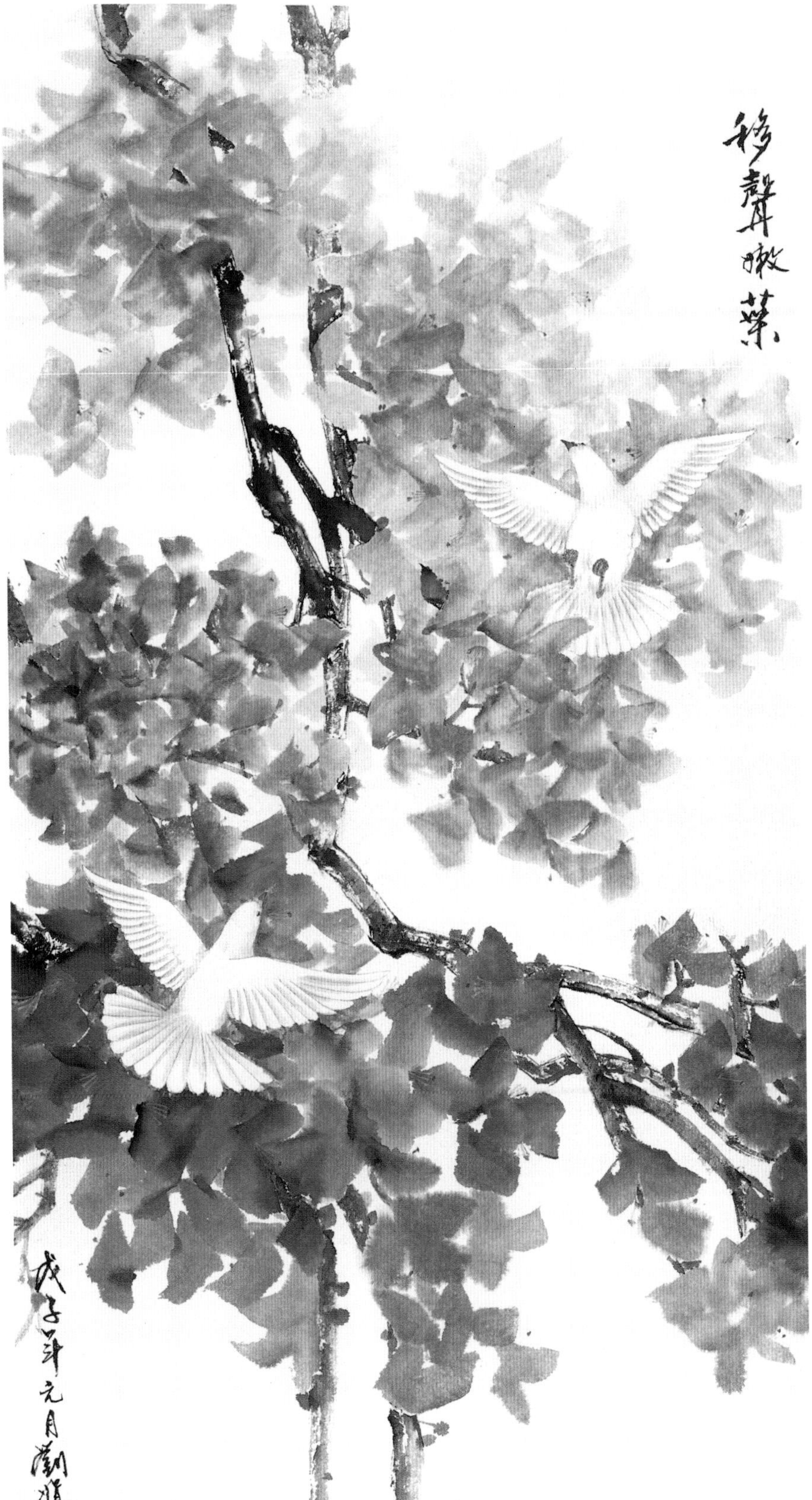

移声嫩叶

作品尺寸 / 74cm × 143cm
创作时间 / 2008年

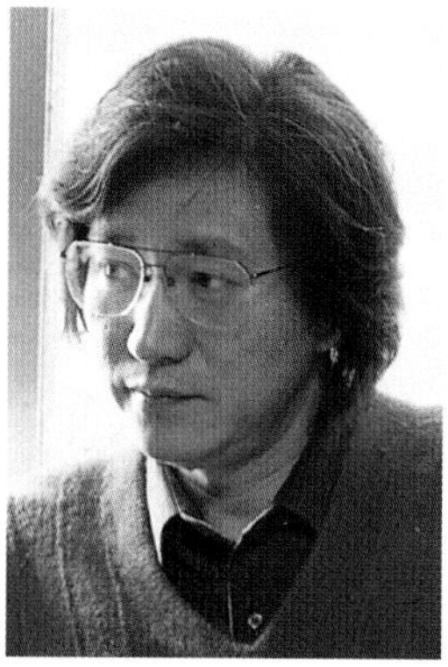

| 马书林

1956年生，沈阳人。中国美术馆副馆长、中国美术家协会理事、教授，享受国务院特殊津贴。出版有《中国室内设计与装修》、《西藏游踪》（摄影集）、《笔墨本无界——马书林画集》等。

吉雨祥风

作品尺寸 / 144cm×74cm
创作时间 / 2008年

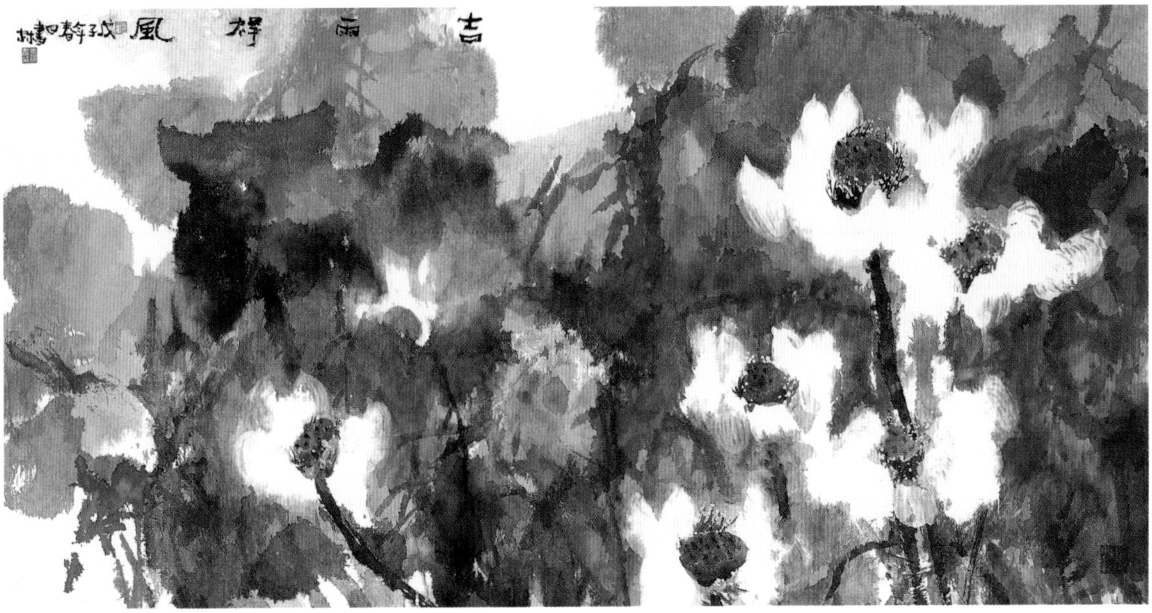

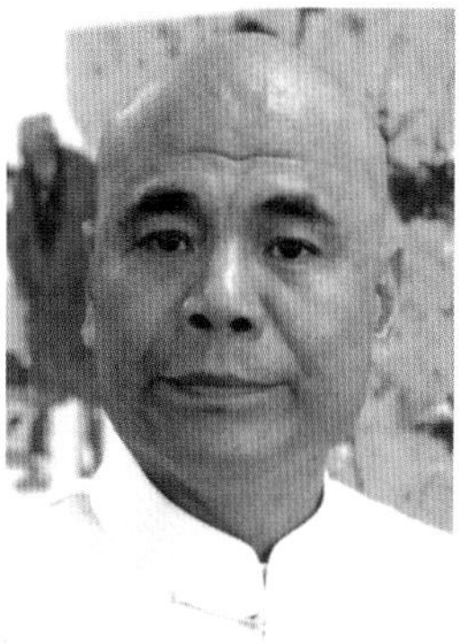

马海方

1956年生，北京大兴县人。人民美术出版社画家、中国美术家协会会员。出版有《当代实力派画家——马海方精品集》等。

纳凉图

作品尺寸 / 137cm×68cm
创作时间 / 2000年

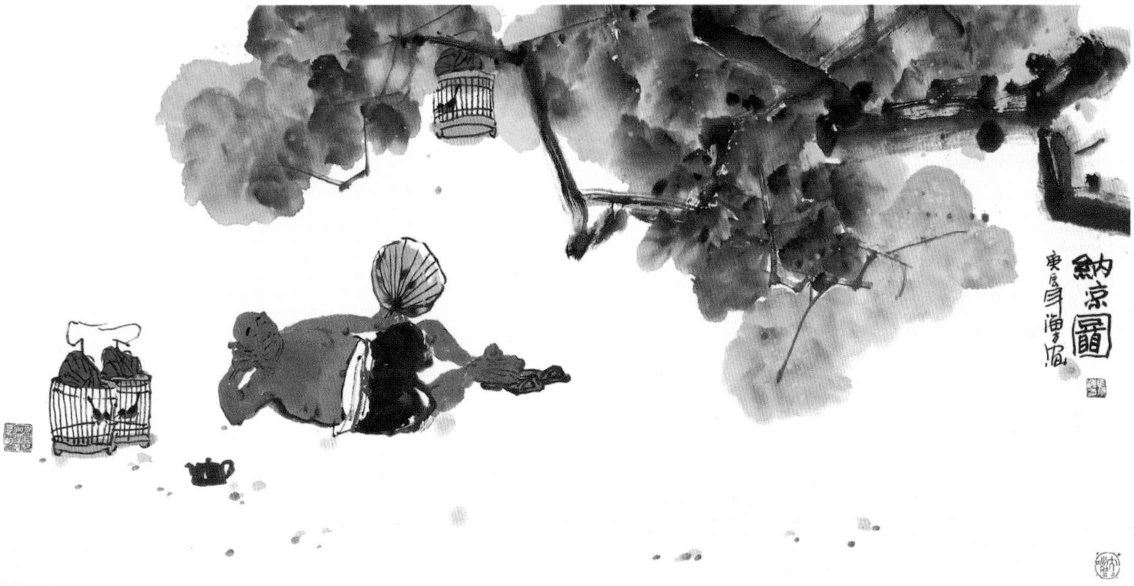

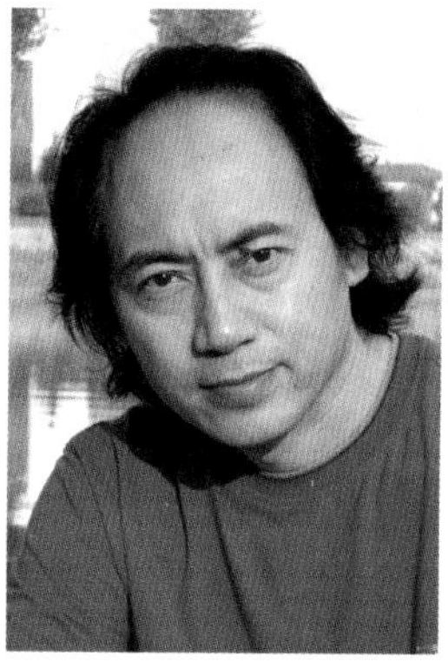

郑山麓

1956年生，河北省文安县人。中国美术家协会会员、北京美术家协会理事、中央文史馆书画院研究员、全国政协书画室画家、全国政协《画界》杂志责任编辑。出版有《名家名画——郑山麓》、《新北京盛景图主创画家——郑山麓》等。

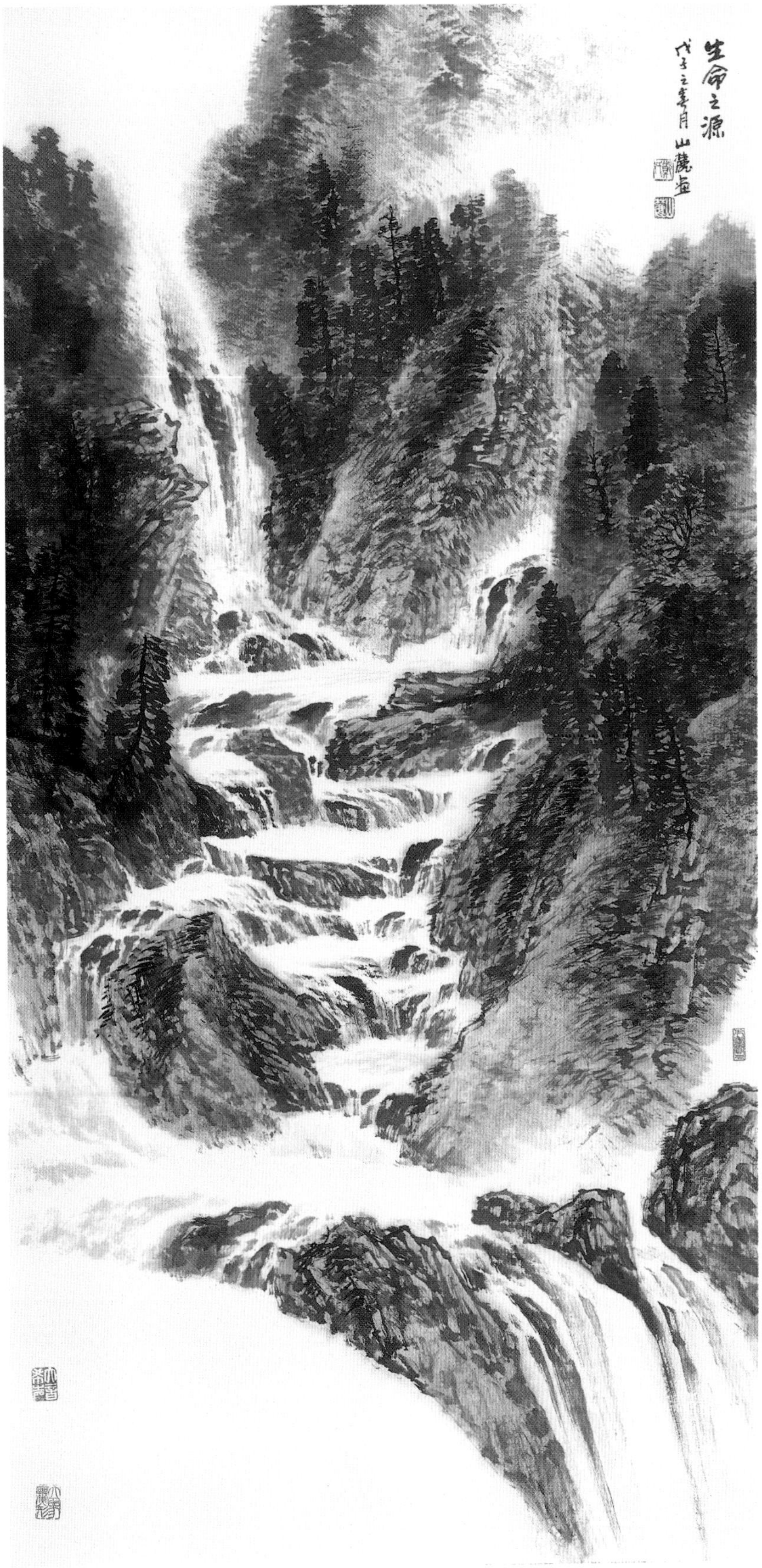

生命之源

作品尺寸 / 68cm×137cm
创作时间 / 2008年

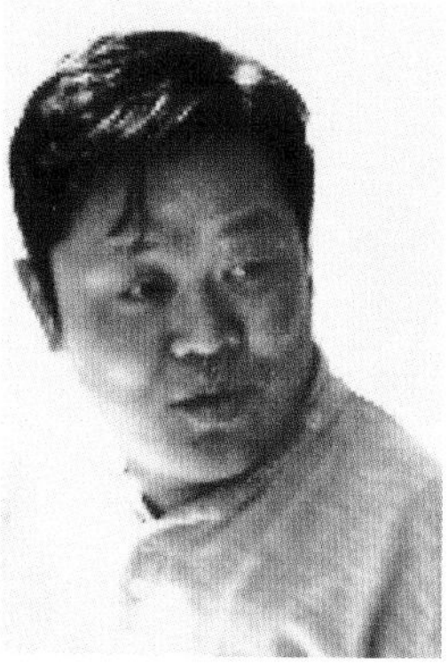

毛伟

1957年生，河南省开封市人，祖籍河南南阳镇平。中国戏曲学院教授、中国美术家协会会员、中国民主建国会会员。出版有《高原雄风——毛伟画牦牛》、《毛伟水墨人物作品集》等。

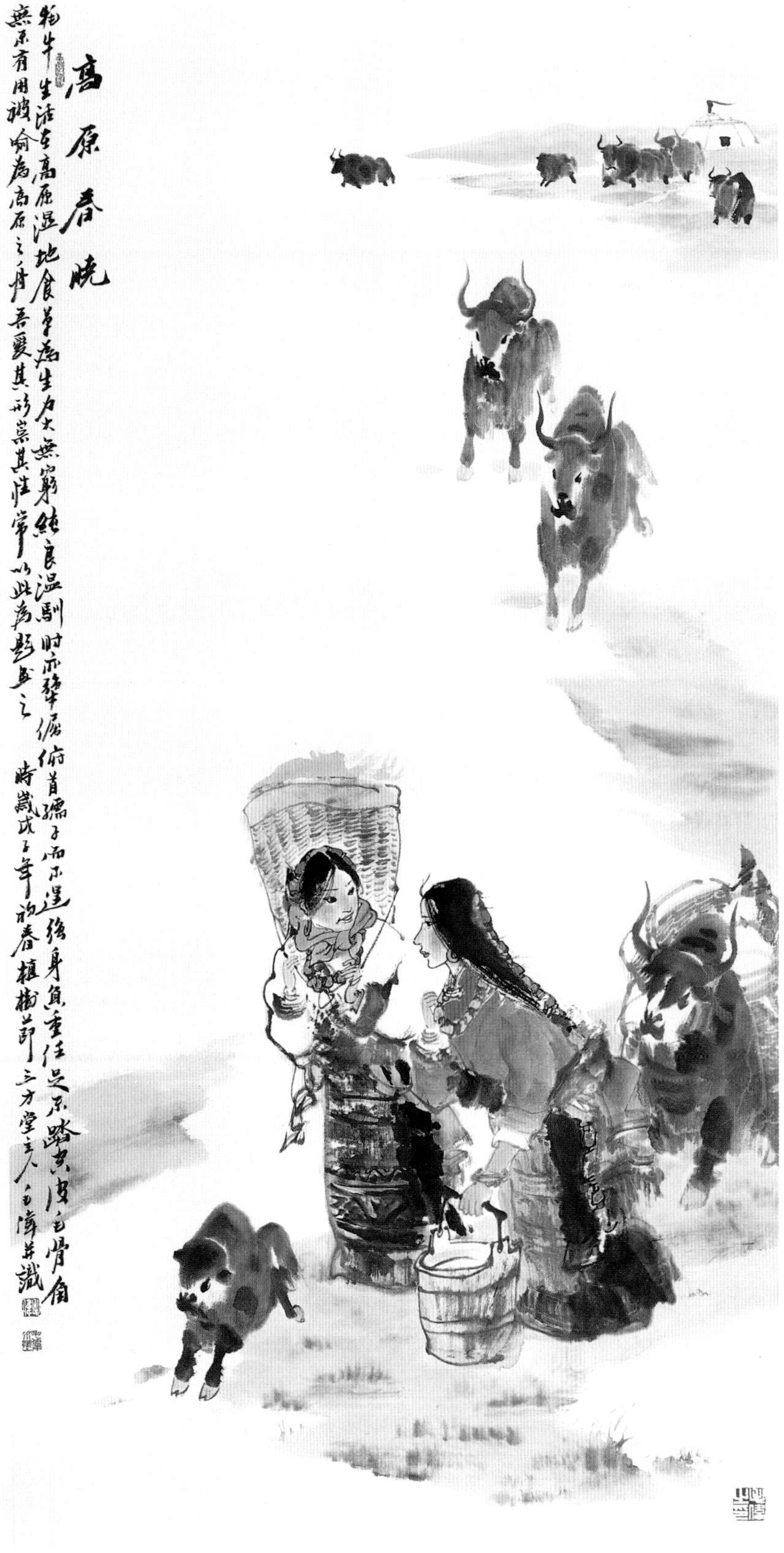

高原春晓

作品尺寸 / 69cm×137cm
创作时间 / 2008年

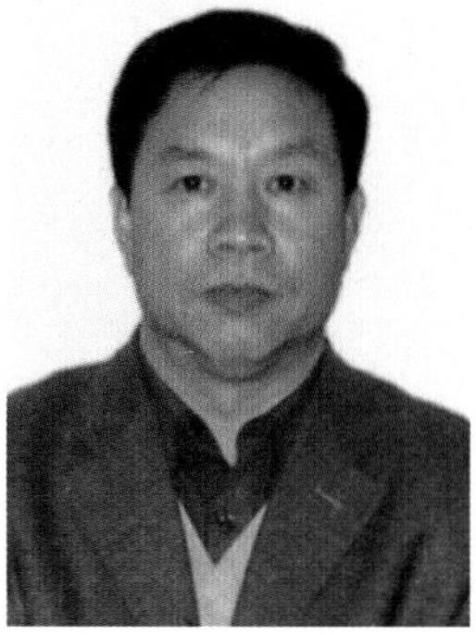

狄少英

1957年6月生，河北定州人。中国美术家协会会员，中国徐悲鸿画院人物画创作室主任、中国美术家协会山西创研部主任、国家一级美术师。出版有《狄少英国画作品集》、《狄少英画集》、《狄少英书法集》、《美术家狄少英》等。

赏梅图

作品尺寸 / 137cm×68cm
创作时间 / 2007年

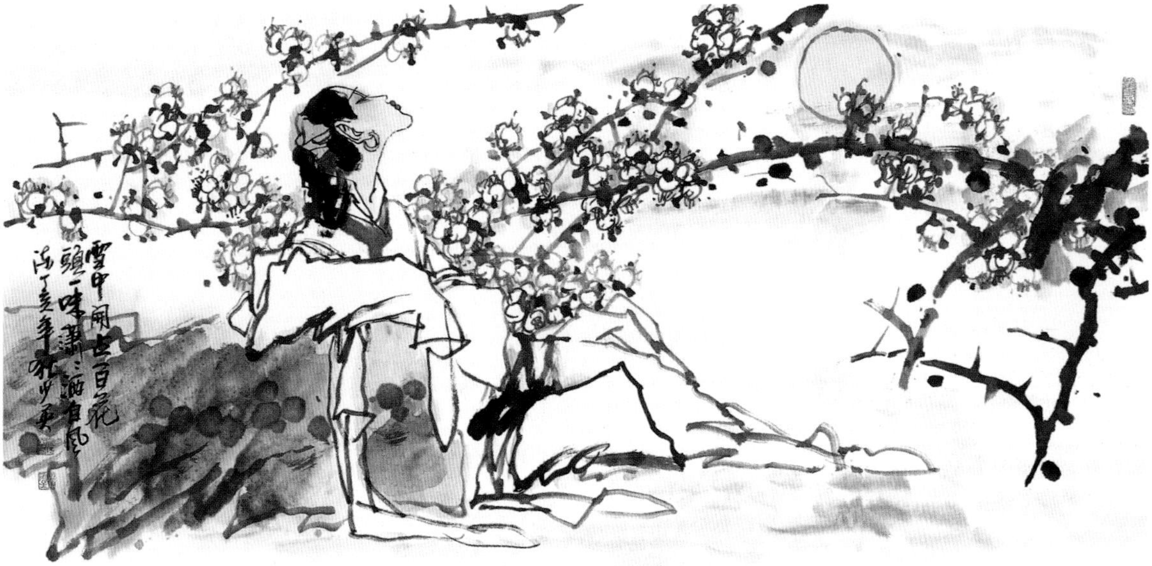

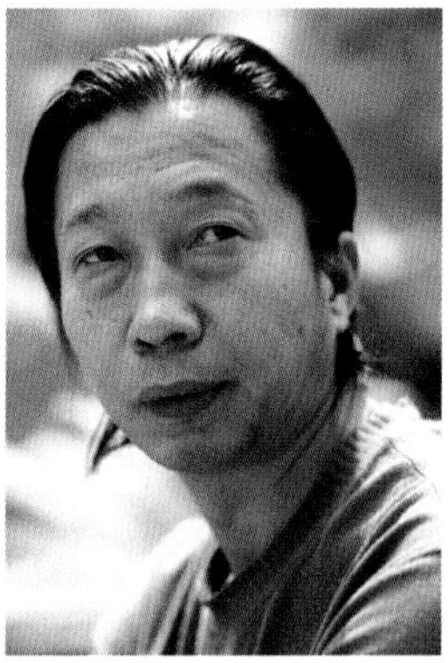

张德刚

号大缸道人，1957年生，山东德州人。中国美术家协会会员，文化部中国美术创作基地副主任，中国画创作中心主任、副研究员。出版有《当代著名画家技法经典张德刚写意花鸟》、《当代中国美术全集·花鸟卷》等。

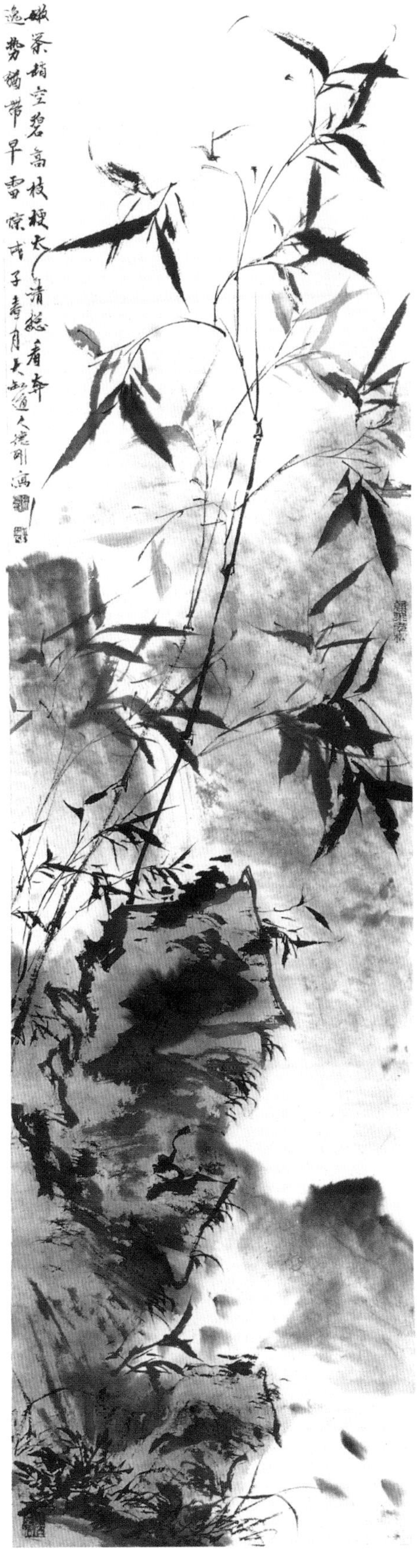

竹

作品尺寸 / 38cm × 142cm
创作时间 / 2008年

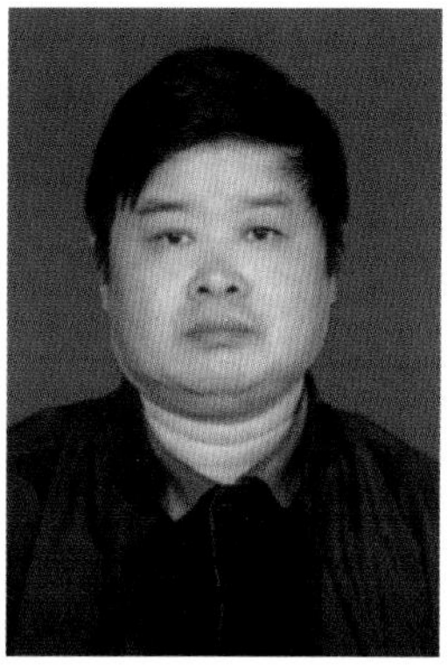

丨李同安

1957年生，山东菏泽人。中国美术家协会会员，国家一级美术师，山东画院高级画师，中国田园画会常务理事，曹州书画院专业画家、展览部主任。出版有《李同安画集》、《李同安花鸟画小品选》等。

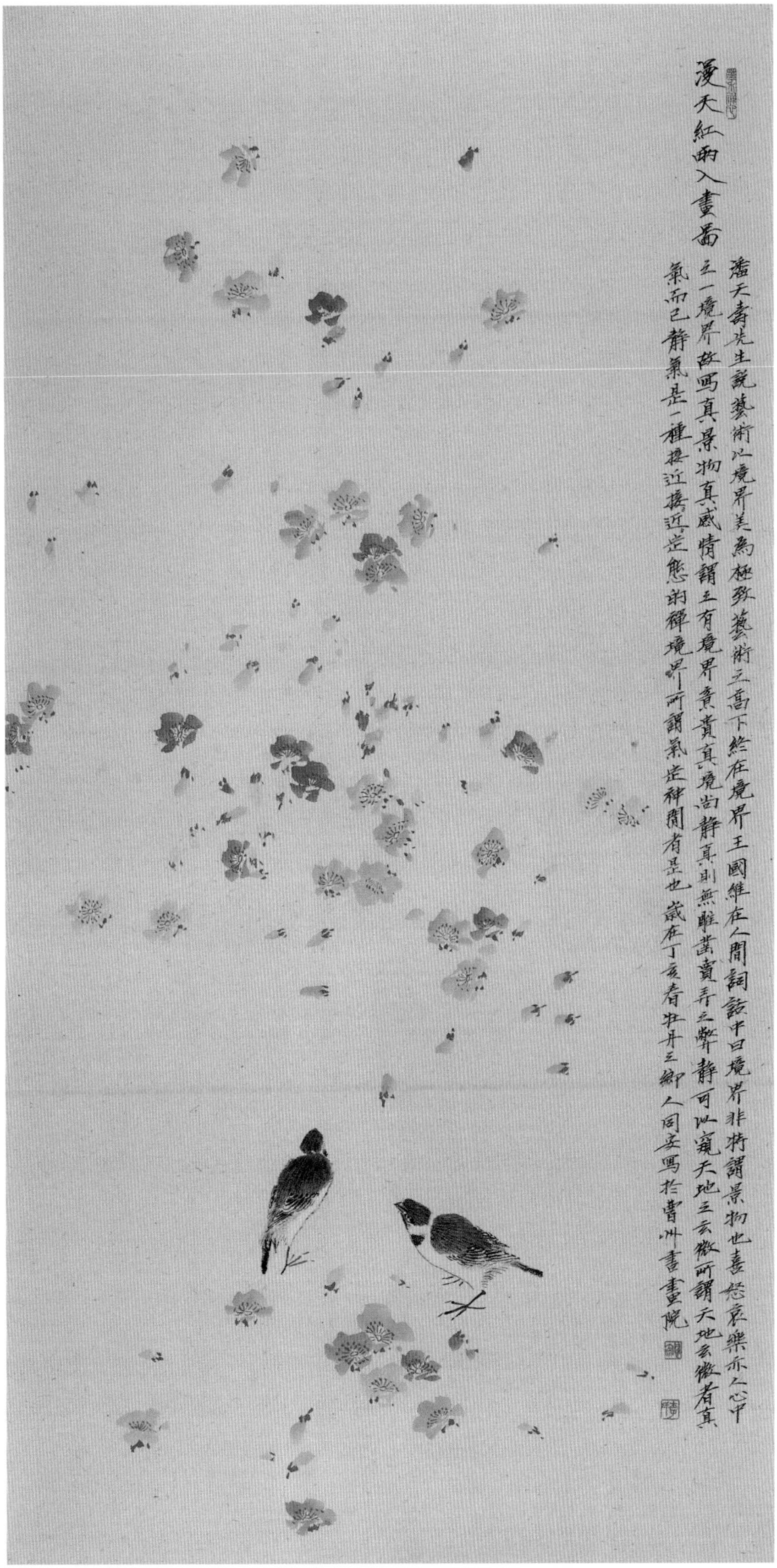

漫天红雨入画图

作品尺寸 / 61cm×122cm
创作时间 / 2007年

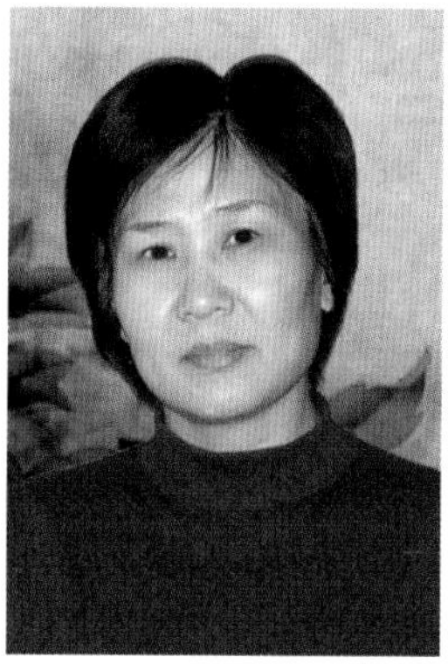

耿燕芳

1957年生，北京人。北京市美术家协会会员、丰台美术家协会理事、中国艺术出版社社长、北京金大都画院院长、中国教育电视台书画艺术工作室副主任。出版有《耿燕芳》画集等。

工笔花鸟

作品尺寸 / 69cm×69cm
创作时间 / 2008年

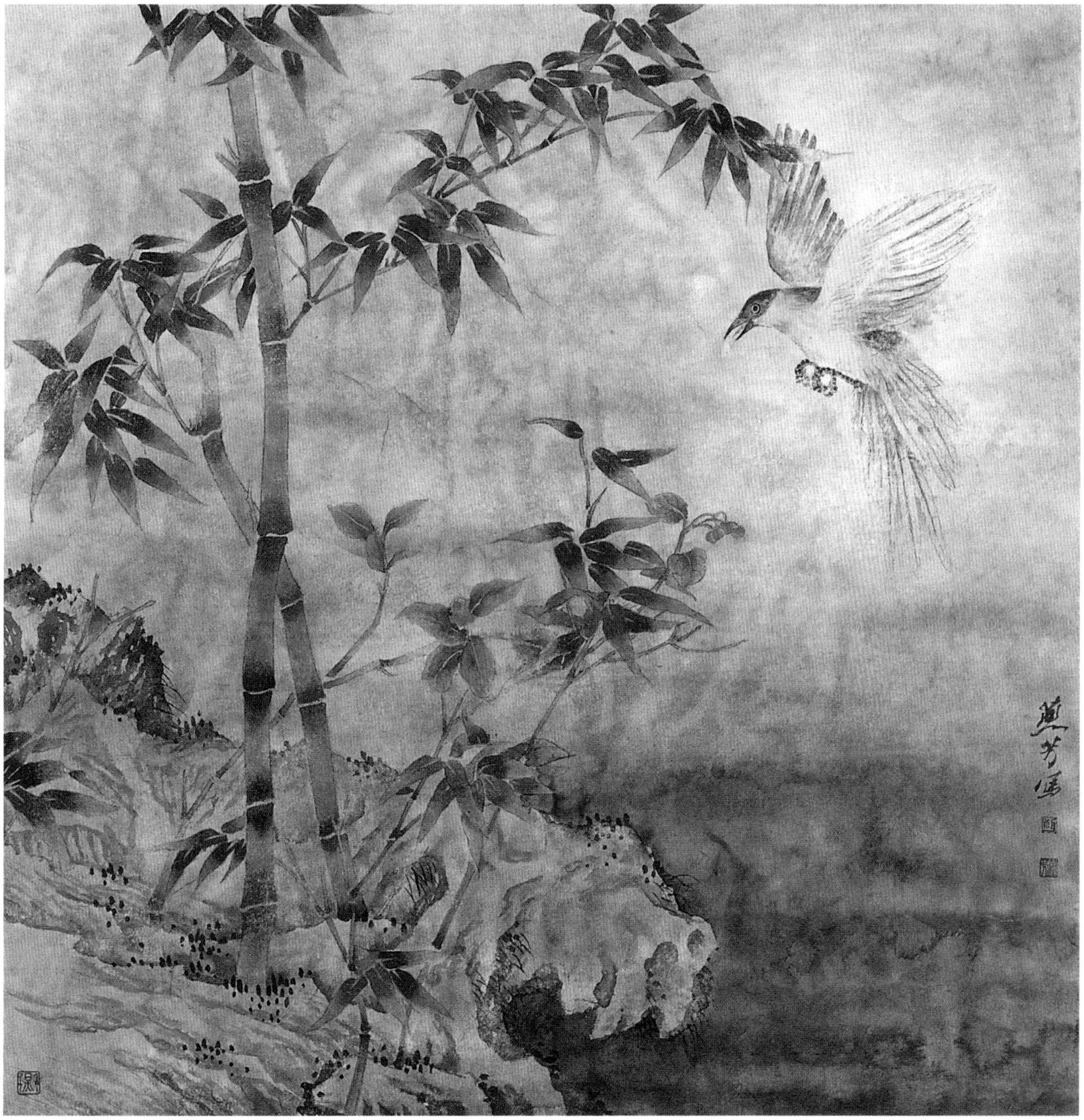

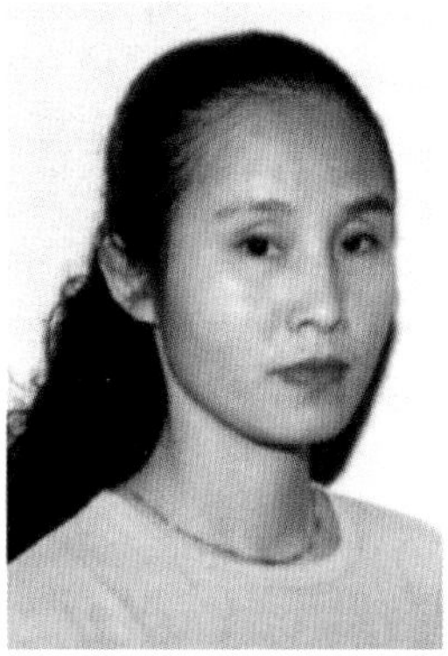

蓝丽娜

畲族。居士。昙花贝叶草庵主人、中国美术家协会会员、北京职业画家，擅长油画、漆画、国画。中国举办个人漆画展的第一位女画家。出版有《蓝丽娜漆画集》、《蓝丽娜油画集》等。

三峡写生——圣水之八

作品尺寸 / 73cm×92cm
创作时间 / 2007年

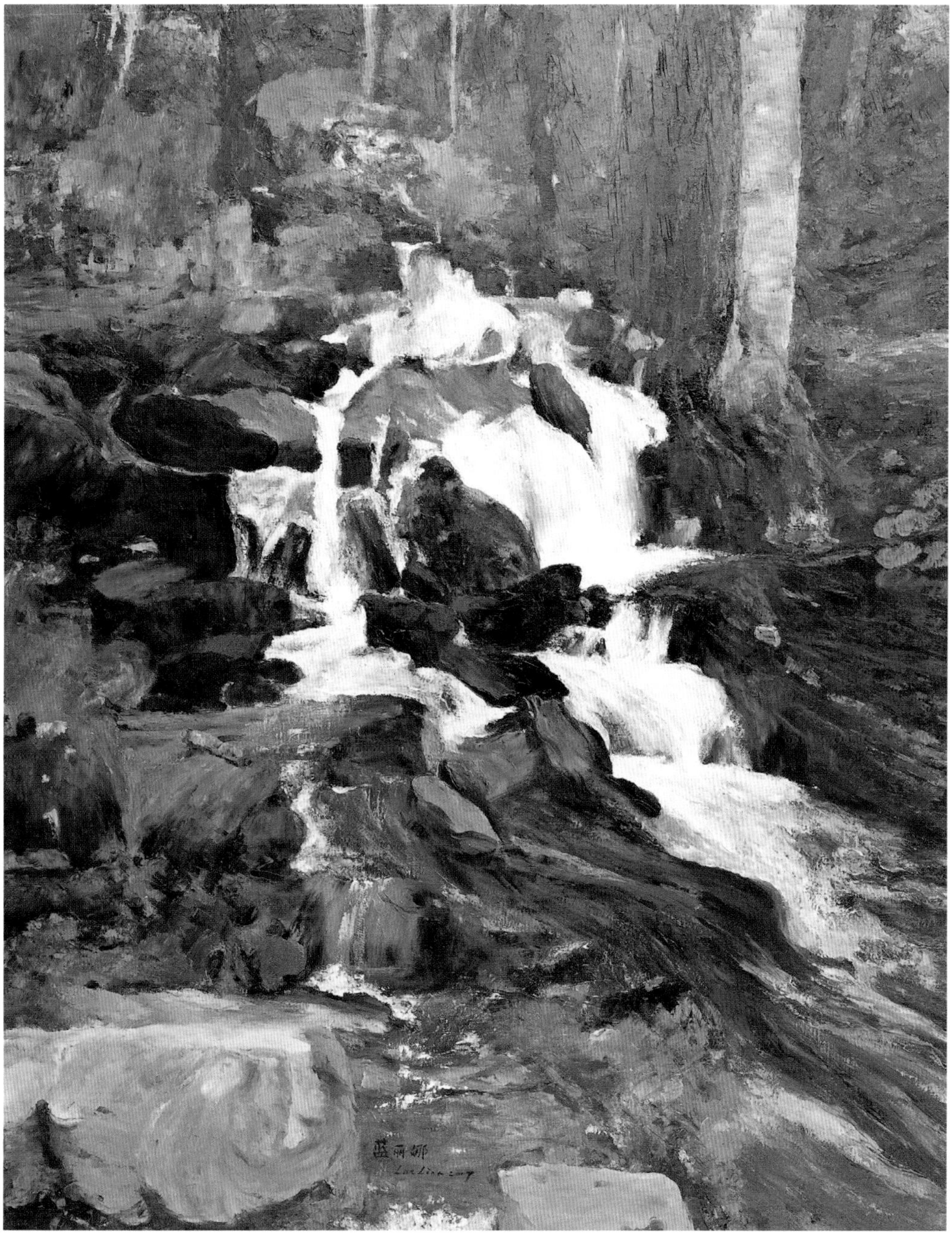

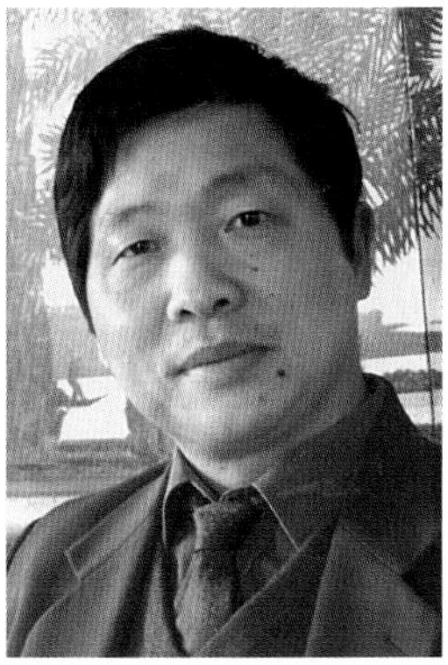

梅启林

1960年12月生，河南信阳人。中国美术家协会会工部副主任、中国美协培训中心秘书长、中国美协创作中心常务副主任。出版有《梅启林水墨画集》。

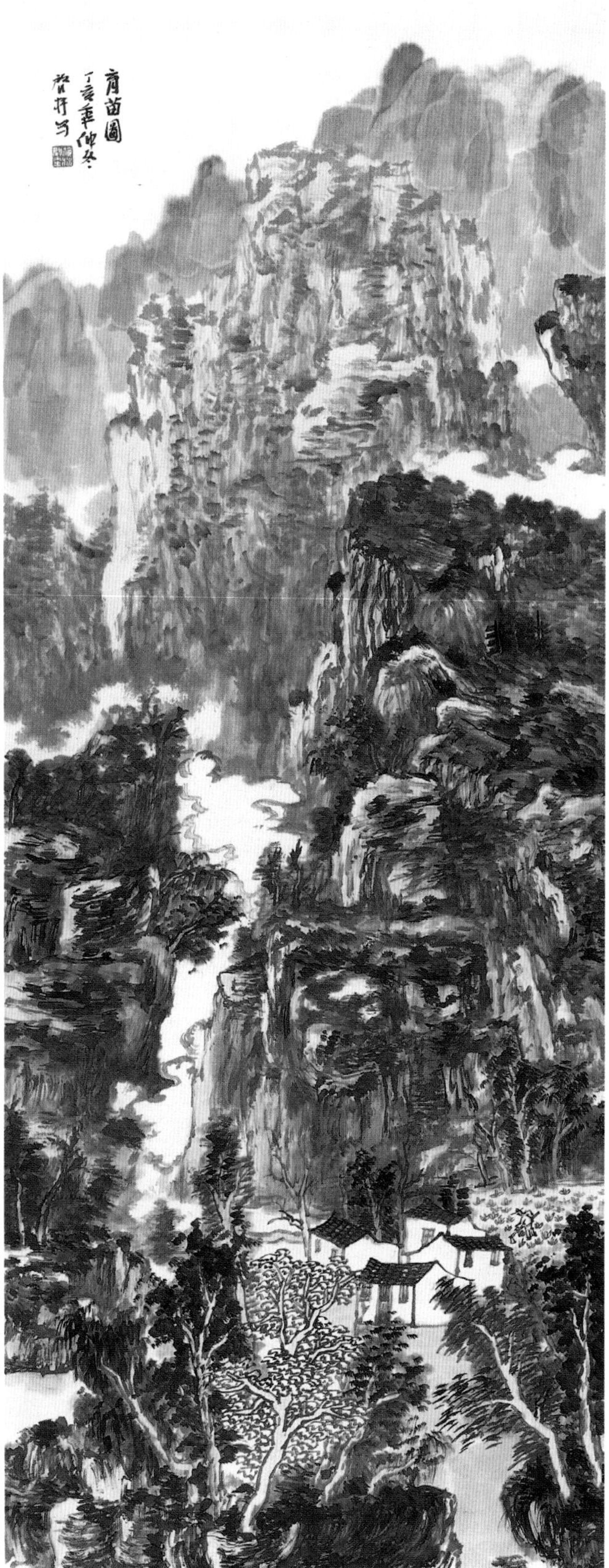

育苗图

作品尺寸 / 53cm × 137cm
创作时间 / 2007年

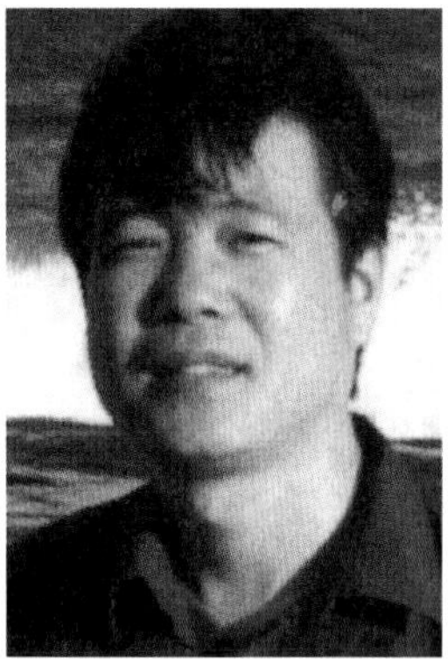

丨 杜军

1960年生，北京市人。中国美术家协会展览部主任。出版有《杜军画虎作品集》。

虎

作品尺寸 / 69cm×69cm
创作时间 / 2007年

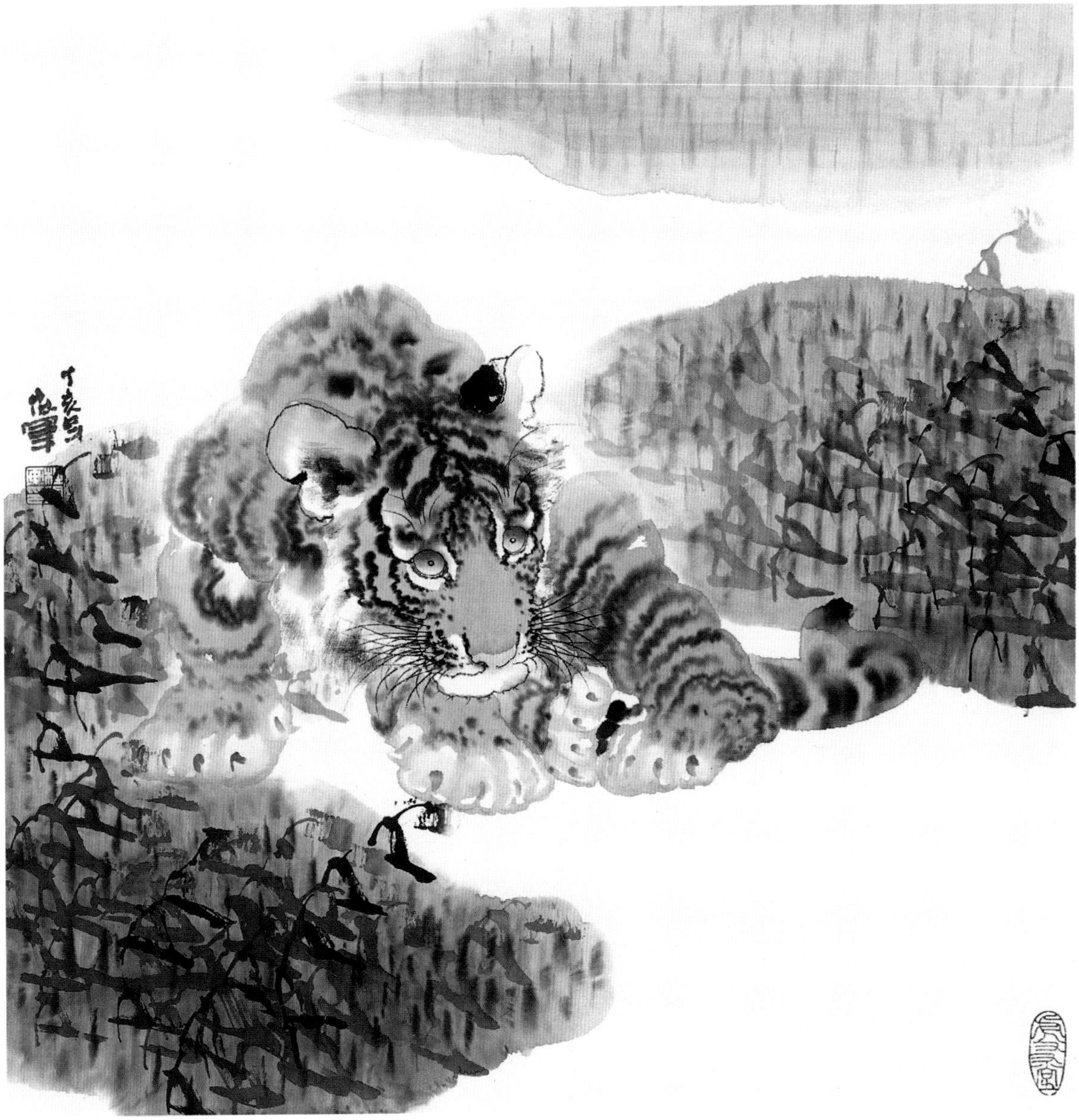

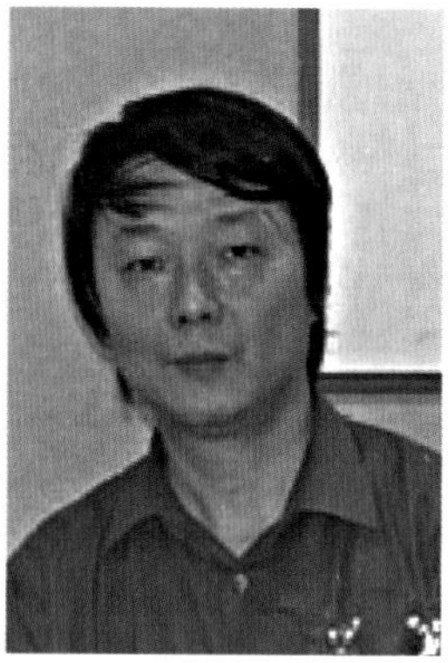

刘建

1960年6月生，山东文登人。中国美术家协会研究部主任、中国美术家协会理事、《美术家通讯》主编。出版有《刘建中国画集》。

江南民居

作品尺寸 / 80cm×69cm
创作时间 / 2007年

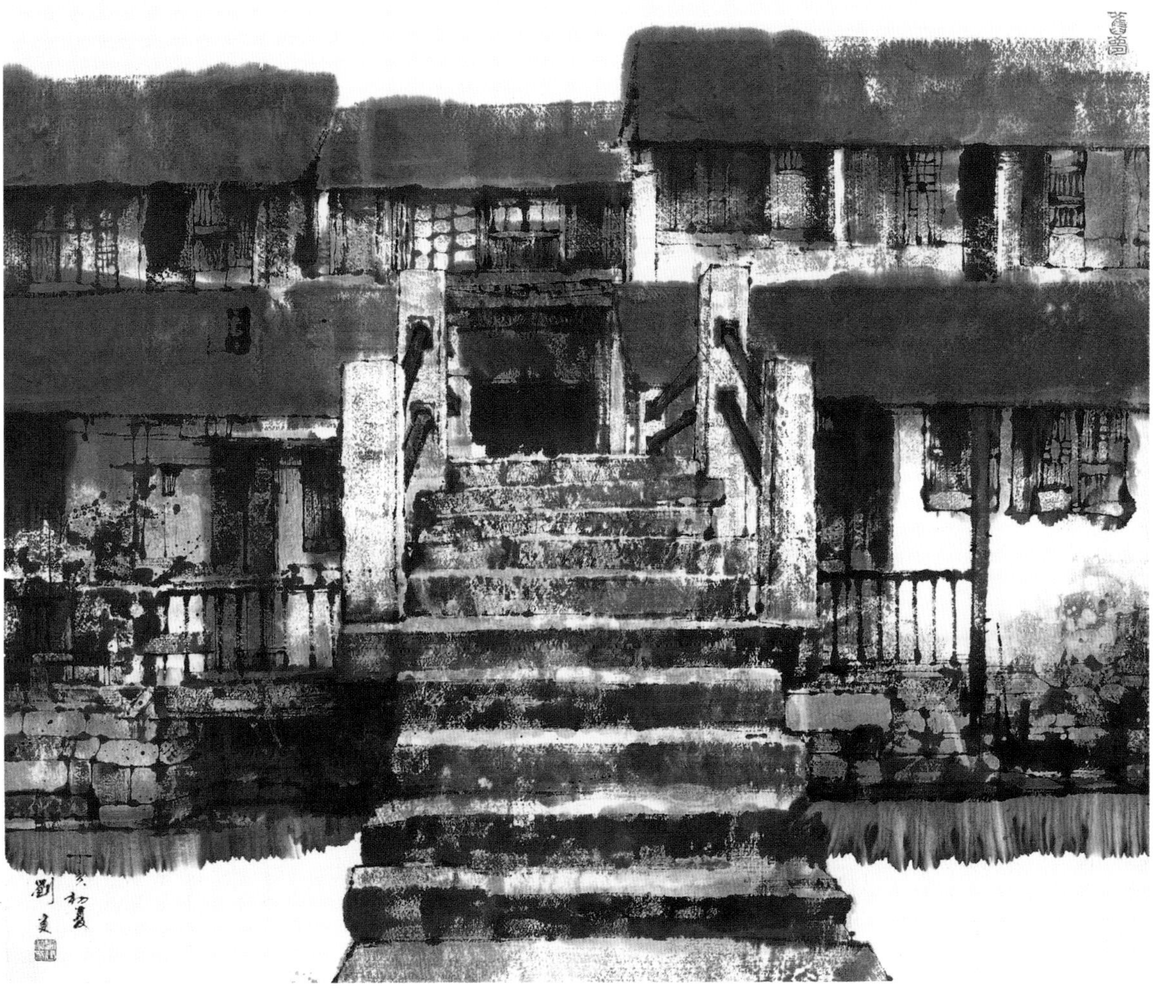

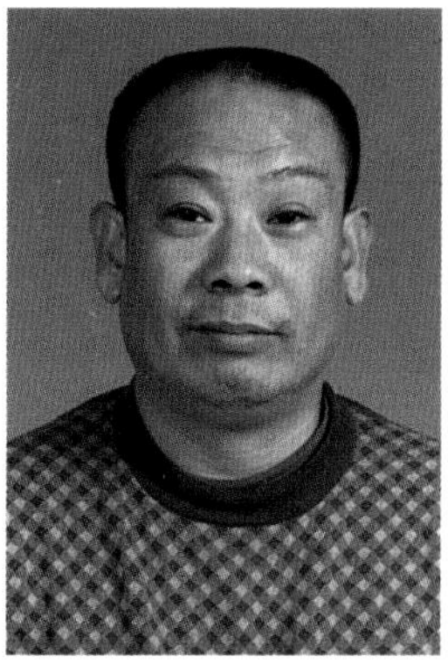

段铁

1960年生，北京人。中国美术家协会会员、中国山水画研究院副院长。出版有《段铁山水画集》、《燕山记行水墨小品画集》等。

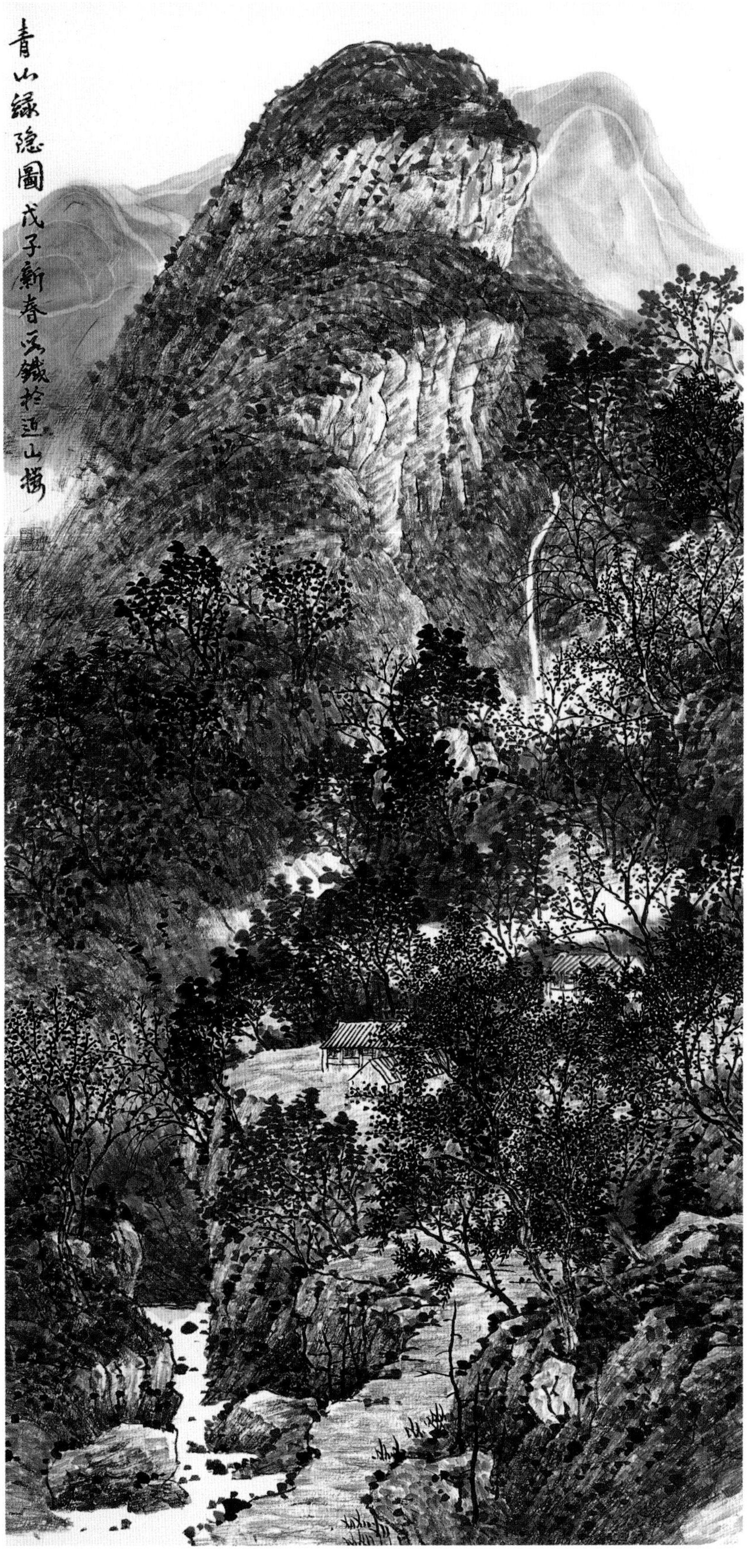

青山绿隐图

作品尺寸 / 68cm×137cm
创作时间 / 2008年

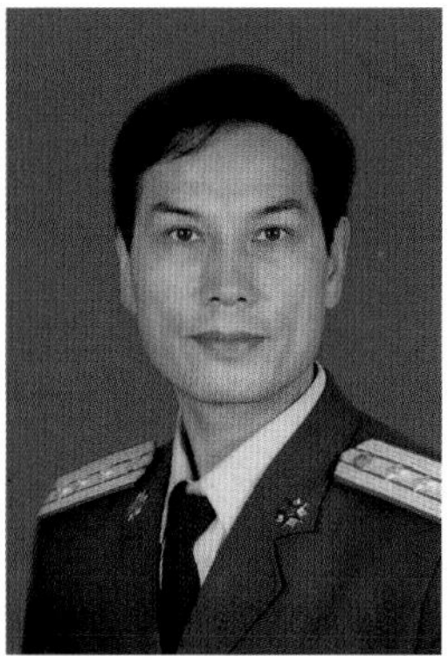

赵军安

字迁云，1960年出生，陕西西安人。中国美术家协会会员、中国书画艺术研究院理事、西安国画院特聘画家、总后勤部军事后勤馆国家高级美术师，大校军衔。出版有《赵军安画选》等。

奔腾

作品尺寸 / 137cm×68cm
创作时间 / 2007年

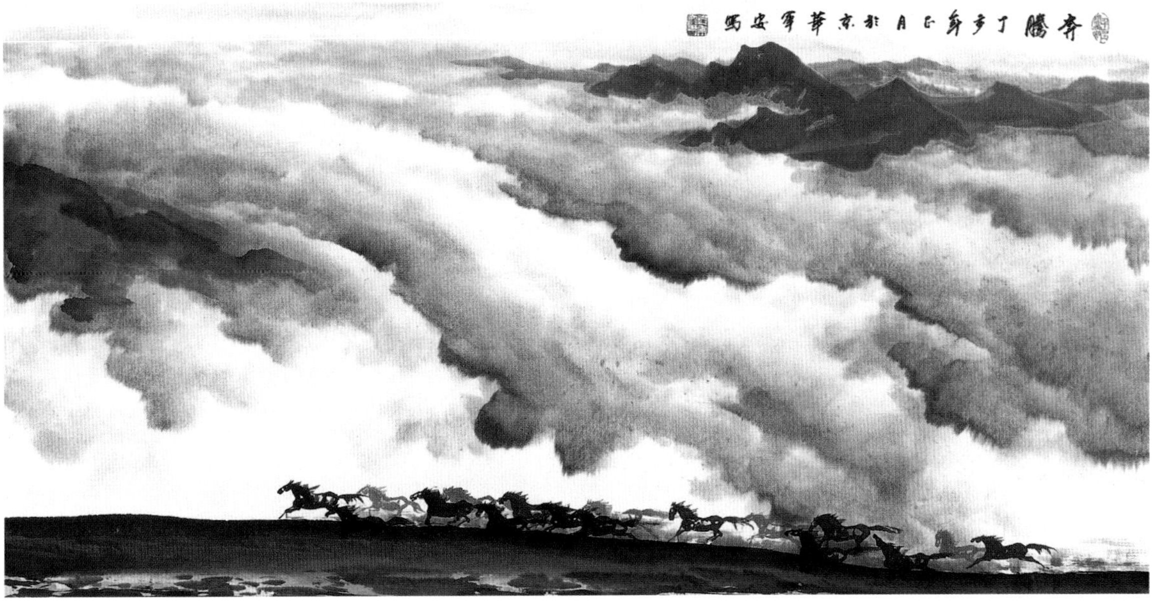

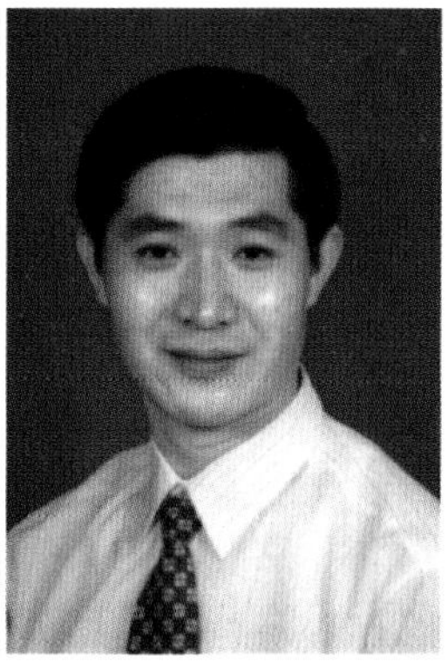

贺成才

1960年生，辽宁省盖州市人。中国美术家协会理事、北京美术家协会驻会副主席兼秘书长。1999年参与由江泽民总书记题词的《江山万里图》巨幅长卷创作，2004年策划组织创作了《新北京盛景图》巨幅中国画长卷。出版有《贺成才》个人画集。

夜来荷塘静

作品尺寸 / 68cm×68cm
创作时间 / 2007年

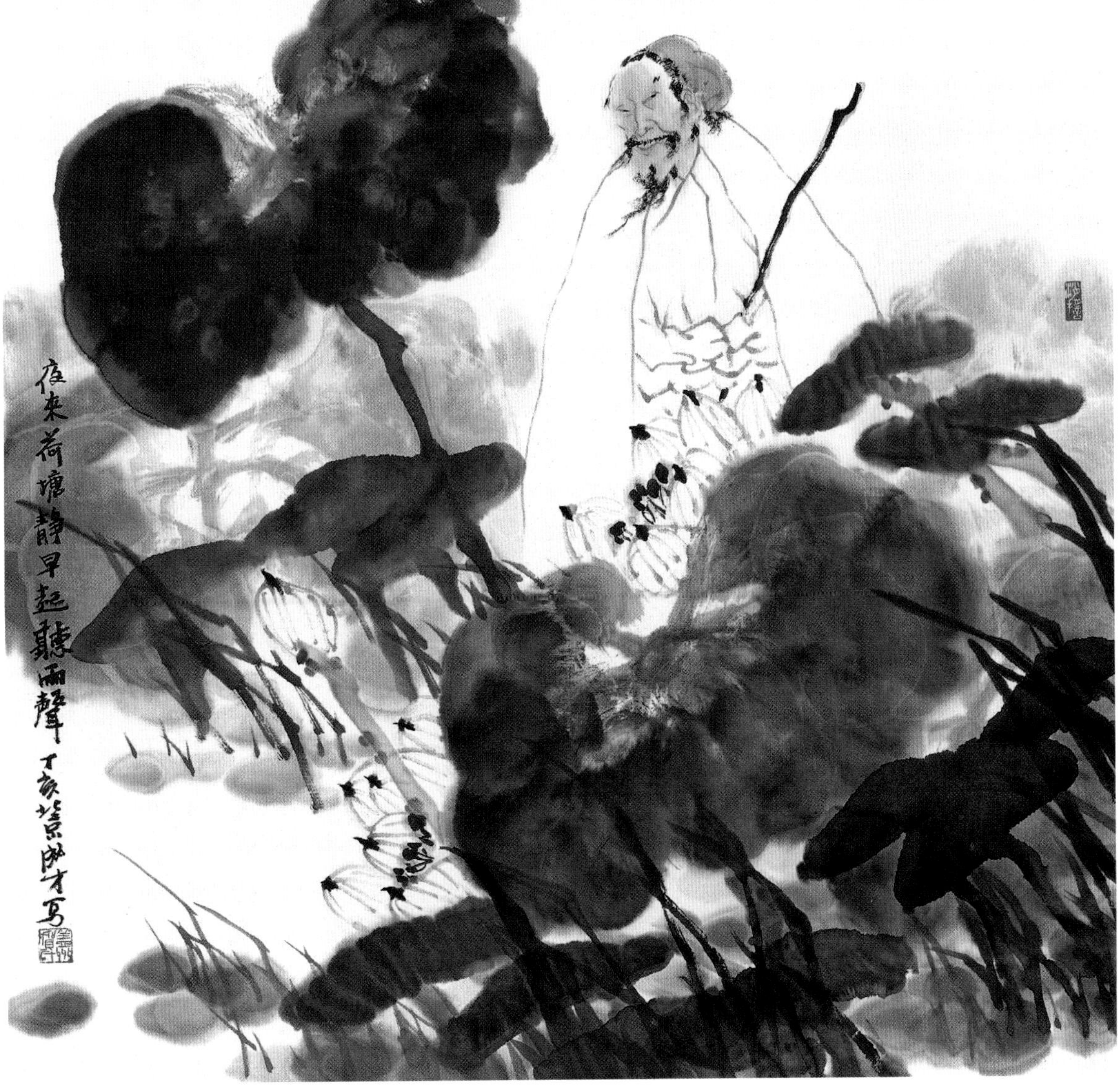

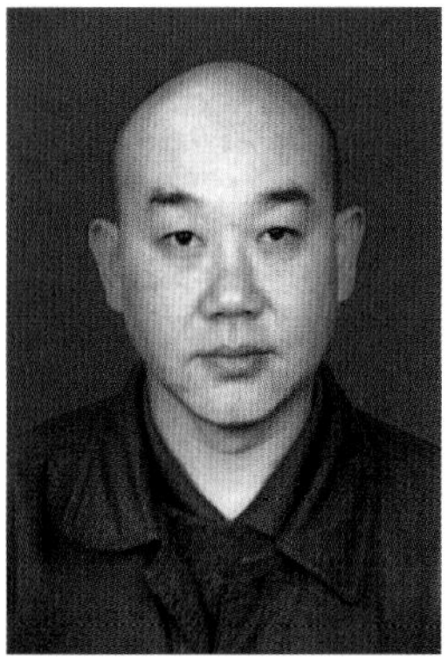

田向农

1961年4月生，甘肃人。中国美术家协会会员、甘肃省美术家协会版画艺术委员会副主任、陇中画院副院长、北京金大都画院副院长、《中国水墨画》杂志副主编。出版有《田向农版画集》、《田向农花鸟作品集》等。

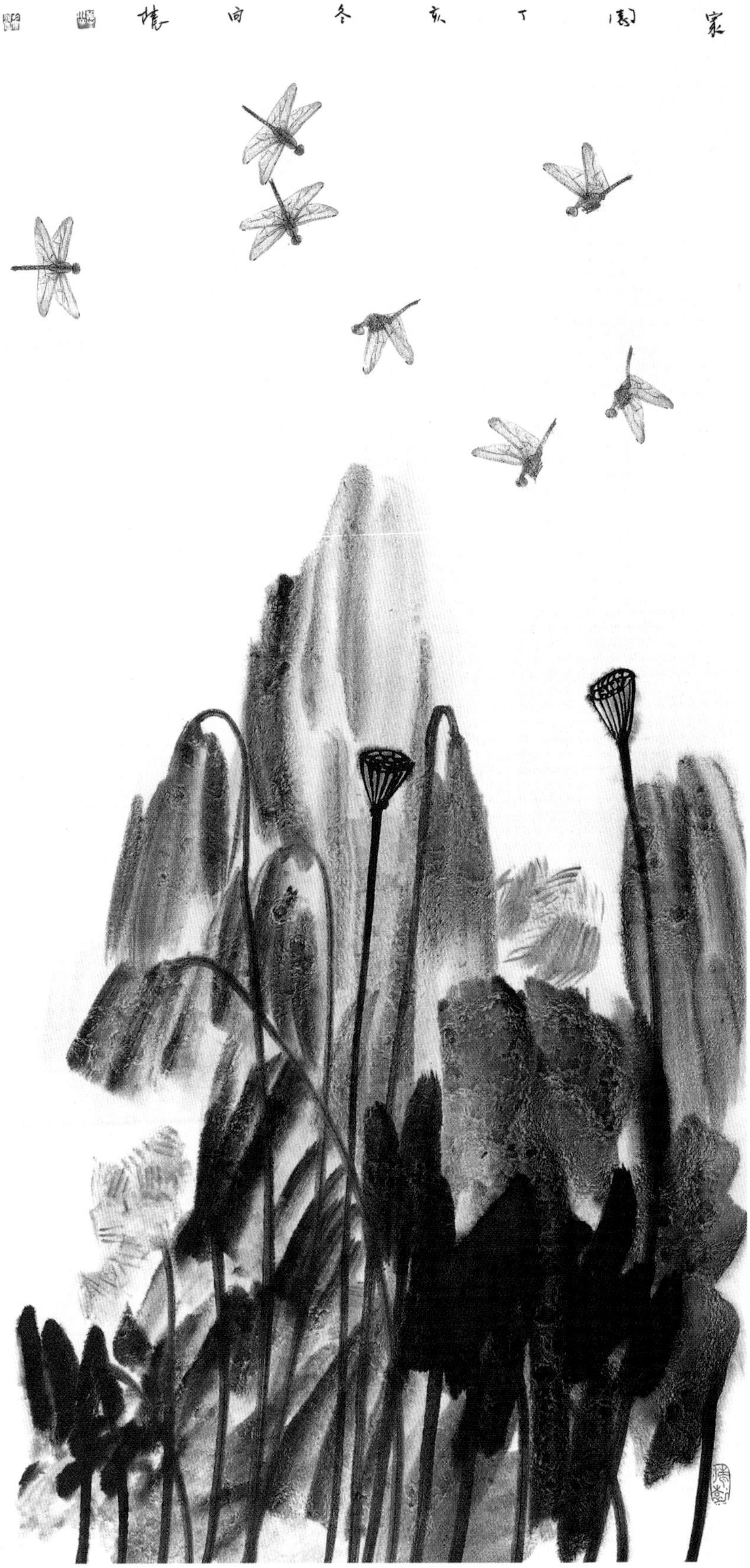

家园

作品尺寸 / 69cm×137cm
创作时间 / 2007年

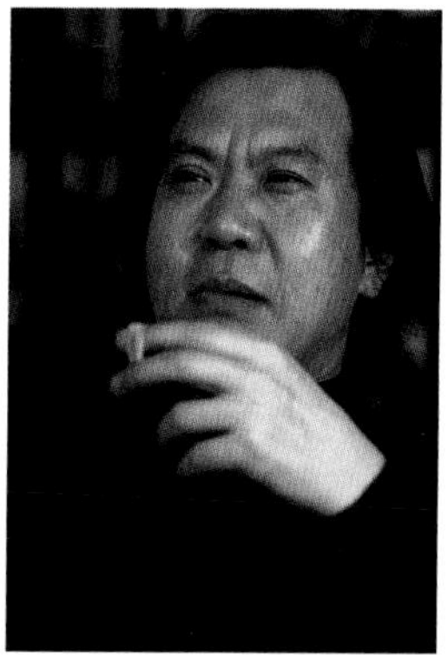

孙剑

法名：真晨居士，1961年生，甘肃天水人。中国美术家协会会员、中国山水画研究院副院长、中国艺术出版社总编、“中国艺术在线”网艺术总监。出版有《孙剑花鸟画集》、《当代实力派画家——孙剑精品集》、《当代最具收藏价值中国画名家——孙剑专辑》、《东方诗画——孙剑山水画小品集》等多部专集。

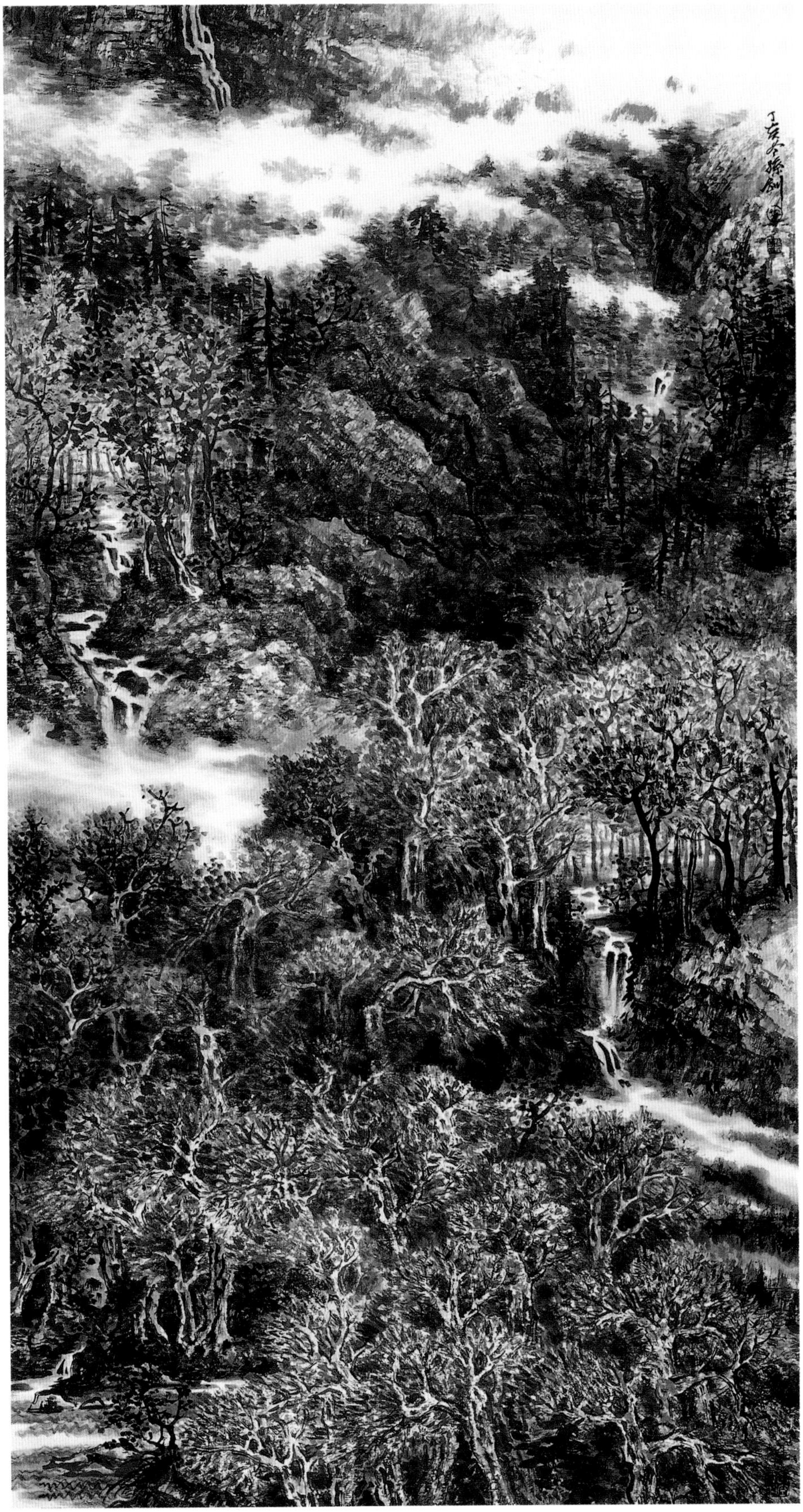

官鹅山高图

作品尺寸 / 97cm × 180cm
创作时间 / 2007年

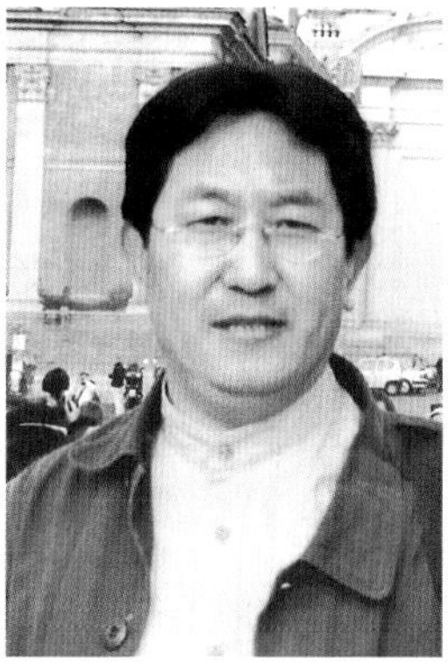

李文亮

1962年生，山西临汾人。中国美术家协会会员、山西省花鸟画协会副会长、山西画院专业画家、《品逸》主编。出版有《中国画名家系列丛书——李文亮卷》、《当代中国画23家——李文亮卷》等。

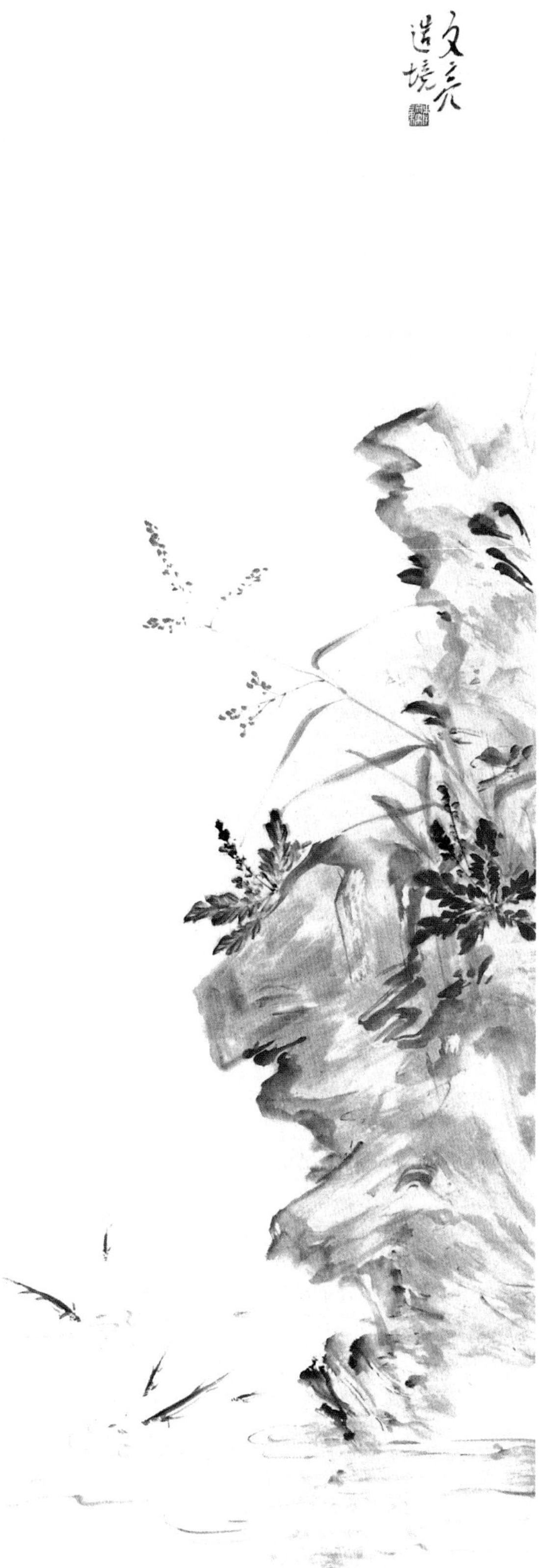

抚石问花

作品尺寸 / 44cm×138cm
创作时间 / 2008年

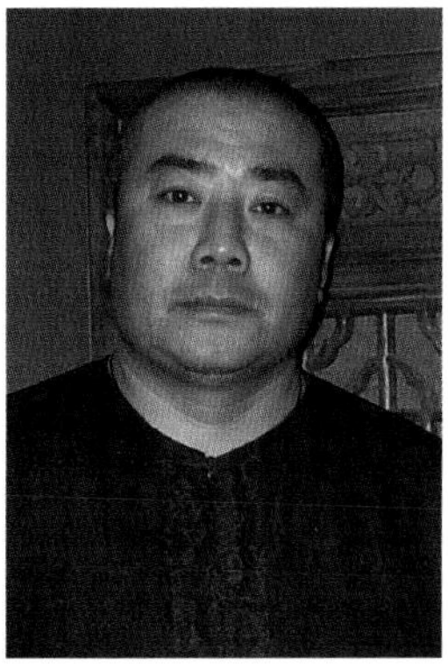

郭丰

1962年生，北京人。中国美术家协会会员、中国书法家协会会员、中国民主建国会会员、北京书法家协会展览部副部长。出版有《当代实力派画家——郭丰精品集》、《郭丰花鸟画作品集》等。

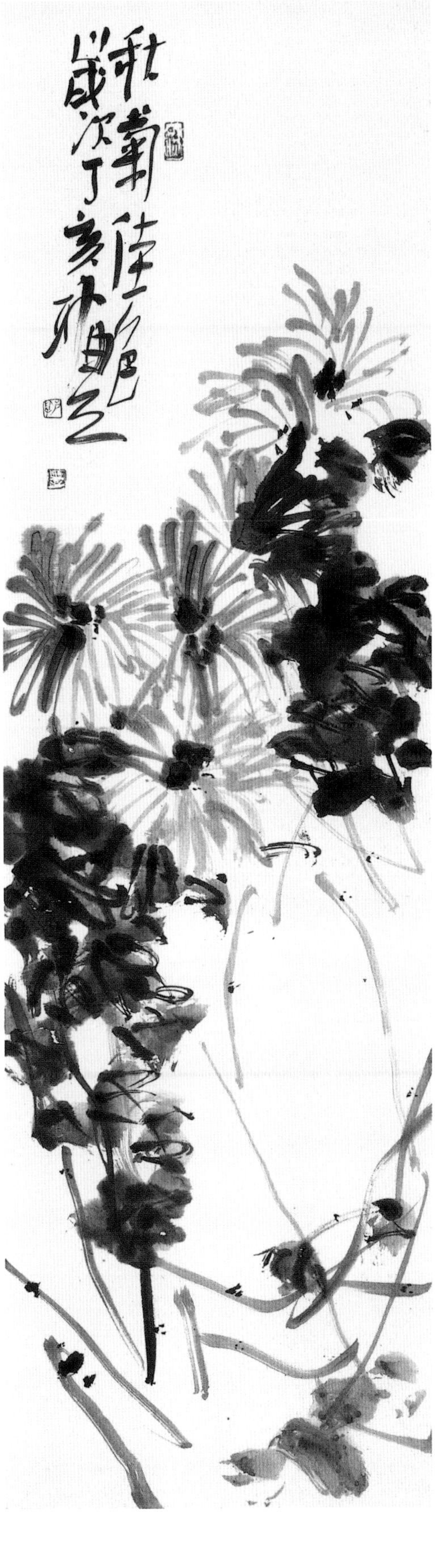

秋菊佳艳

作品尺寸 / 33cm×114cm
创作时间 / 2007年

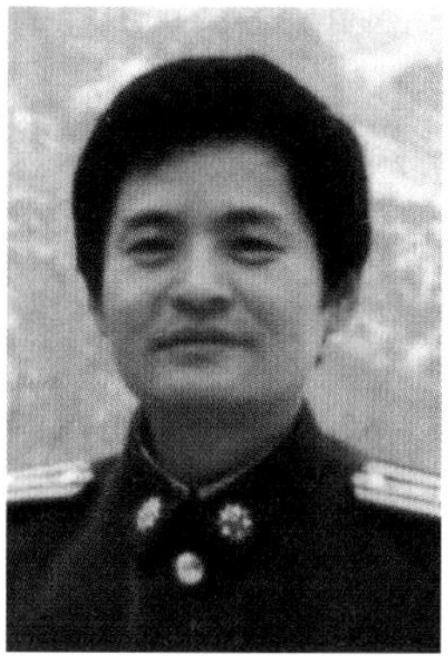

张万臣

满族，1962年生，河北丰宁人。中国美术家协会会员、北京美协理事、中国国际书画艺术研究会理事、中国人民解放军总装备部专职画家。出版有《张万臣画集》。

童年

作品尺寸 / 69cm × 69cm
创作时间 / 2007年

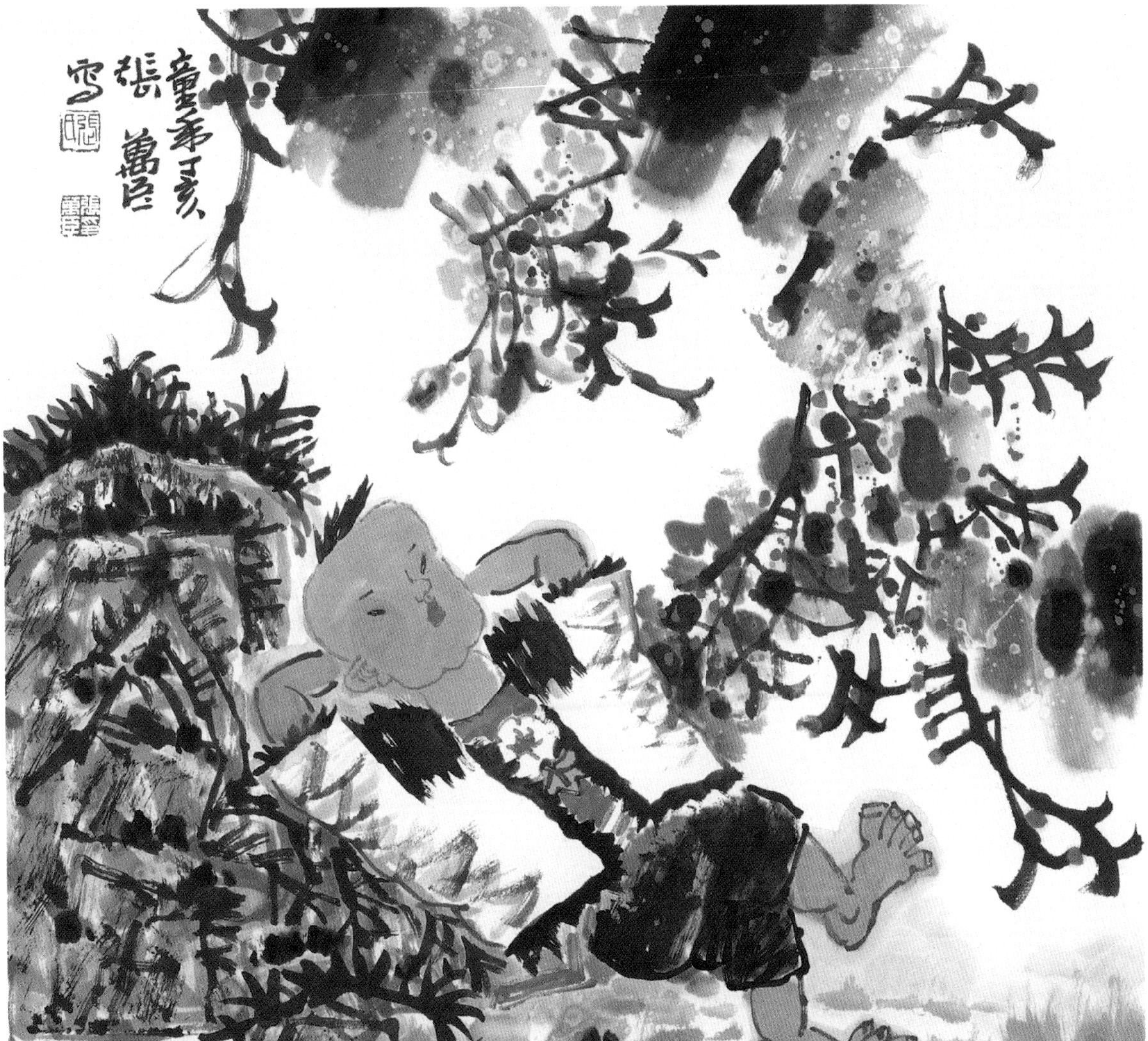

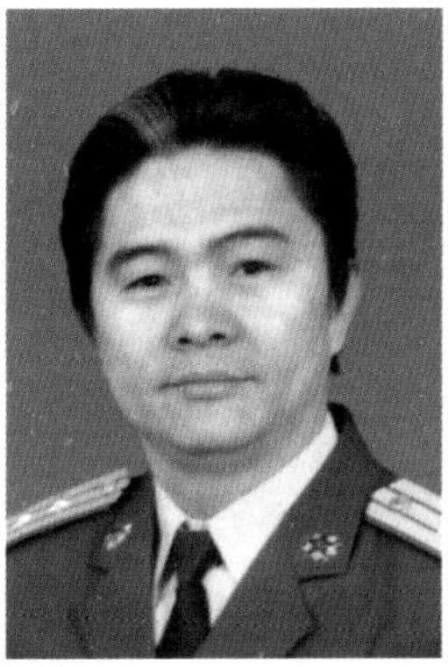

闫禹铭

又名逢斌，1962年生，河北大名县人。北京总参某部美术创作室主任、中国美术家协会会员、中国国际书画研究会理事、文化部《美术观点》杂志社副主编、中国美术大事记编委会副主编。出版有《闫禹铭山水画集》等。

空山秋光静

作品尺寸 / 68cm×68cm
创作时间 / 2007年

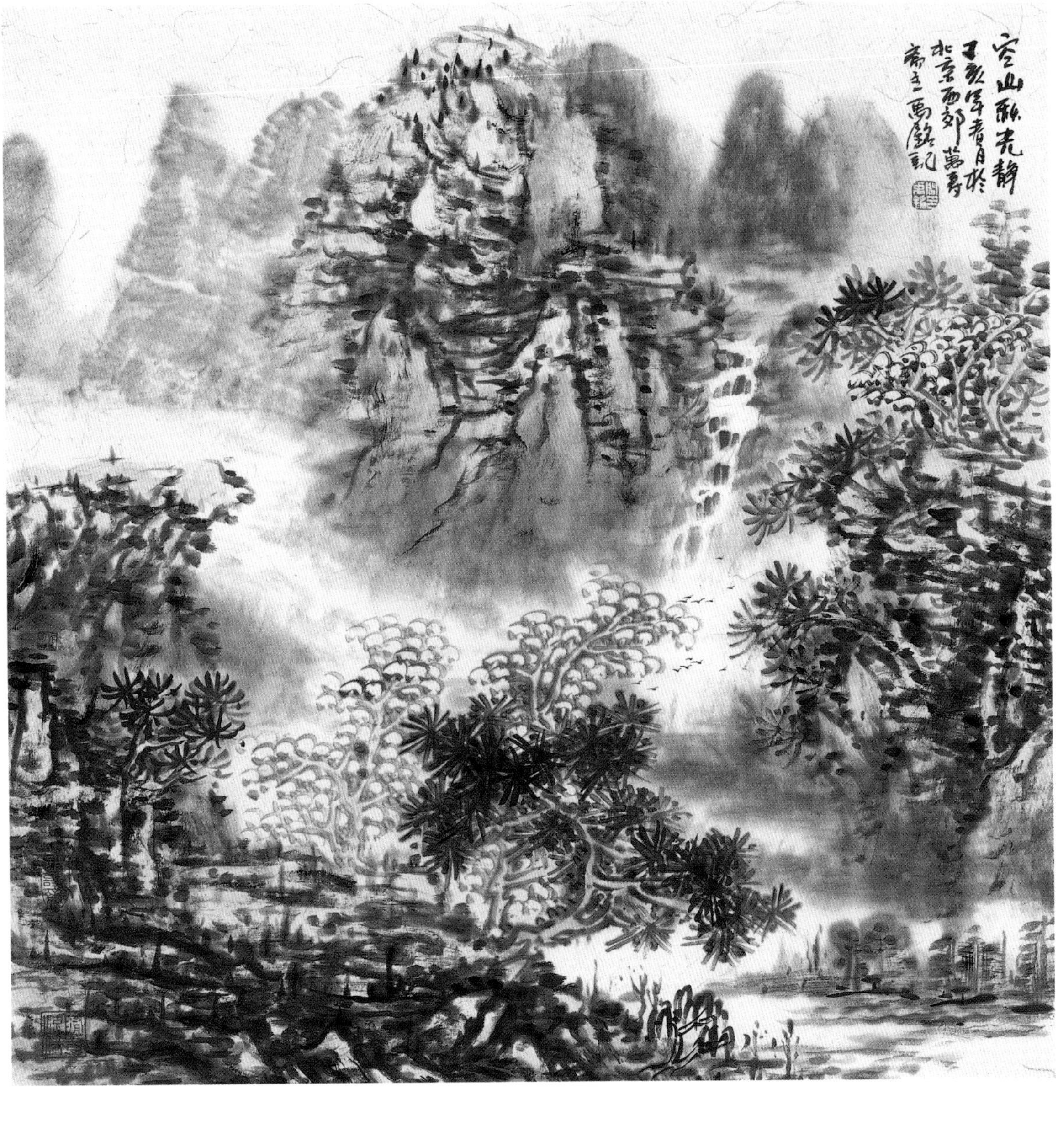

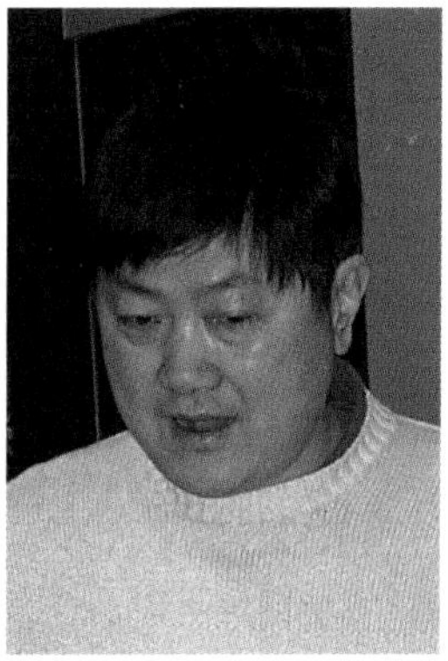

张龙新

1963年生，江苏连云港人。中国美术家协会会员、中国艺术研究院艺术品鉴定办公室副主任，兼任中国美术家协会国画艺委会副秘书长、文化部青联美术工作委员会主任。2007年被评为“中国书画年度影响力人物”。出版有《张龙新长城作品集》等。

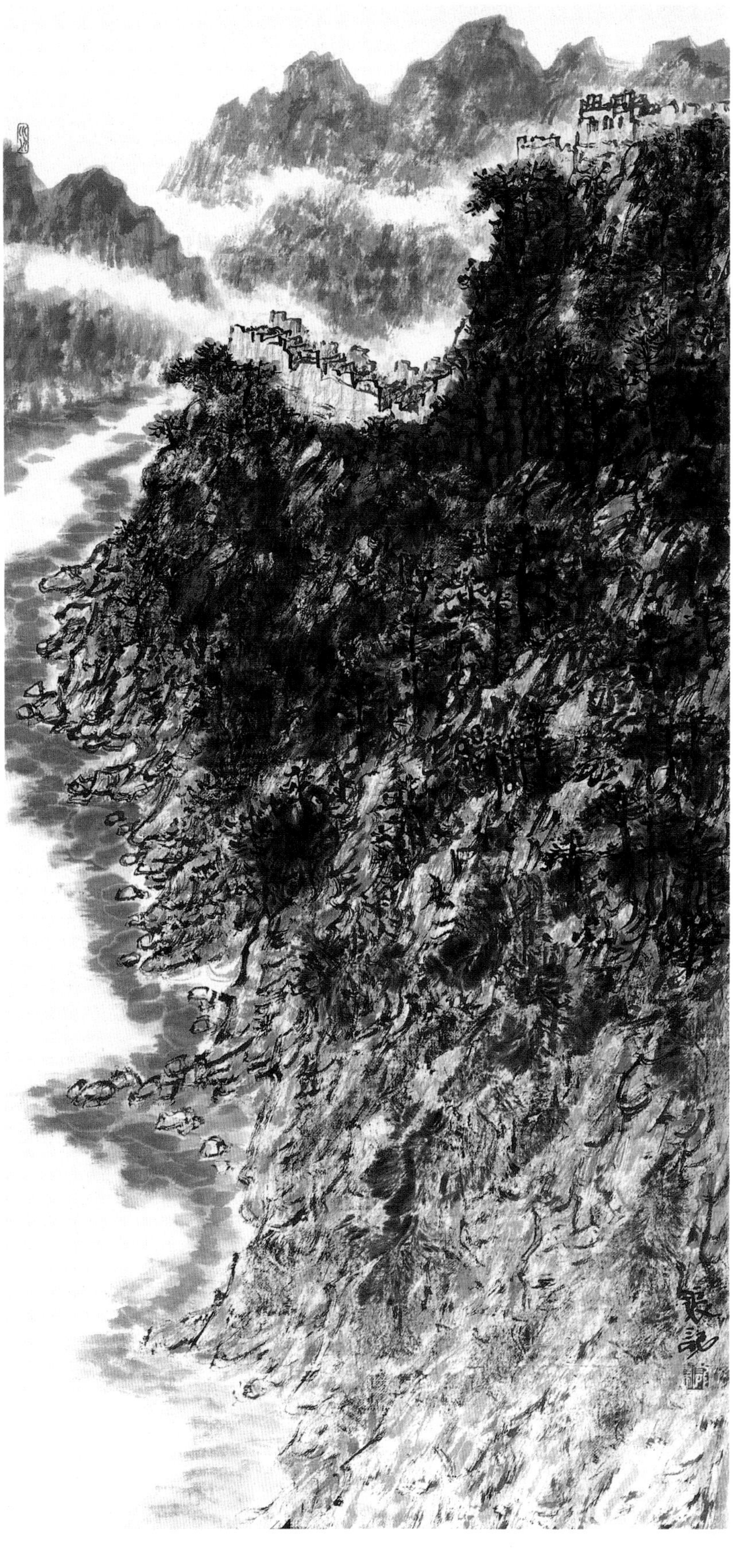

长城

作品尺寸 / 50cm×100cm
创作时间 / 2007年

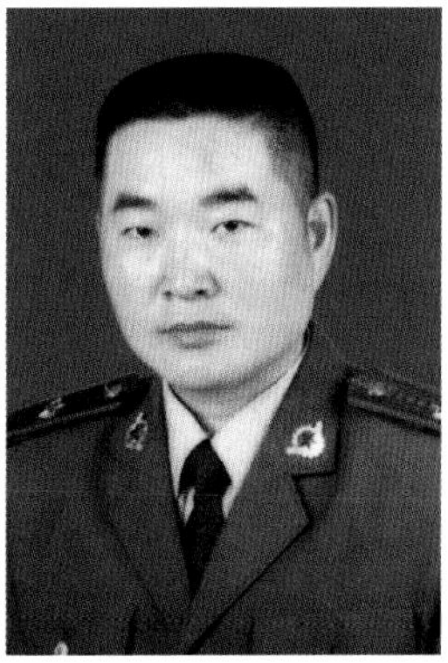

裴开元

1963年生，江苏省泗阳县人。中国美术家协会会员、空军专业画家、中国美协创作中心委员、江苏国画院特聘画家。出版有《裴开元画集》等。

高士图

作品尺寸 / 68cm × 68cm
创作时间 / 2007年

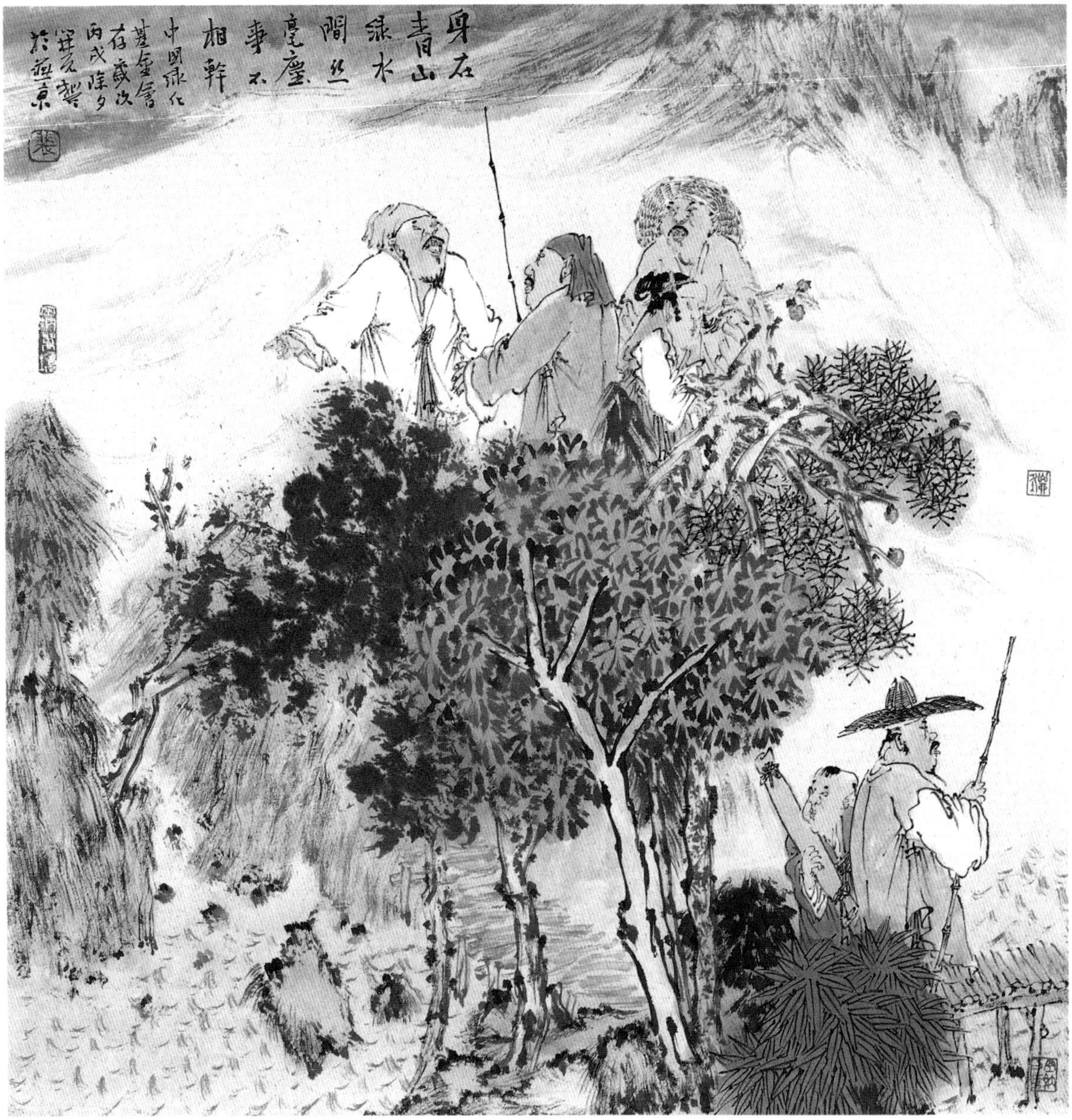

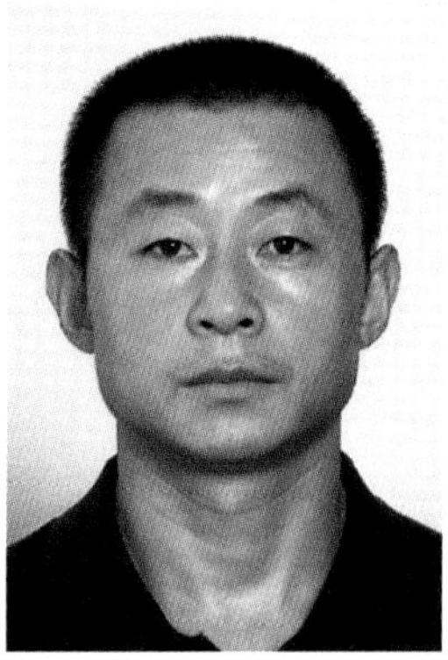

张建豹

1963年生，山东省阳谷县人。中国美术家协会会员、中国书画艺术委员会委员、解放军总装务部专职画家。出版有《美术家张建豹》、《张建豹国画作品集》、《刘大为师生作品集》（合著）、《建豹中国画水墨小品》等。

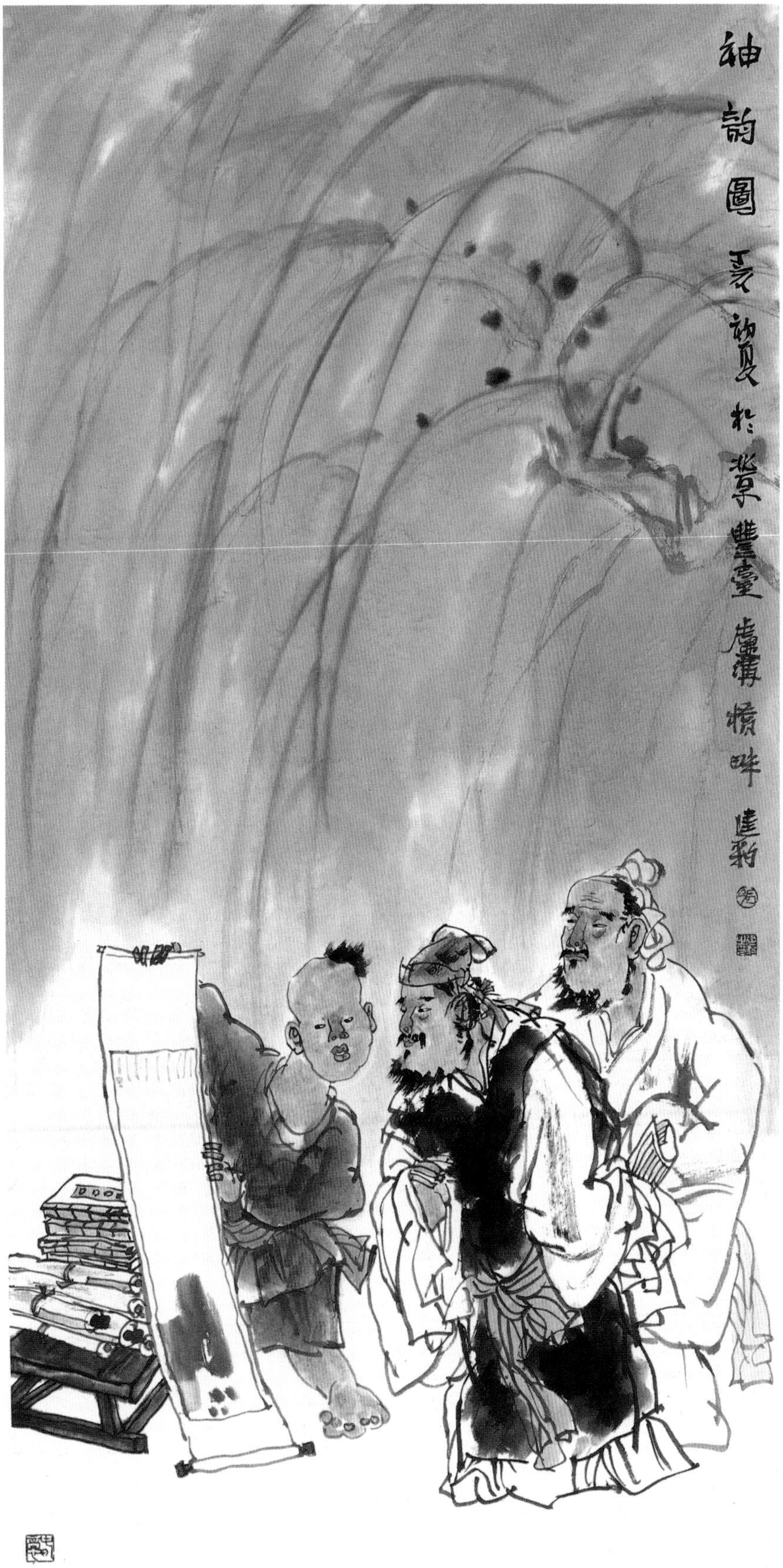

神韵图

作品尺寸 / 68cm×137cm

创作时间 / 2007年

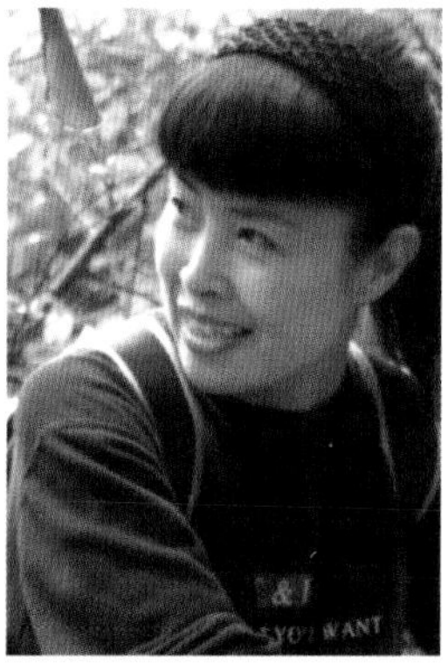

范国荣

又名一冰。中国美术家协会会员。出版有《一冰国荣水墨小品》、《范国荣水墨艺术》等。

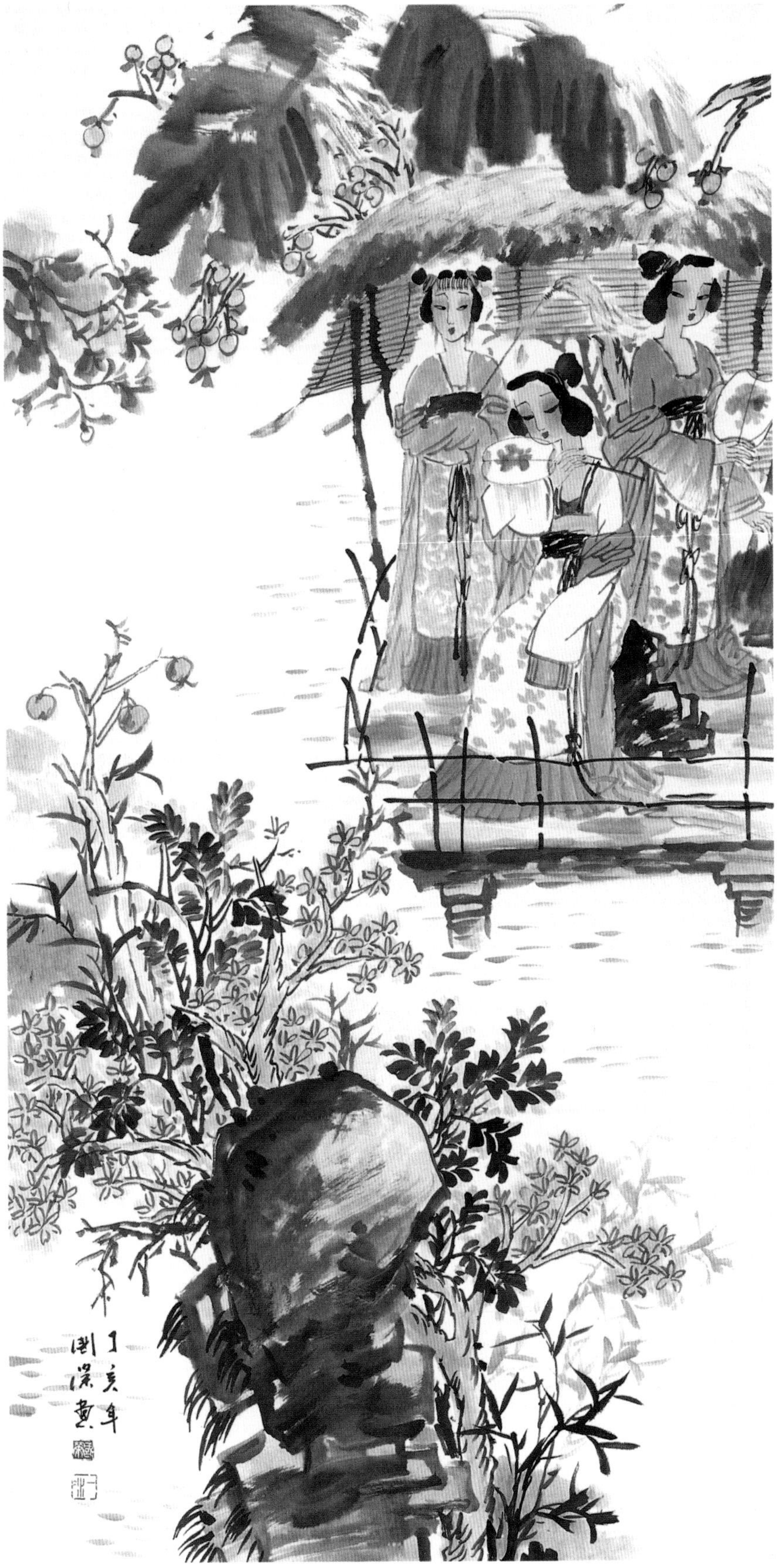

仕女图

作品尺寸 / 70cm×137cm

创作时间 / 2007年

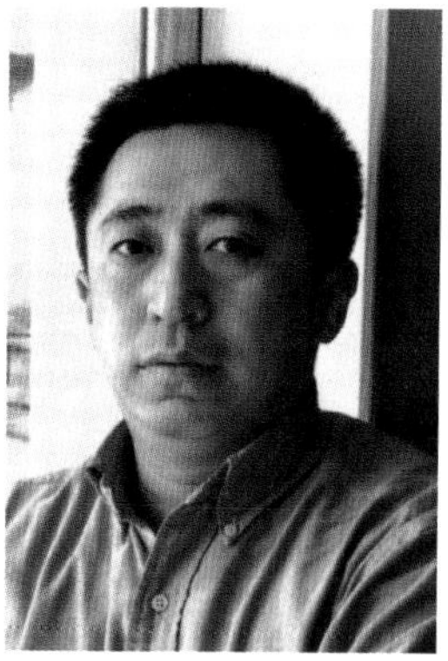

刘荣

1968年生于北京，四川成都人。中央美术学院中国画学院教师、中国艺术研究院贾又福工作室特聘副教授。出版有《刘荣山水画写生创作》等。

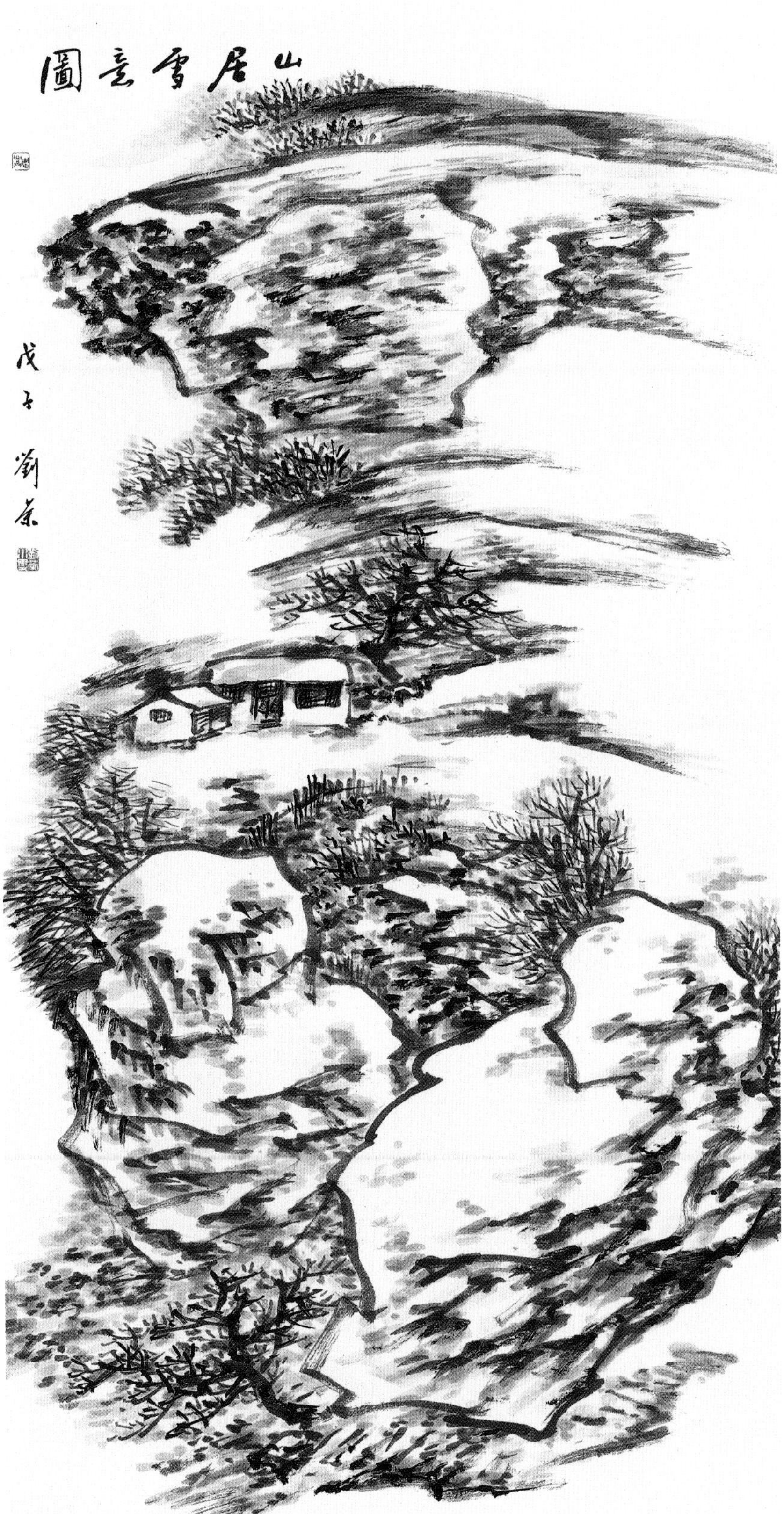

山居雪意图

作品尺寸 / 69cm × 137cm
创作时间 / 2008年

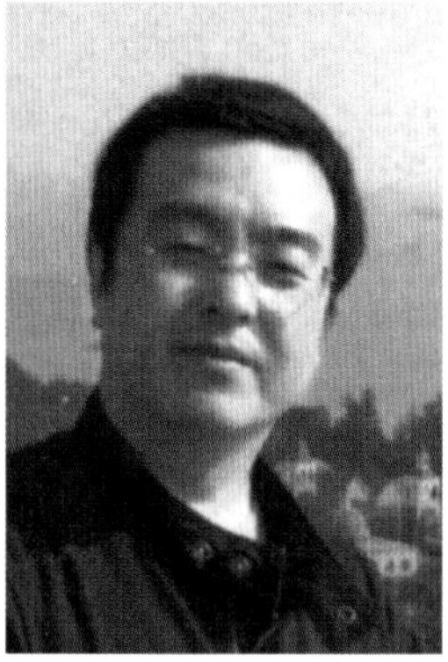

王云亮

曾用名韵倞，1968年生，山西省绛县人。中国美术家协会会员、中国戏曲学院新媒体艺术系副教授、文化部青联美术工作委员会委员等。出版有《王云亮中国画作品集》等。

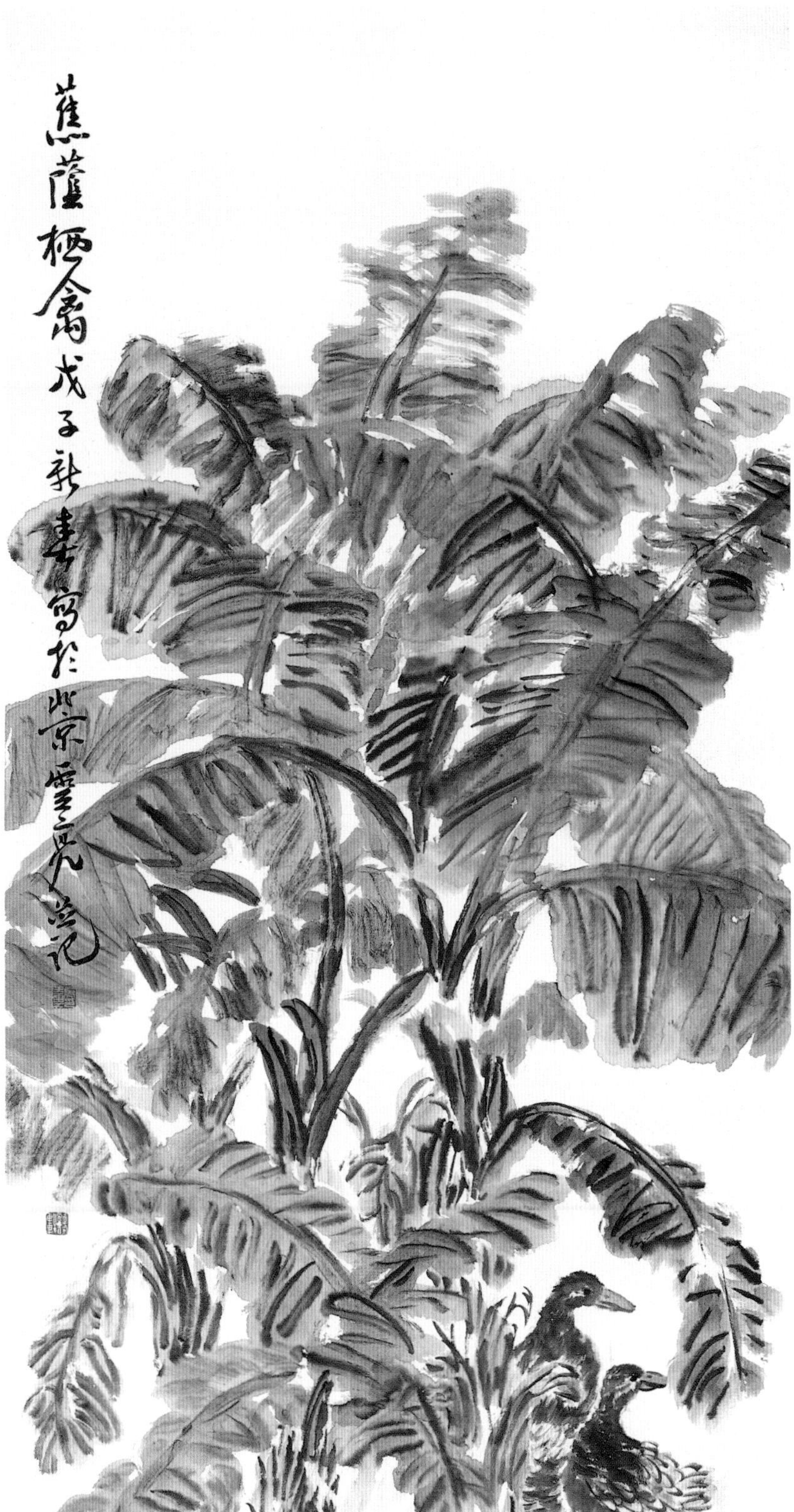

蕉荫栖禽

作品尺寸 / 70cm×139cm
创作时间 / 2008年

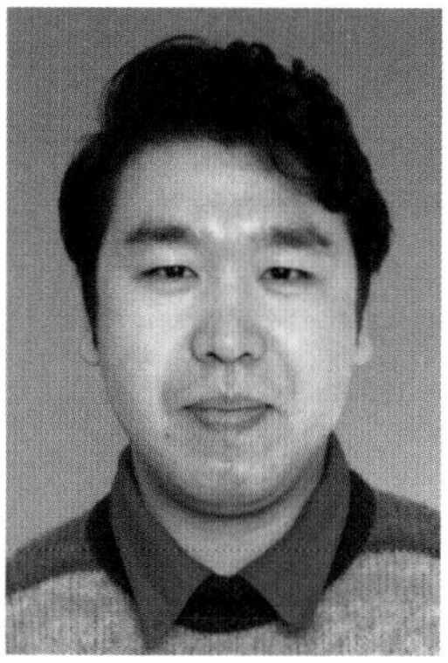

刘中

1969年生，北京人。中国美术家协会外联部副主任、北京国际美术双年展办公室副主任、法国教育部造型艺术硕士、法国教育部法语学士、北京市民族联谊会理事。出版有《刘中绘画作品集》、《刘中作品集》等。

花鸟

作品尺寸 / 68cm×70cm
创作时间 / 2007年

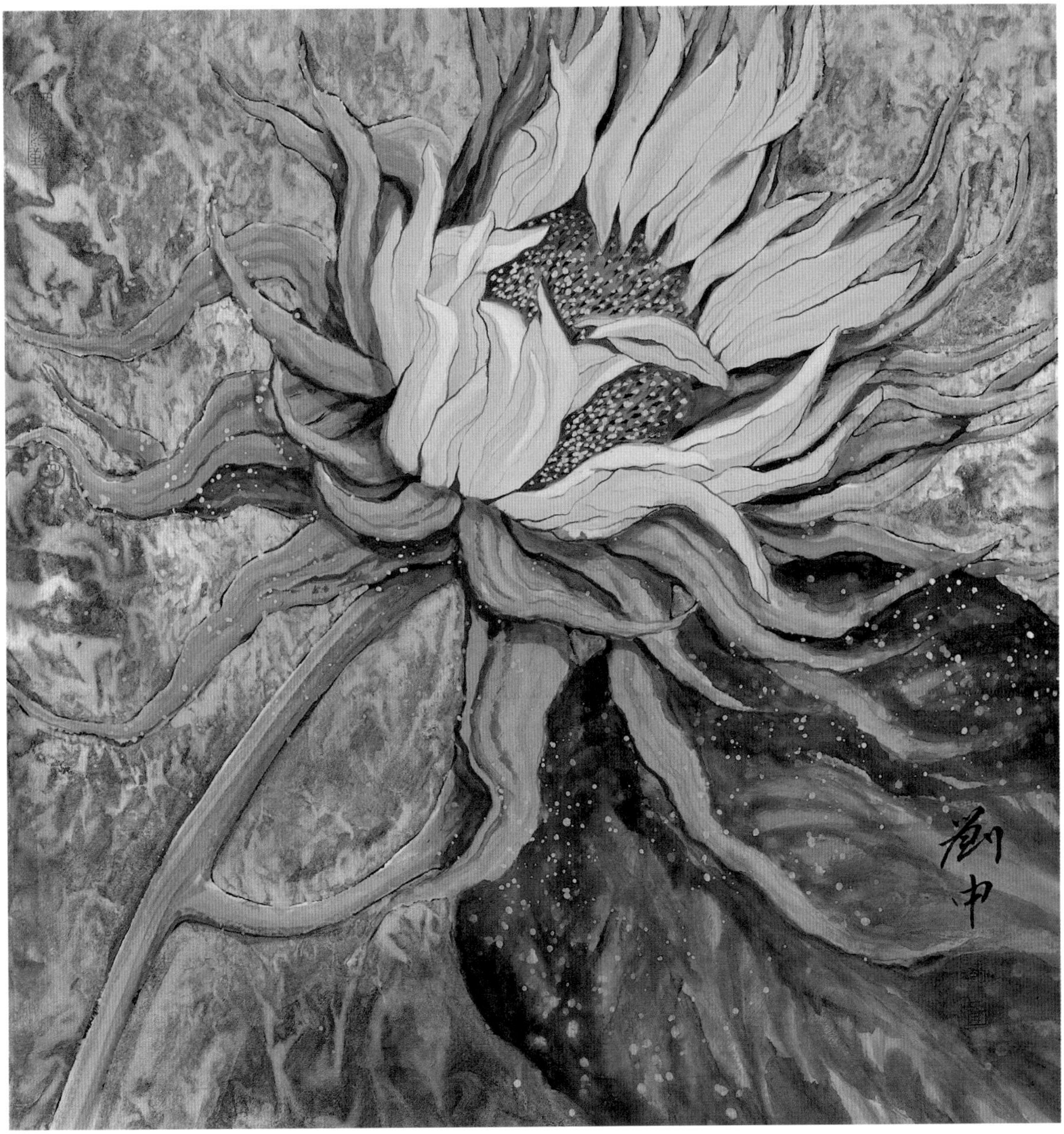

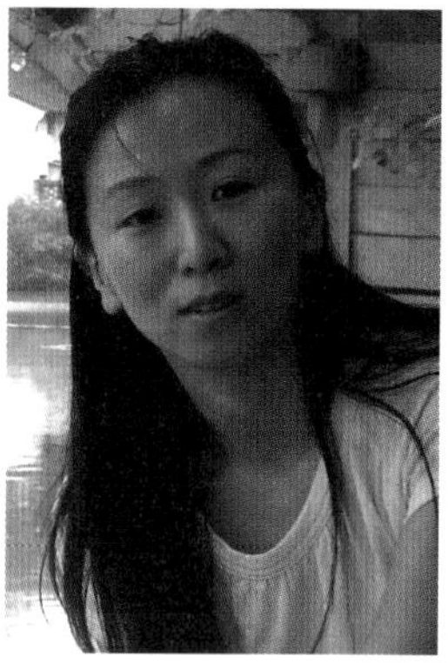

吴仝

1970年生，北京人。随父亲吴悦石先生学习书画。中央美术学院人文学院美术史专业博士研究生。主要论文有《试论肖形印的性质功用及其发展演变》、《先秦两汉时期女性用印者身份的初步考察》等。

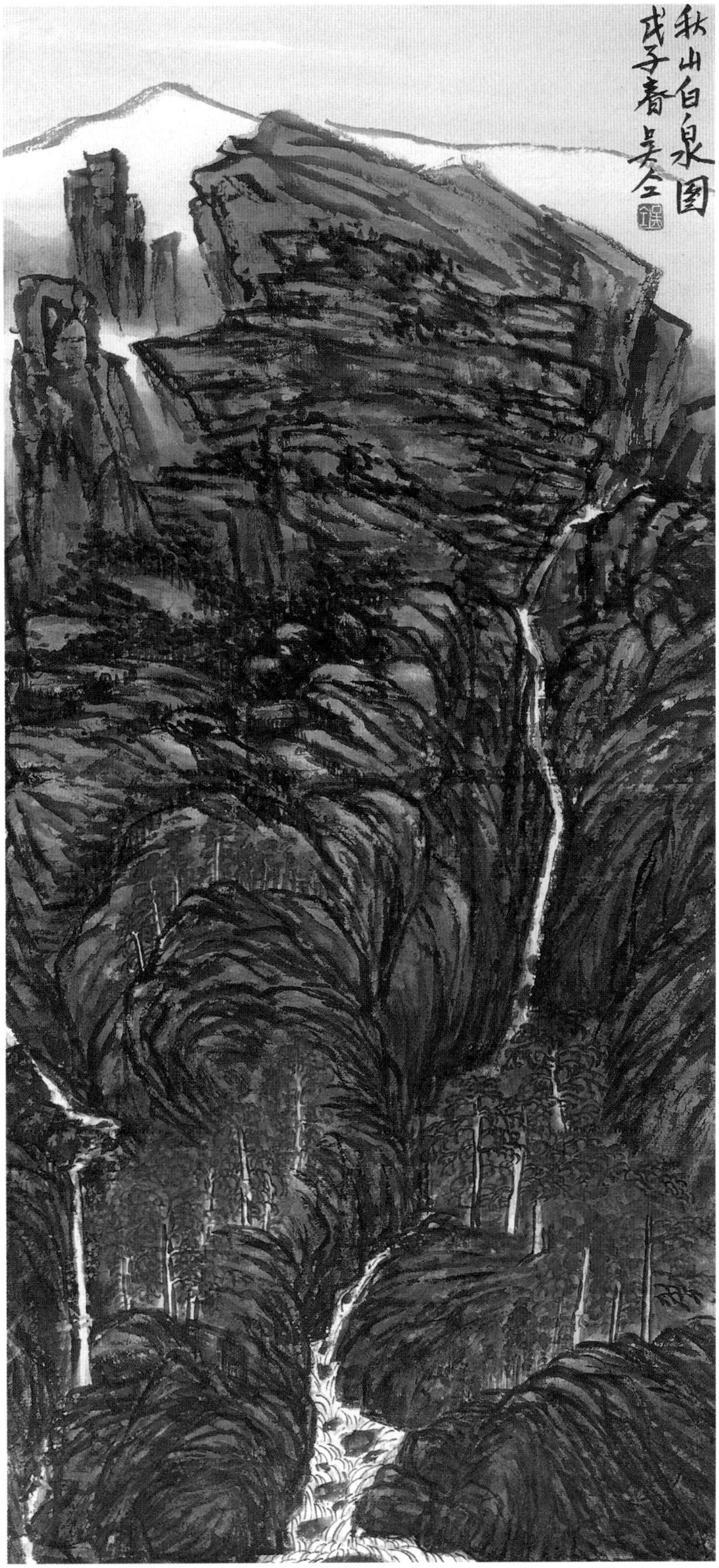

秋山白泉图

作品尺寸 / 65cm × 137cm
创作时间 / 2008年

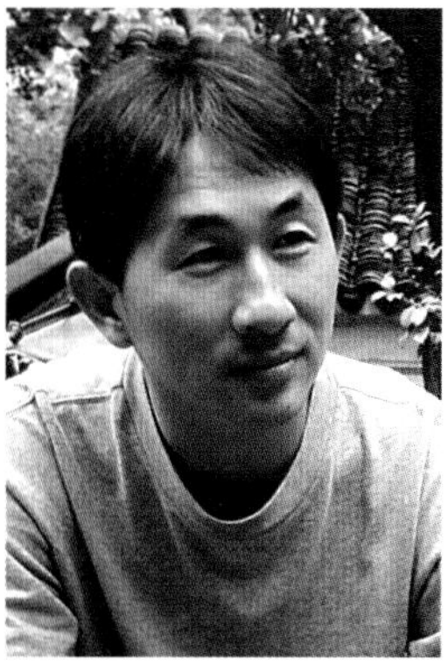

曾三凯

又名若文,1974年生，福建泉州人。中国美术家协会会员。出版有《中国当代青年画家丛书——曾三凯》。

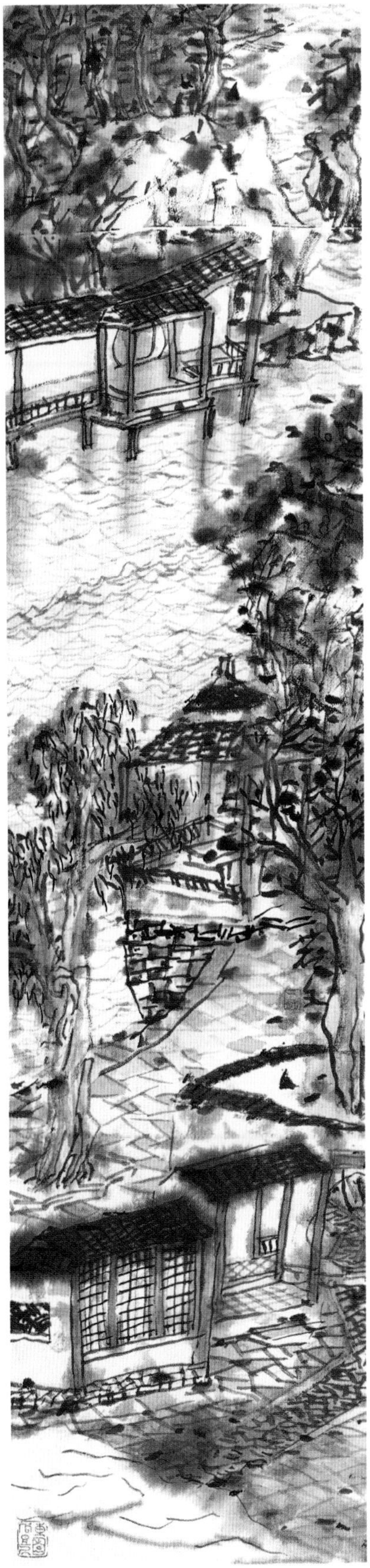

山水

作品尺寸 / 34cm×145cm
创作时间 / 2008年

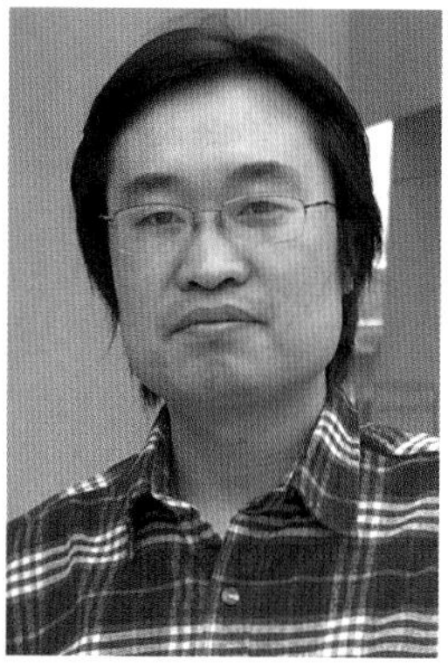

张宪文

1975年生，甘肃通渭人。甘肃美术家协会会员，甘肃敦煌艺术剧院专职画家。出版有多部个人画集。

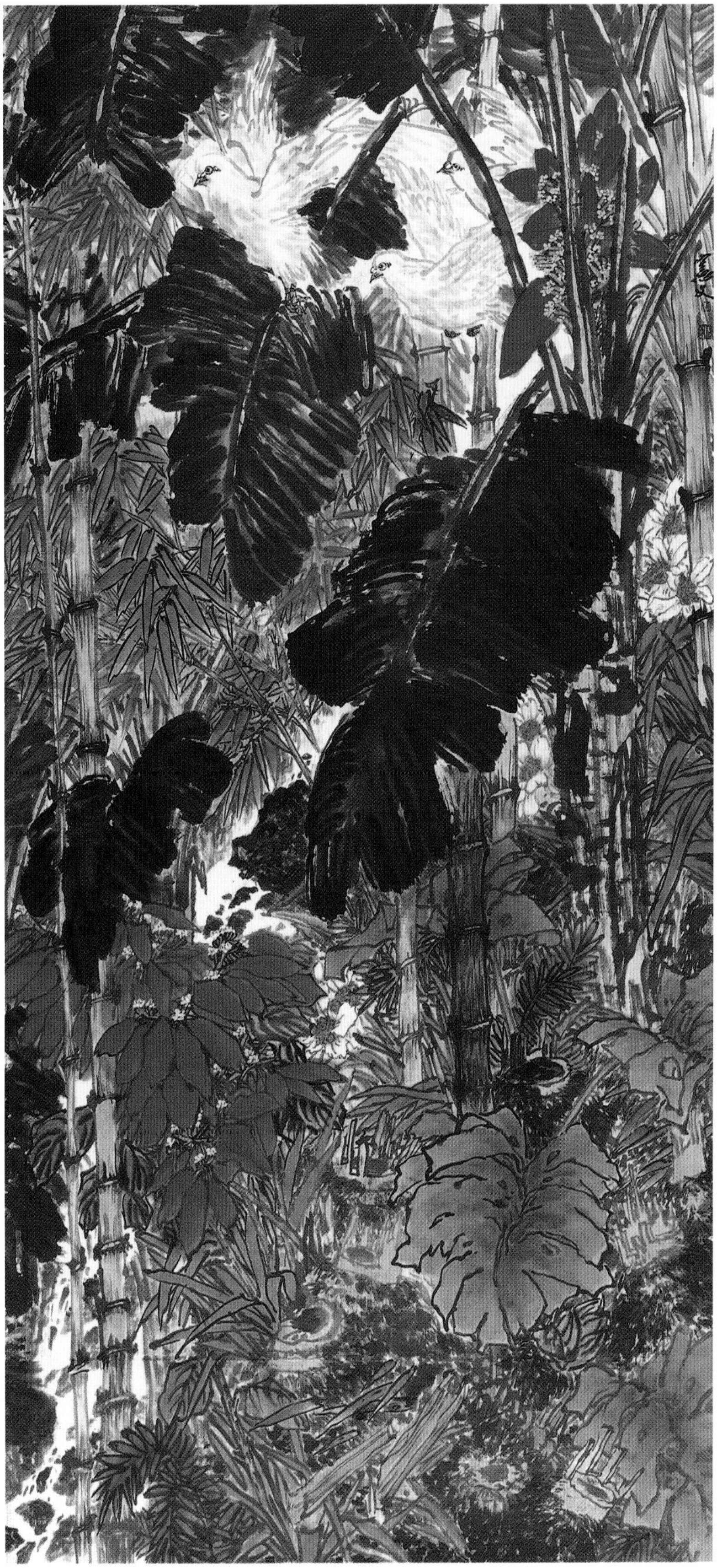

花鸟图

作品尺寸 / 96cm×205cm
创作时间 / 2007年

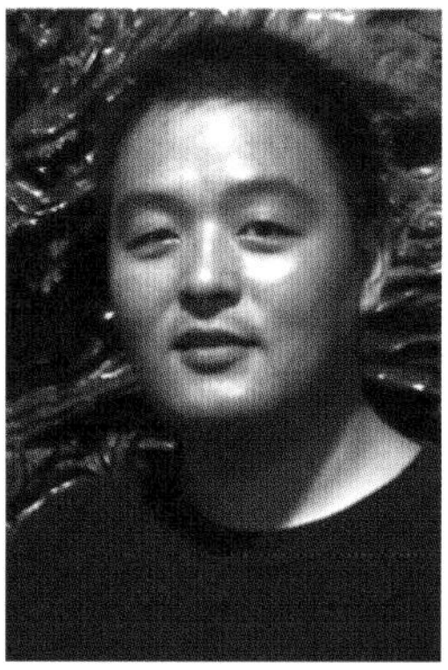

刘越

1978年生，辽宁抚顺人。1999年毕业于鲁迅美术学院装潢艺术系，2005年毕业于中央美术学院国画系。辽宁省美术家协会会员、抚顺市美术家协会理事，出版有《刘越水墨画》。

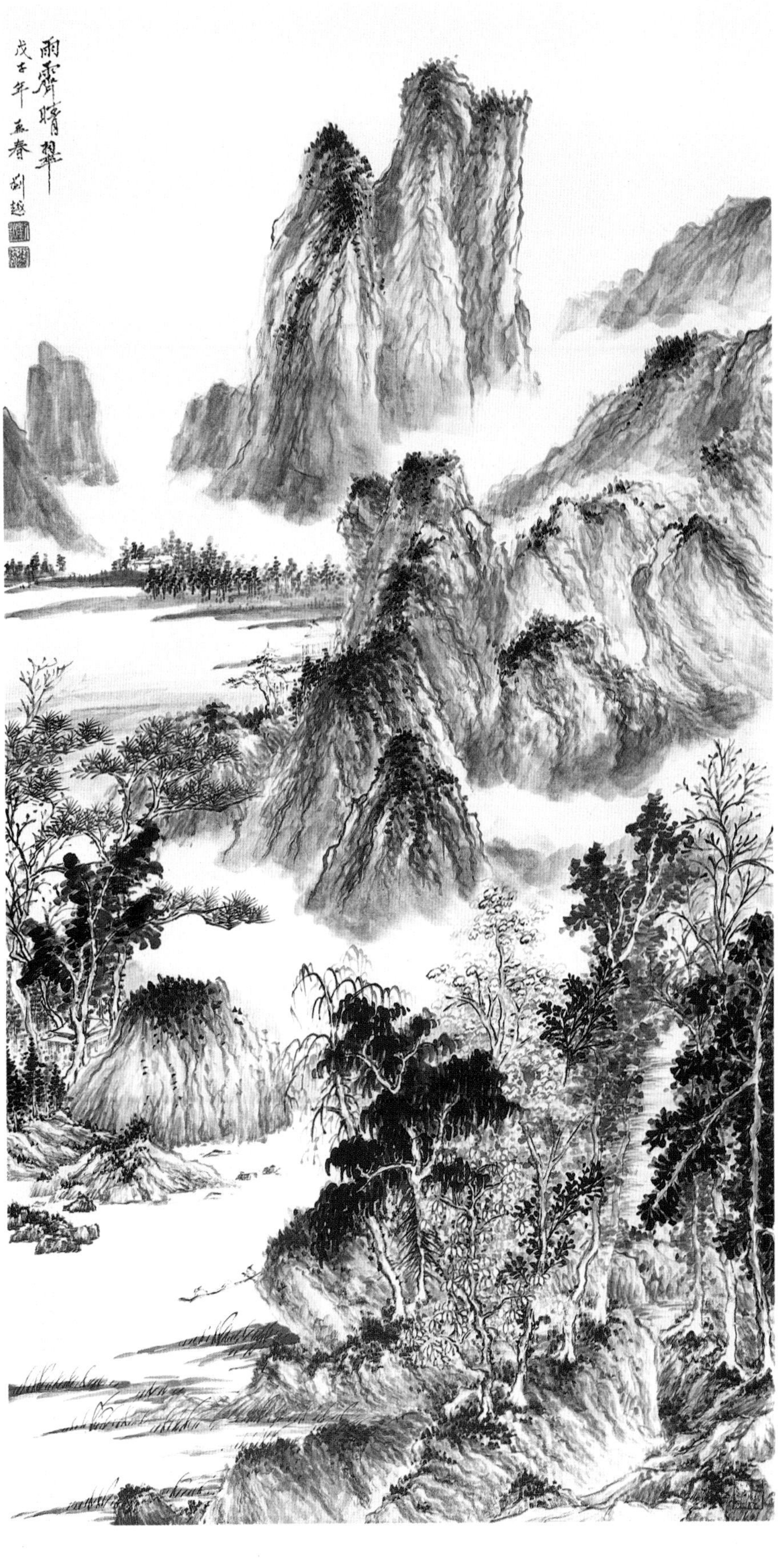

雨霁晴翠

作品尺寸 / 68cm × 137cm
创作时间 / 2008年

迎奥运书画名家作品集

绘画篇

迎奥运书画名家作品集·书法篇

綠色奧運綠色中國

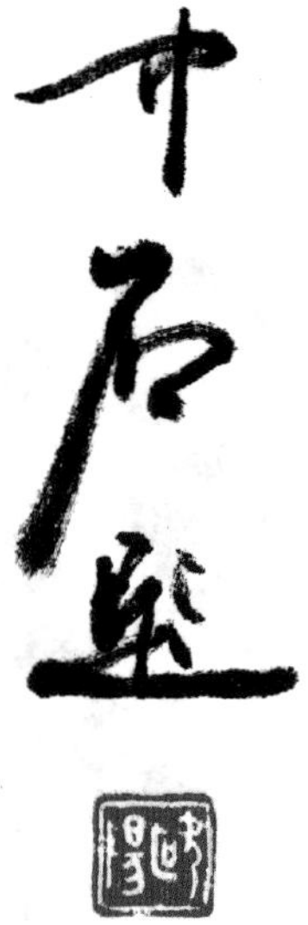

安徽美术出版社

目录 CONTENTS

青山绿水——中国艺术家的冀望

『绿色奥运、绿色中国——迎奥运书画名家作品展』是中国艺术家生态文化工作委员会工作的积极成果，也是委员会举办的生态文化公益活动。

党的十七大提出了生态文明建设，林业是生态文明建设的主体，国家林业局在二〇〇七年全国林业工作会上把生态文化体系建设列为今后建设三大体系的重点工作之一。之后，中国绿化基金会成立了中国艺术家生态文化工作委员会，主要是联系发动艺术家们参与生态文化体系建设，以艺术的形式展示自然生态之美，弘扬生态文化，提高全社会的生态环境意识。秉承这一宗旨，二〇〇七年十二月二十六日，由中国绿化基金会、中国艺术家生态文化工作委员会、中国美术家协会、中国书法家协会、中国国家画院、北京女美术家联谊会共同发起了『绿色奥运、绿色中国』生态文化行动。而本次展览则是此项生态文化行动的宣传活动之一，也是二〇〇八年全国首次以『绿色奥运』为主题的书画大型展览。

《绿色奥运、绿色中国——迎奥运书画名家作品集》汇集了入展的一百余位中国当代书画名家的优秀作品，作品皆以弘扬生态文明、绿化中华大地为主旨。参展的很多书画家都是中国艺术家生态文化工作委员会的委员，大家曾经一起为创立『中国艺术家生态文化公益基金』、建设『中国艺术家林』进行义卖，外出采风，冒着风沙植树，为建设生态文化园出力……可以说，这些公益性的活动与书画家的创作紧密相联。作品集中的这些佳作则形象地体现了艺术家们对公益事业的热爱和对生态环境的关注，闪现在书页间的是一种难能可贵的奉献精神！

启功先生生前曾书写『人与自然，厚地高天，草木丰茂，绿化无边』的诗句。老先生用艺术家饱含热情的笔锋高度概括了人与自然的关系和绿化生态的重要意义。一座青山绿水的家园是包括艺术家在内的每一位国人所希冀的，同时也是需要包括艺术家在内的每一位国人参与建设、付出努力的。我们相信，随着更多的人关注生态文化建设，投身到建设祖国美好家园的绿化行动中来，一个山川秀美、万物和谐的人居环境终会更早一天地到来！

苏士澍 范迪安

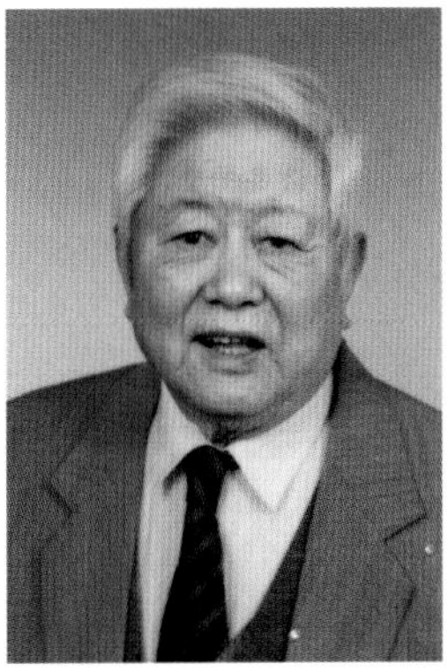

孙轶青 别号红霞寓公，一九二二年三月生，山东省乐陵市人。中华诗词学会副会长兼秘书长，第八届全国政协委员、提案委员会副主任。

自创诗

【作品尺寸】70cm×137cm

【创作时间】2007年

【释　文】人人争创和谐社会；户户应成小康人家。

丁亥夏　八五叟　孙轶青撰并书

人人争创和谐社会

户户应成小康人家

丁亥夏八五叟何钦寿撰并书

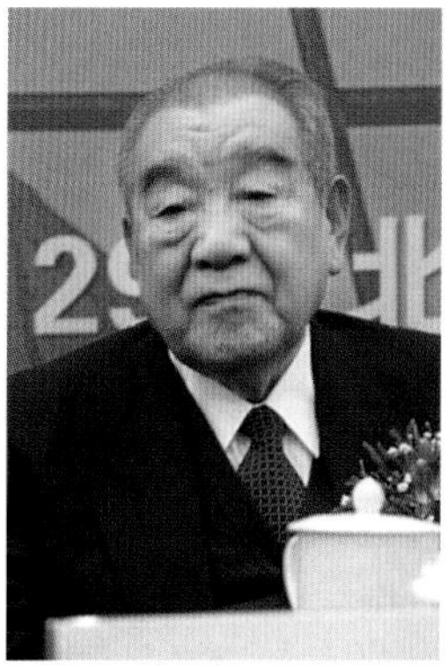

布　赫　一九二六年三月生，又名云曙光，内蒙古土默特左旗人，蒙古族。延安大学民族学院毕业，大学文化。全国人大常委会副委员长。出版有《布赫文集》、《布赫诗集》、《布赫文艺论文集》、《诗海纪行》等。

为祖国添绿

【作品尺寸】81cm×69cm
【创作时间】2000年
【释　　文】为祖国添绿；为后人造福。
庚辰年春　布赫

为祖国源泉
为众人造福

庚辰年春 布赫

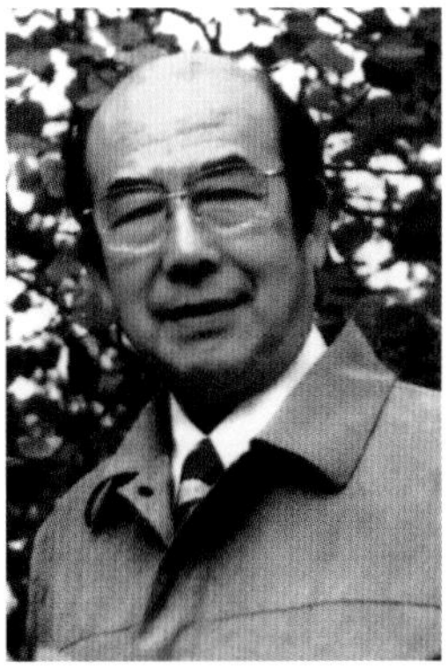

权希军 一九二六年八月生，山东烟台市人。历任中国书法家协会副秘书长、篆刻委员会副主任、刻字研究会会长、中国文联书画艺术中心顾问、中国书画名家网艺委会艺术顾问。出版有《权希军行草〈滕王阁序〉》、《权希军草书〈千字文〉》等。

苏轼诗一首

【作品尺寸】34cm×137cm
【创作时间】2006年
【释　文】黑云翻墨未遮山，白雨跳珠乱入船。卷地风来忽吹散，望湖楼下水如天

苏轼诗六月二十七日望湖楼醉书　丙戌年仲夏　权希军

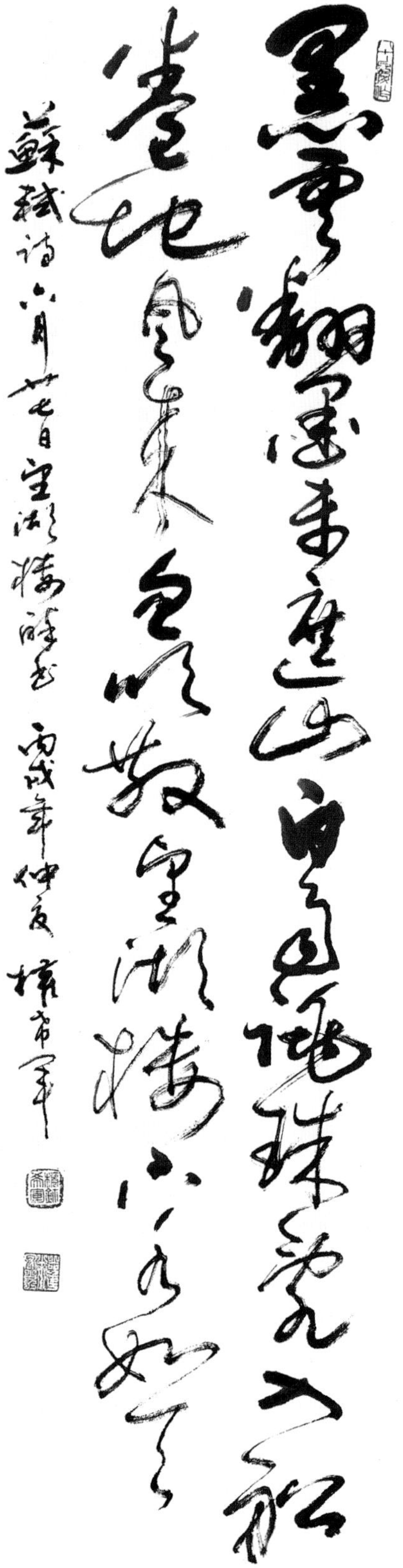
黑云翻墨未遮山
白雨跳珠乱入船
卷地风来忽吹散
望湖楼下水如天
苏轼诗六月廿七日望湖楼醉书
丙戌年仲夏

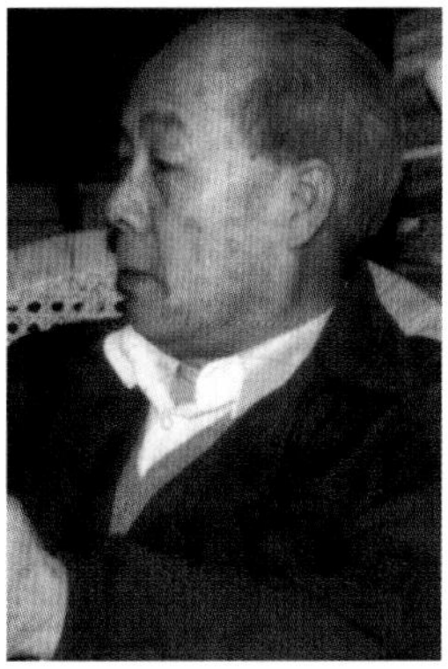

欧阳中石　一九二八年生，山东省泰安人。首都师范大学教授，博士生导师，中国书法文化研究院名誉院长，中央文史馆馆员，全国政协委员。

高山覆翠

【作品尺寸】69cm×69cm
【创作时间】2000年
【释　文】高山覆翠；大地含青。
绿化祖国赞　中石

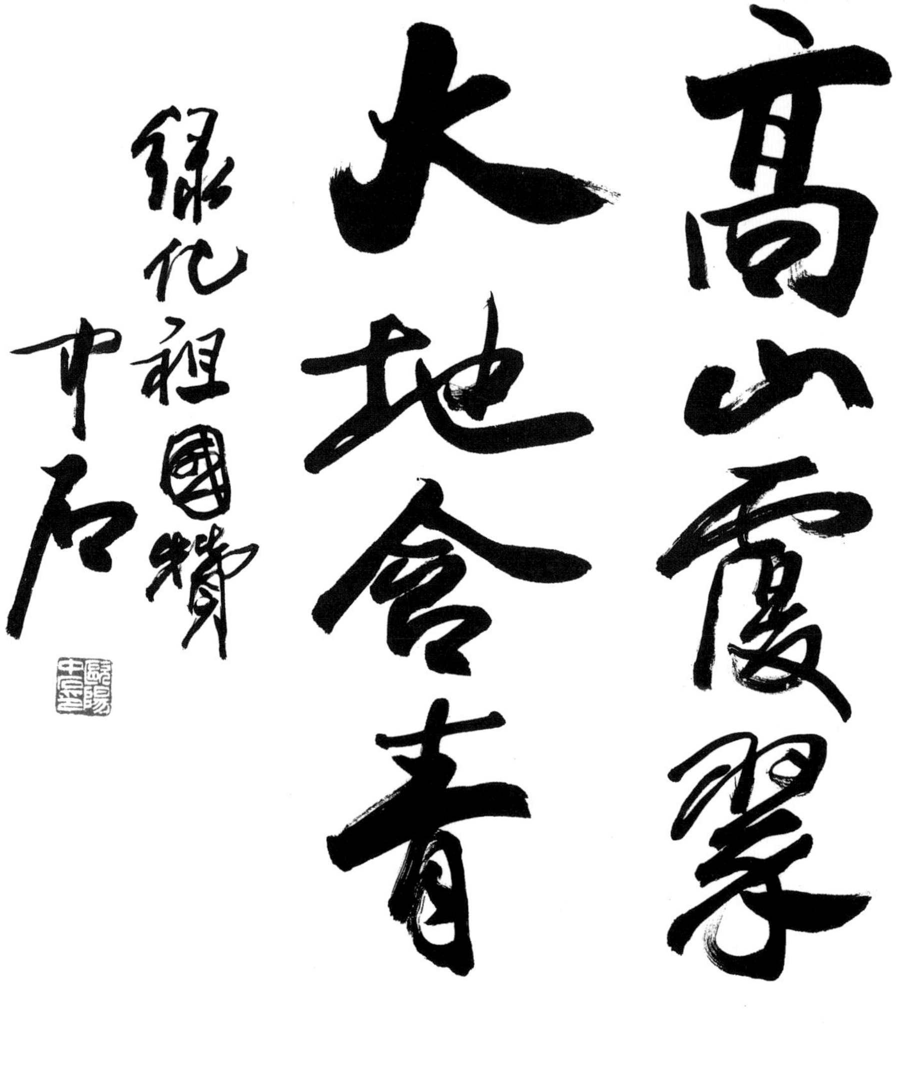
高山霞翠
大地含青
綠化祖國贊
中石
歐陽中石

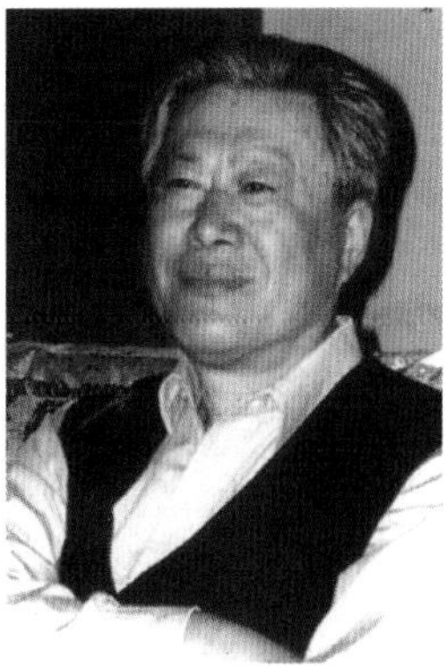

佟韦 一九二九年生，辽宁省昌图县人，满族。中国书法家协会顾问，中国书协书法培训中心顾问兼教授、中国教育学会书法研究会顾问。出版有《佟韦诗稿》，散文集《歌泣集》、《迎春集》、《章草卷》、《佟韦书法选》等。

自创奥运诗句

【作品尺寸】32cm×180cm×2

【创作时间】2008年

【释　文】百鸟齐鸣庆奥运；千山披翠绿中华。

佟韦

百鳥齊鳴賀奧運

千山披翠綠中華

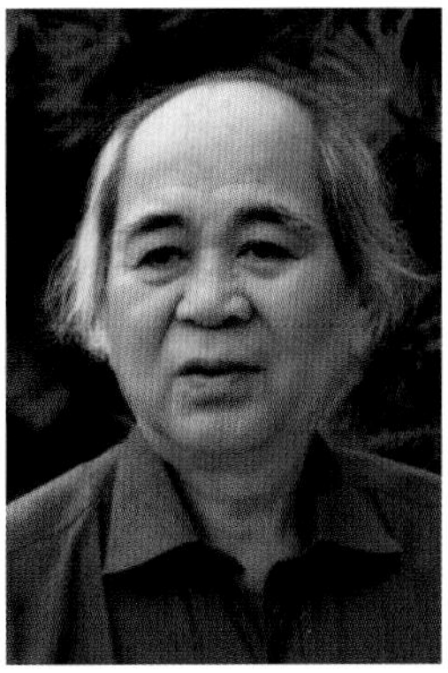

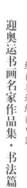

谢　云　一九二九年十月生，浙江苍南县人。中国书法家协会顾问、中国作家协会会员、中国书法家协会分党组原副书记、秘书长。曾任广西书画院院长。

奥运颂

【作品尺寸】96cm×180cm

【创作时间】2008年

【释　文】祝福您绿色奥运北京。古希腊的诗人唱道：众生互相传递着生命，正如赛跑的人一样，互相传递生命的火把，一片辽阔的阳光，无穷宽远的蓝天。每一株玉树瑶草琼花的绿，众生传递着生命，生命的阳光和煦普照，祝福您，绿色奥运北京。

戊子八十叟　裳翁　谢云

古希臘的詩人唱道
"眾生互相傳遞着生命
正如賽跑的人一樣
互相傳遞生命的火把
一片遼闊的陽光
無窮寬遠的藍天
每一株玉樹瑤草琮花的綠
眾生傳遞着生命
生命的陽光和煦照耀
祝福您綠色奧運北京
戊子八十叟裳翁謝雲

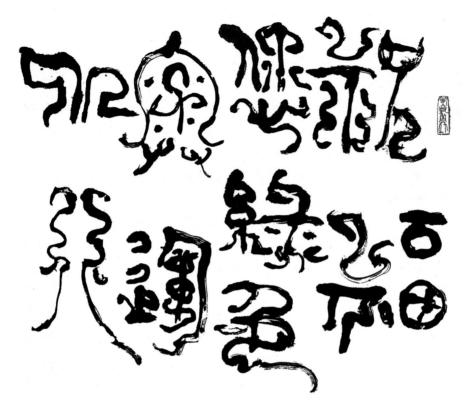

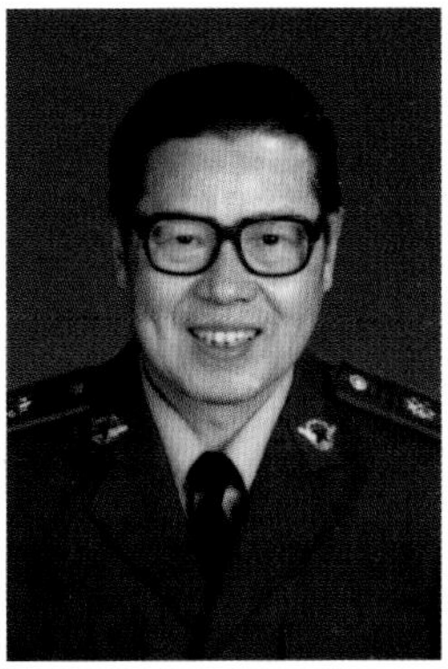

李　铎　号青槐，字仕龙，一九三〇年生，湖南省醴陵市人。中国人民革命军事博物馆研究员、文职将军、第九届全国政协委员、第六届全国文联委员、中国书法家协会顾问，享受国家特殊津贴。出版有《李铎和他的艺术》、《李铎书画集》、《李铎诗词书法集》、《李铎论书断语》等字帖和专集。

郑巢诗一首

【作品尺寸】180cm×97cm

【创作时间】2008年

【释　文】当门三四峰，高兴几人同。寻鹤新泉外，留僧古木中。蝉鸣槐叶树(雨)，鱼散芰荷风。多喜陪清(幽)赏，(清)幽吟绕石丛。

郑巢诗　陈氏园林　李铎书

当门三四峰高
兴发人同爱
楂斛芳分馏
僧去未和蛙鸣
槐叶松鱼散交
荷气鱼喜隐情
宾画竹猿五散

郑巢访陈氏园林　李毅书

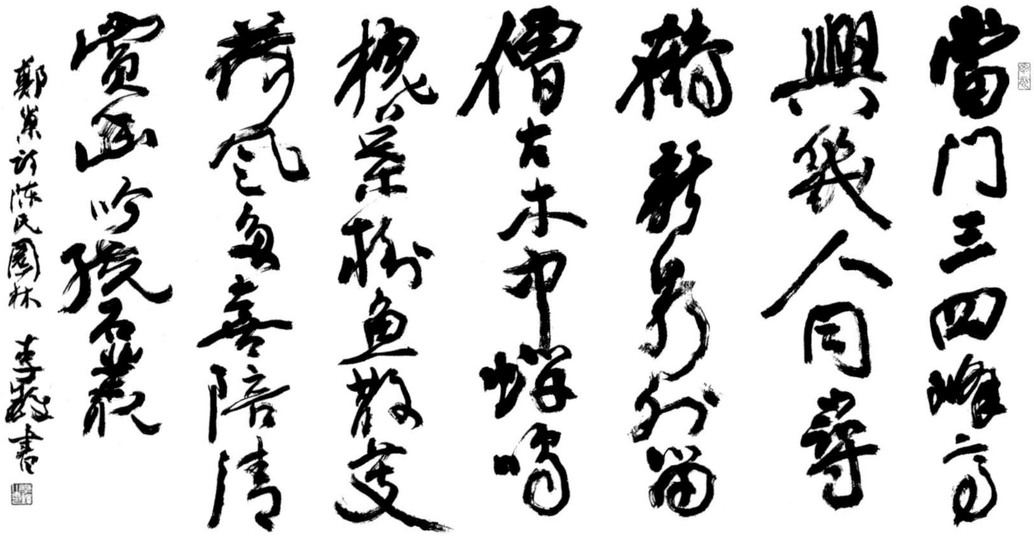

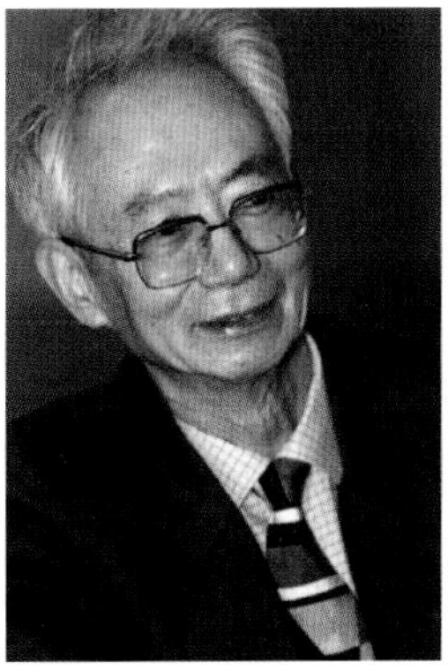

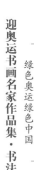

沈　鹏　一九三一年九月生，江苏江阴人。全国政协委员。中国书法家协会名誉主席、诗人、中国美术出版总社编审、中国美术出版总社艺术顾问等。首批国务院有突出贡献的专家之一。书法作品出版有《当代书法家精品·沈鹏卷》、《沈鹏书法选》等。

自创诗一首

【作品尺寸】52cm×87cm

【创作时间】2006年

【释　文】神农手自布嘉荫，世外园田天地心，本草 李时珍本草纲目 二千看不足，从来知味必躬临。

广西药用植物园

丙戌冬于介居　沈鹏诗书

神农手自布嘉荫世行

周田天地心本艸

李时珍本草纲目二八二個

不是从来知味好临

庚西药用植物图

丙戌夏于介居沈鹏诗书

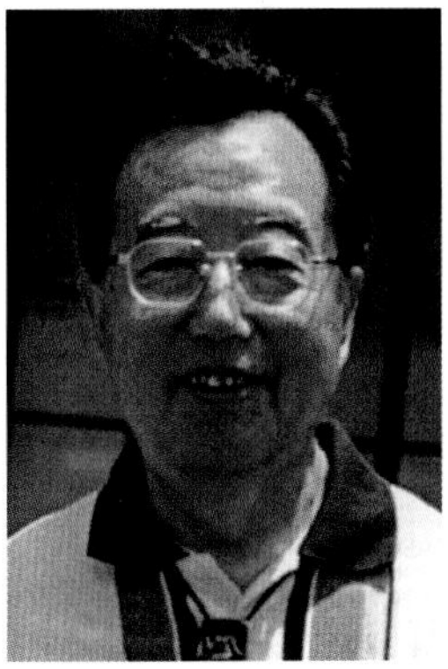

刘 艺 一九三一年生，原籍台湾省台中市。中国书法家协会顾问，兼任中国文联书画艺术中心副主任、中国楹联学会顾问等职，享受国务院特殊贡献津贴。出版有《刘艺草书〈滕王阁序〉》、《刘艺草书〈琵琶行〉》、《刘艺草书〈秋兴八首〉》、《刘艺章草〈千字文〉》、《刘艺书法作品集》、《刘艺诗书卷》等著作。

自创诗句

【作品尺寸】70cm×68cm
【创作时间】2006年
【释　　文】黄沙退去；绿野接天。
此景象为人与自然和谐之结果
丙戌仲冬实子刘艺

黄沙道
去研磨
槽工

人生自然和谐之强求
丙戌仲秋寶子以法書

北京象雨

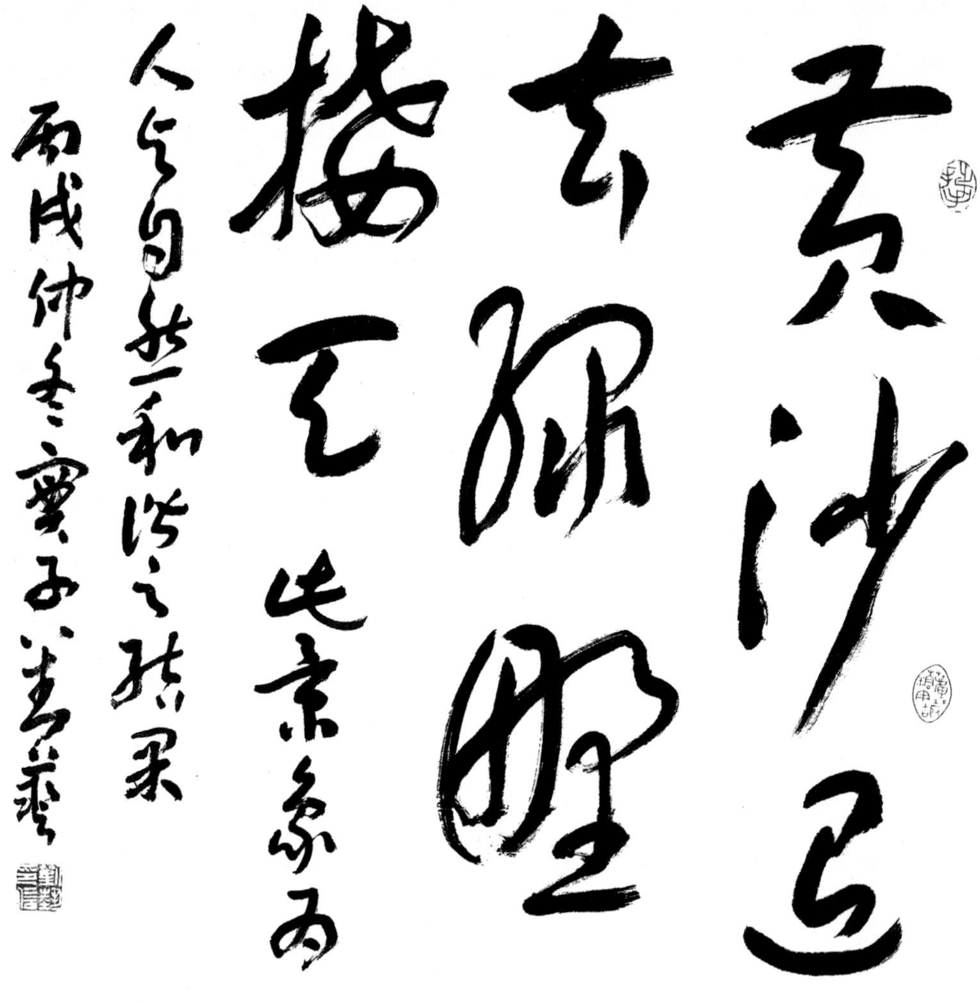

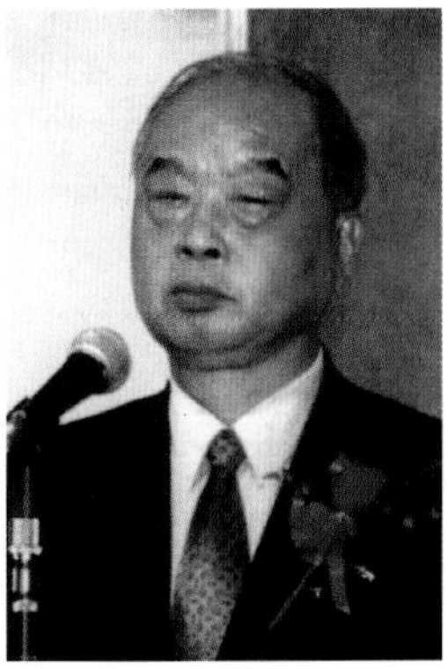

邵华泽 一九三三年六月生，浙江淳安人。历任解放军报社副社长、总政宣传部部长、人民日报社总编辑、人民日报社社长、中华全国新闻工作者协会主席、北京大学新闻与传播学院院长。主要著作有《生活与哲学》、《新闻评论概要》、《历史转变中的思索》等，撰有《浅谈一分为二》等论文。

春到人间万物鲜

【作品尺寸】68cm×70cm

【创作时间】2000年

【释　　文】春到人间万物鲜。

庚辰春　邵华泽

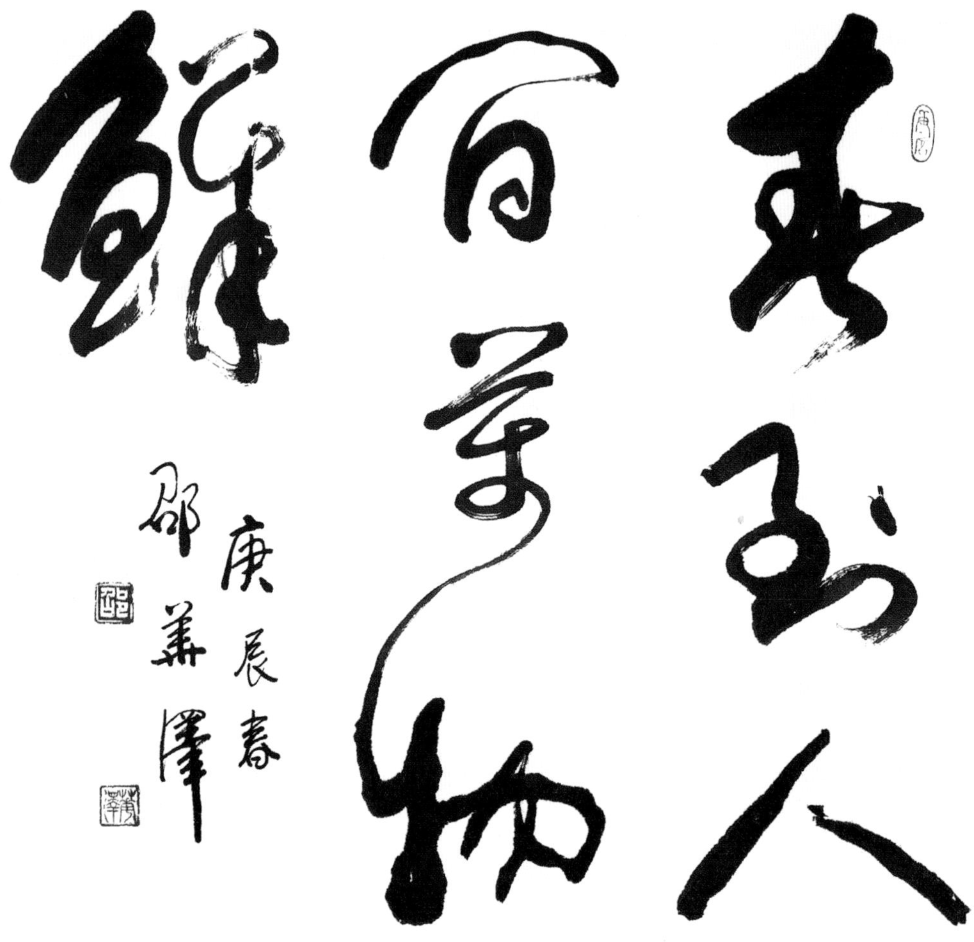
春到人间万物鲜
庚辰春
邵華澤

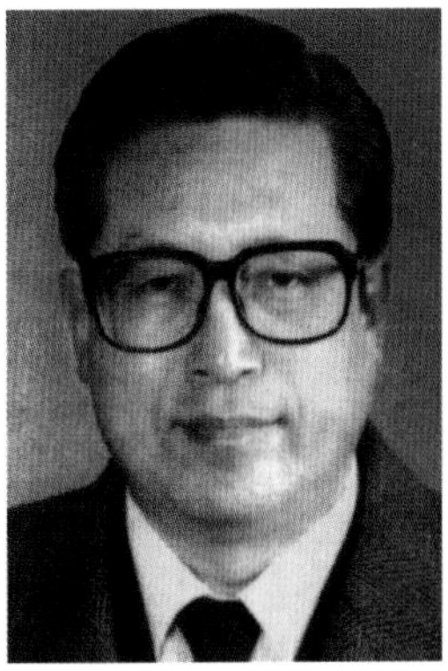

刘炳森　字树庵，号海村。一九三八年生，天津武清人。曾任北京故宫博物院研究员、中国书法家协会副主席、中国佛教协会副主席。

李白诗句

【作品尺寸】34cm×137cm×2

【创作时间】2000年

【释　文】李白诗句：梨花千树雪；杨柳万条烟。

雍阳　刘炳森书

梨華千對雪
楊柳萬條煙

李白詩句

雍陽劉炳森書

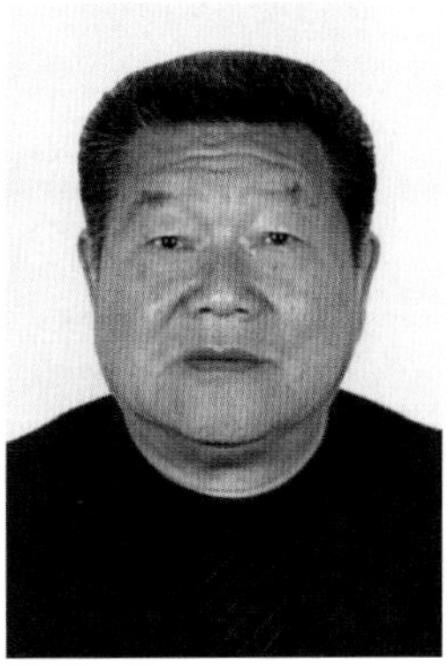

邹德忠 笔名齐惠。一九三八年二月生，山东烟台人。中央国家机关分会常务副会长兼秘书长、中国收藏协会副秘书长、中国书协书法培训中心教授。主编过《当代中国书法作品集》、《当代书法家书毛泽东及老一辈革命家诗词集》、《怀素草书全集》、《邹德忠书法集》等。

题竹诗一首

【作品尺寸】68cm×137cm
【创作时间】2005年
【释　　文】玉笋翩翩新苗条，一竿还比一竿高。扶摇直上凌云去，更吐丝纶钓巨鳌。

题竹诗一首　乙酉年冬邹德忠书

玉筍翩翩新發陳一年高
比百年高枝總直上凌雲
去處吐綠於鈎巨鼇

題竹詩一首 乙酉年冬 謝德照書

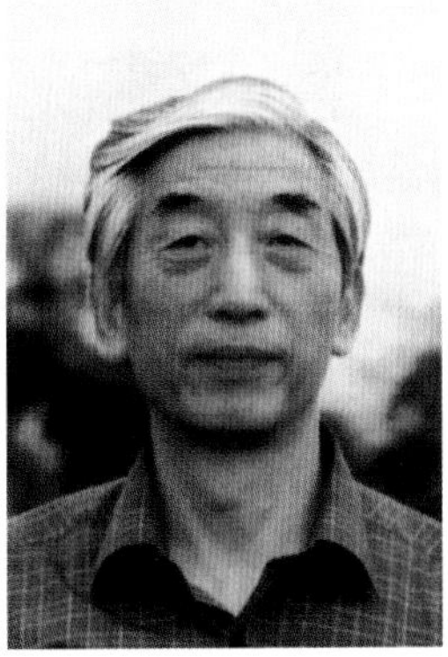

张　海　一九四一年生，河南省偃师市人。全国政协常委。中国书法家协会主席，第八届、第九届、第十届全国人大代表，国务院批准有突出贡献的专家。出版有《张海书法》、《张海隶书两种》等。

自创诗句

【作品尺寸】34cm×138cm×2
【创作时间】2008年
【释　　文】道术原经正；文章扫秕糠。
戊子正月张海

道術原僧正

文章押紙籍

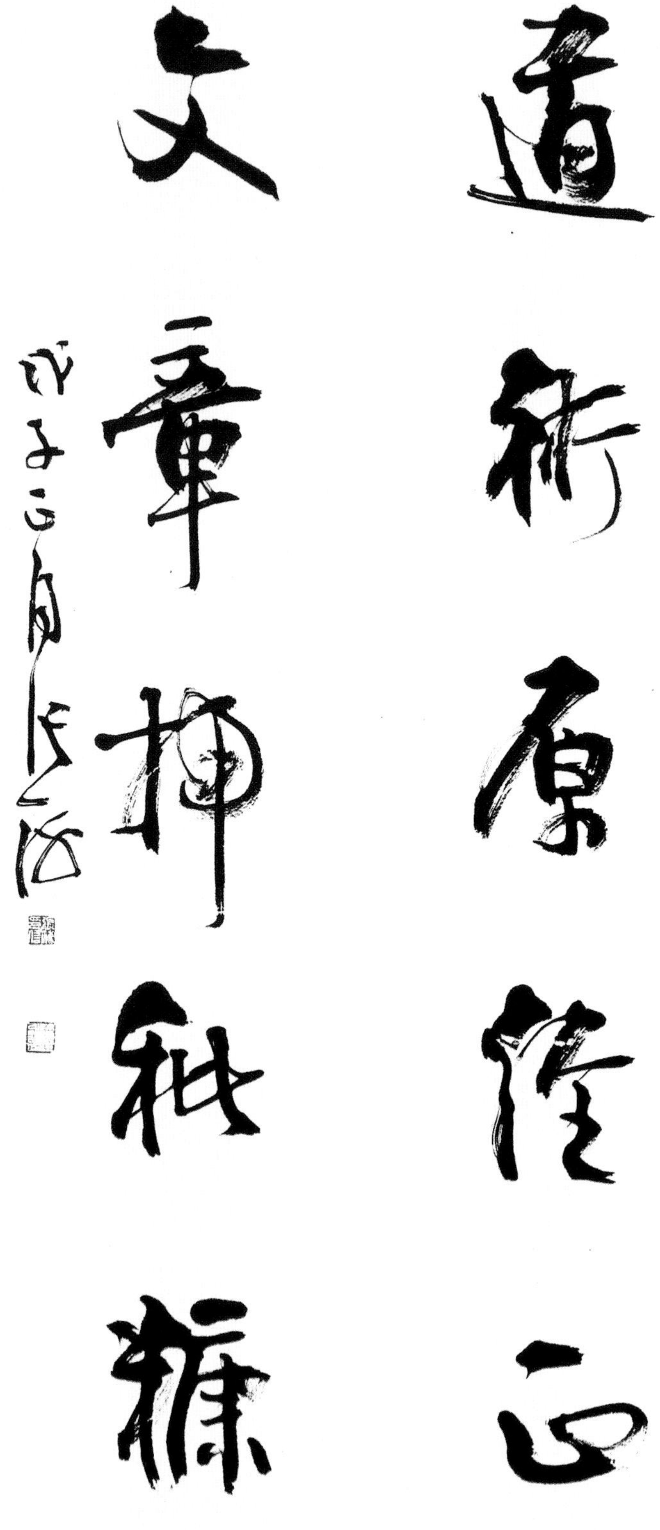

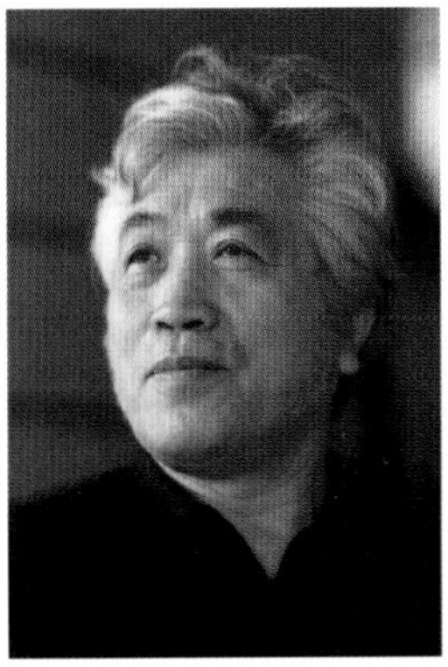

张有清　一九四二年生，北京人。第四届中国书法家协会理事、中国书法家协会评审委员会委员、中国书法家协会培训中心教授、北京书法家协会名誉副主席。

自创奥运诗句

【作品尺寸】53cm×232cm×2

【创作时间】2007年

【释　文】丁亥冬小寒时节

大比几番云翼举；中兴五福健龙腾。

张有清书于京华锦苑

大比幾番真翼舉

丁亥冬小寒時節

中興又福健龍騰

張有清書於京華錦苑

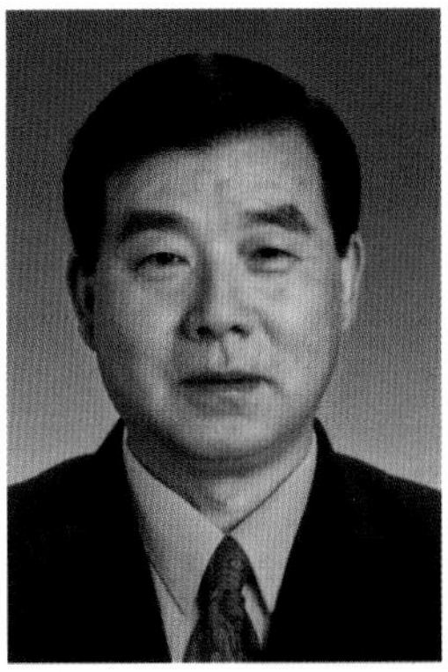

赵立凡 一九四三年生，江苏省宿迁市人。中国楹联学会顾问、中国书法家协会理事、原中央电视台副总编辑。出版有《赵立凡诗词书法集》、《赵立凡书法艺术》等多部作品。

自创七言诗

【作品尺寸】137cm×68cm

【创作时间】2006年

【释　　文】吉祥三宝传天音，太阳月亮伴星辰。万象更新花烂漫，和谐友爱胜春馨。

观春节晚会吉祥三宝　丙戌新正试笔

赵立凡

吉祥三寶

傳播音太陽

月亮伴

星辰萬象更

新花開後

和諧友愛揚

吉祥

戊子新正試筆 趙立凡

取吉祥三寶

取十吉祥晚會

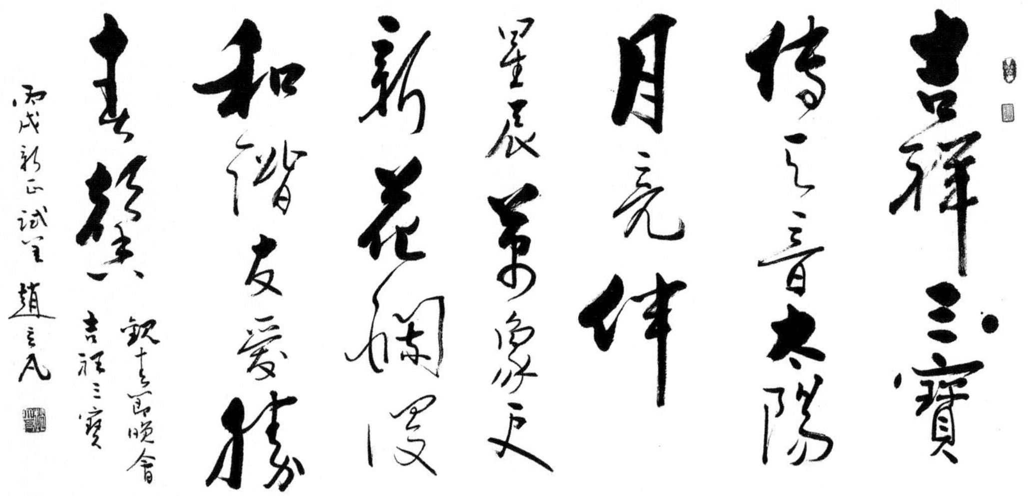

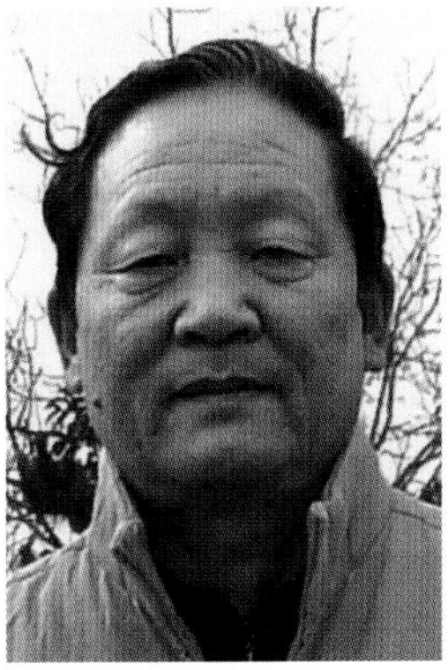

武春河　一九四四年生，河北徐水人、原光明日报社社长。全国政协委员、中国书法家协会理事、中央直属机关书画协会主席、大型书画杂志《中国书画》名誉社长、《中国书画》专业委员会主任。

王维诗句

【作品尺寸】35cm×137cm×2

【创作时间】2005年

【释　　文】王维诗句：明月松间照；清泉石上流。

乙酉年冬月　武春河书

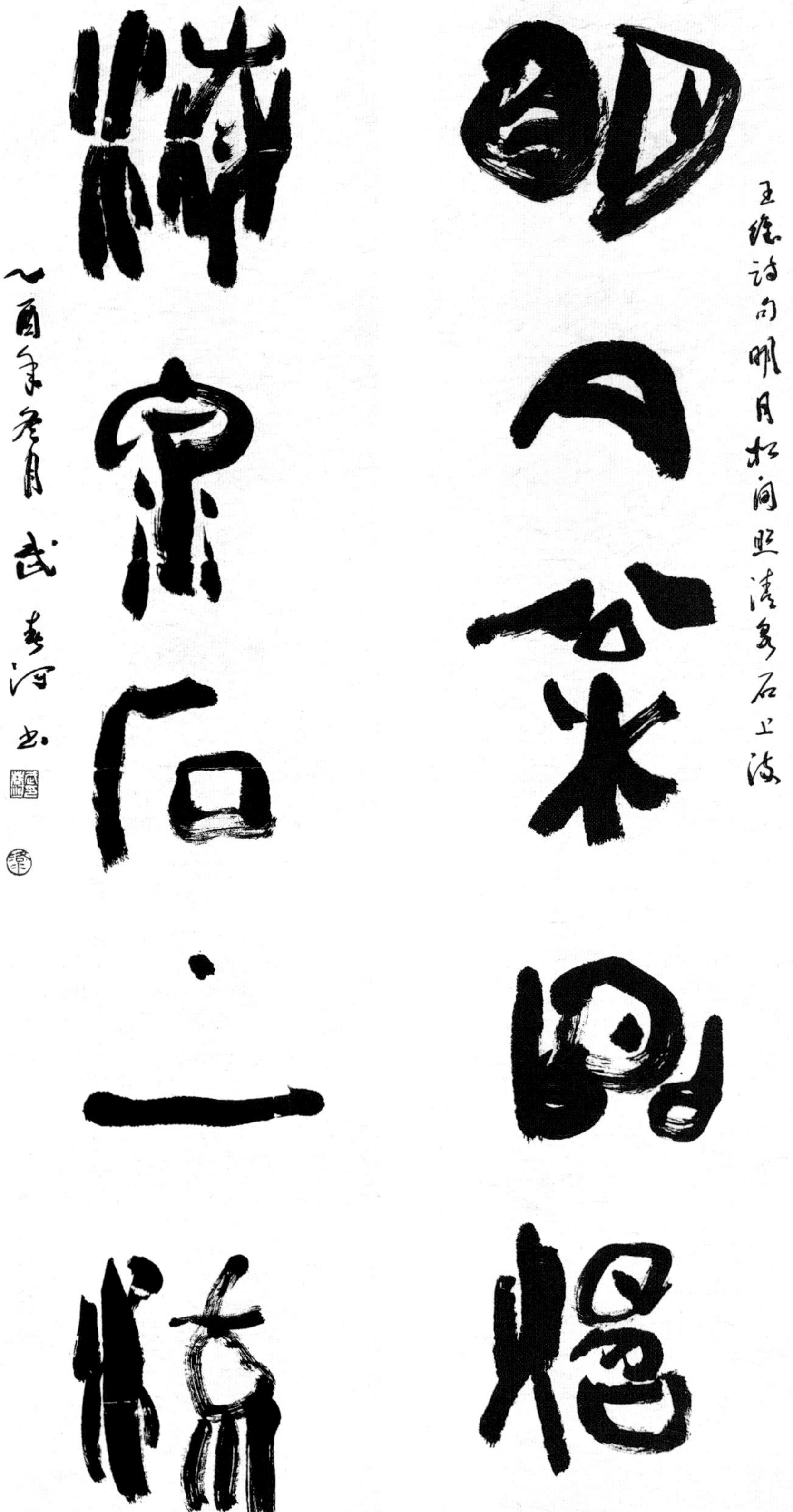
明月松间照
清泉石上流
王维诗句明月松间照清泉石上流
乙酉年冬月 武春河书

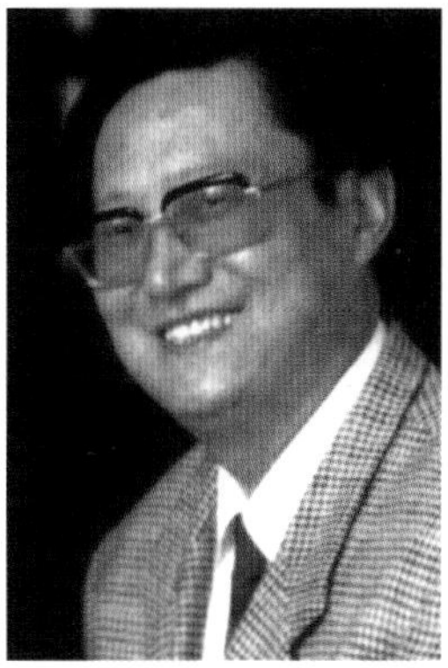

周志高 笔名季高，一九四五年一月三十日生，江苏兴华市人。《书法》杂志执行主编，中国书法家协会第一届、第二届常务理事，第三届理事，中国书协培训中心特聘教授，中国书协编辑出版委员会副主任。出版有《周志高书法》、《周志高书法专集》等。

曾几诗一首

【作品尺寸】69cm×138cm

【创作时间】2007年

【释　文】梅子黄时日日晴，小溪泛尽却山行。绿阴不减来时路，添得黄鹂四五声。

宋　曾几诗　三衢道中　周志高书于京华

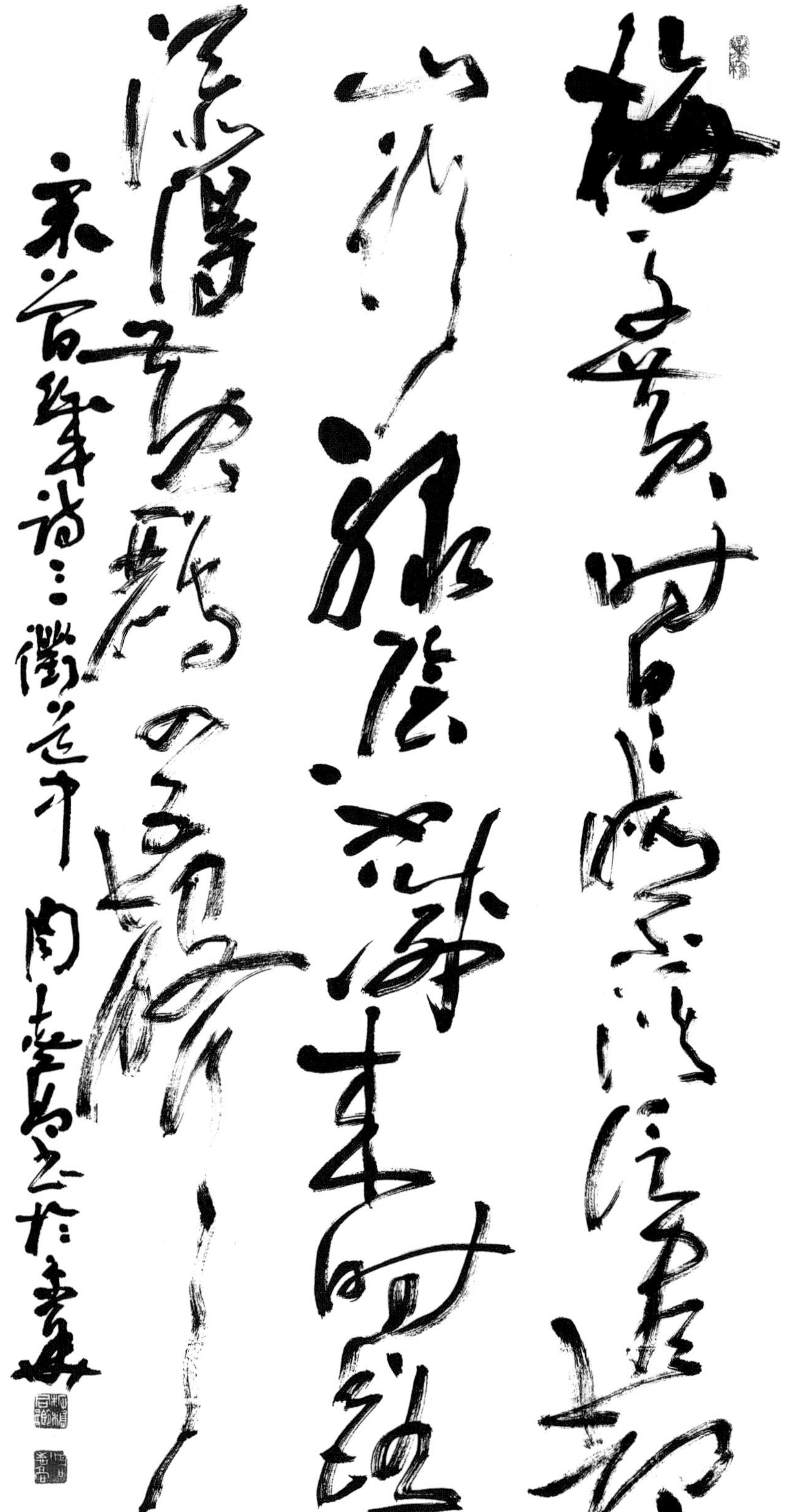
梅子黄时日日晴
小溪泛尽却山行
绿阴不减来时路
添得黄鹂四五声
宋曾几诗三衢道中

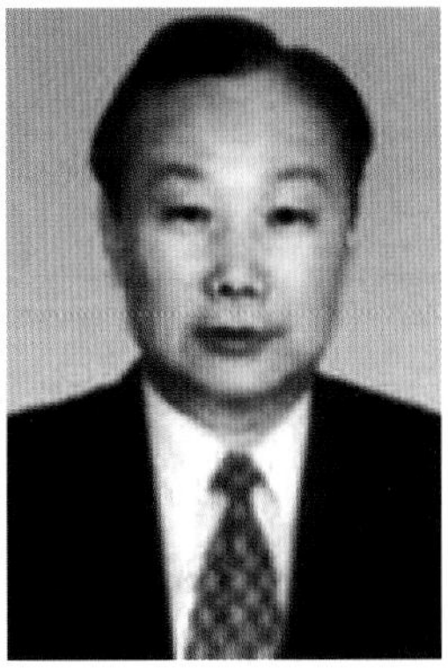

赵学敏 一九四五年十月生，陕西三原人。原国家林业局党组成员、副局长，现任全国政协委员，中国书法家协会理事，中国野生动物保护协会会长。

奥运赋

【作品尺寸】1600cm×120cm

【创作时间】2008年

【释　文】

公元二〇〇八，贰玖奥运在京。全球为之呼吸，亿万为之伫（瞩）目，旷世无前。予壮其盛，遂作斯赋，赋曰：

夫奥运者，现代奥运之谓也。史源希腊，古今有别。始，希人为尊万神之王宙斯，于前七七六年立节以庆，约四年一举，地择奥林匹亚，曰奥林匹亚赛。每逢其典，体乐文皆备，历时十六日。胜者折桂橄榄，刻石雕影，备极崇幸。其俗绵延千载，始盛终衰，止于公元三九四年。此为古之奥运，系为希国一地之赛事也。今之奥运，始自一八九六，已历百年。先是，法人顾拜旦，倡复奥运。应者鹊起，聚首巴黎，决袭希奥之名，四载轮换，易地而行。旨宗友谊，帜挚五环，寓五洲共举之会也。于是，地不分欧、亚、非、澳，人不择黑、白、棕、黄，能者为伍，万国一擂。更添人文灌输、吉祥择物、会徽征选、圣火传递，启毕艺演，奏凯升帜，凡此呈善争荣之举，莫不登峰造极。是故，与赛者神之往之，个个思折桂如跃龙门，出手不遗余力；人人慕摘金如登麟阁，拼搏何惜剩勇？破旧标（新，记录无极限之说；昨是今非，王者无常岁之冠。击心震魄，竞者吁吁，观者吆吆，天下为之倾倒，人间为之疯狂，遂成寰宇无匹之大观也。

奥运百年，其况逾巨，其势逾炽，人皆思而主之。每届轮换，申办者趋之若鹜，东游西说，莫不使尽浑身解数。廿九之会，逐鹿逾烈。决出之日，奥官齐聚）俄都。亿万决眦，惟恐失报；全球屏气，只待消息。会终，萨翁一语天惊：东道有主，北京胜出！此语忽如坠雷，中华为之沸鼎，爆竹争鸣不眠之夜；世界为之颔首，贺函纷致难了之情。至是，史碑重立矣！

嗟乎！奥运之于中华，实非寻常之择：在彼为通塞衔源，弥了缺憾；在我乃厘弱厕强，夙愿终偿。想我中华，亦为世界体运之滥觞者，其情其史非迟于希之奥运。追远溯源，可佐可陈者莫不彰然于史。今之靡世之事，其巨莫过于足赛，然我蹴鞠为戏，已盛数千载。迹遍临淄，『鞠革为之，蹋之为戏』，实为足球之祖。春秋论剑，『追形逐影，光若仿佛』，堪为击剑之先。汉代百戏，『乌获扛鼎』，当为举重之始。《诗经》载泳，『就其深矣，方之舟之，就其浅矣，泳之游之』，游泳之举，实为我宗矣。竞舟之赛，远古已习，汉唐逾兴，『棹影斡波飞万剑，鼓声劈浪鸣千雷』。其况之壮，今人观之，亦叹弗如！若乃竞射、角力、赛马、操技之类，行世历久，皆可为始为先。奥运移播中华，无异临源慕宗之举，补益了憾之行也。

神州之主东道，国人孰不喟古叹今？泱泱中华，万古隆荣，而近世蒙羞。清廷昏昧，丧权辱国，列强聚而瓜剖豆分，倭寇侵而鲸吞蚕食。我为鱼肉，求存尚且难保，哪得益文强体；人为刀俎，亡我惟恐不速，何能争雄一席？是以生灵涂炭，骸骨布野，百年饮恨，英灵泣血。于是，志士救亡，振臂揭竿，挽狂澜于既决，扶大厦之将倾。百折不回，赢得中华新生。想十届之赛，刘氏长春，只身与会，孑然吊影，观之悲怆。然时异景迁，廿叁洛会，组军首战，浩荡之势，睹者刮目。更有许氏海峰，一枪而中首金，开元鎛无，世界始呼，眠狮复醒矣！自始，届届以步以进，会会以进以前。廿捌大会，囊金卅贰，位列季前。终显体育强邦之雄，尽洗东亚病夫之辱。国运强盛，谋扬威之于域外，思奥运不出国门。此愿既萌，举国同应。国奥申委，奋争罔顾途舛；何公振梁，奔波不惜头白。几代戮力，百年梦圆。

雅典易旗，北京接帜，五环在握，奥运移宅。新主北京，千年古都，中华腹心，形胜天下。左环沧海，右拥太行，南襟河岳，北枕居庸。九陌辐辏，八方咸通。吸纳五洲，进出万邦。宏广荧煌若是，何忧一会之操承也？

至乃青岛、香江，辅赛之地，佳象可陈。青岛者，胶湾之布，古属琅琊。曾经秦皇莅境寻仙，又历唐宋板桥开埠。临洋面海，实乃较帆之胜地。香江者，香港之别谓也，古粤之域，南国之户。久誉『鳌洋甘瀑』之胜，史传『红香炉港』之说。九七归国，更隆其盛。中外容融，独枝一秀。择地赛马，上乘之算也。

东道之就既位，万象始于新栽。理念立三，曰绿色、曰科技、曰人文。是故穹霄勤于打扫，引清控浊，天无尘游纤浮之翳；九衢频加收拾，布荫散爽，地有绿怯红羞之木。场馆之设，汇中融外，叹天工之错落；景观之立，博古寓今，疑人事之神移。至若人文奥运，彰文明，昭风范，言谈好客之主，举止大国之风。

会事之重，亦在定徽立标。廿九会徽，展中华之国风，现奥运之精神：中国印，汉字形，似人似京，如舞如奔，五环相配，年号相间，形活而意深也。

尔其寓物吉祥之选，福娃五抱：曰贝贝，曰晶晶，曰欢欢，曰迎迎，曰妮妮。字谐其音，『北京欢迎你』；色仿五环，红黄蓝绿黑。散福送祥，睹者悦目，五位一体，创奥运吉祥之数最矣。

更有口号主旨：『同一个世界，同一个梦想』。纳天下之意愿，融北京于一会。大哉斯旨，『同一个世界』：天同圆，地同方，日同时，人同心，情同怀，行同宗，竞同规；『同一个梦想』：同此希望，同此追寻，同此期盼，同此理想，同此祝福，同此收获，同此荣耀也。百年一会，永世遗芳。大同之梦，尽圆北京奥运矣。

予铭五内，感天地之有情，叹山河之壮色，吁空而颂曰：永远的奥运！永远的北京！永远的中华！

应中国绿化基金会之邀贺廿玖北京奥运盛事书王金玲奥运赋　丁亥岁末　赵学敏

公元贰〇〇捌廿玖奥运在
京全球为之呼吸华夏为之
倾目睹其盛事壮举者
叹以北京之夫奥运者现代
奥运之谓也其史源头借古今有
希腊人为尊神之主宙
斯而举祭之盛会节以庆祝
四年一届地择奥林匹亚其
林匹亚赛者无虚器乐文
比传盛时十余日赛者折桂枝
桂枝而冠雕刻偶像条
作斯后千载相传经丧而止於
公元三玖柒年此为古之奥运
东为东国一地之盛事也今
之奥运始自壹捌玖陆已历百年
先是法国顾拜旦复奥运发起者
系之已发决议表其奥之名也哉
然後为地为何皆家友谊惟盛
而后一之开幕之会而为
光荣传播北为奥会之先汉代百
戏为蹴鞠唐为马球宋之踢毽蹴
何就其源有方之舟之就其法有流之
游之游後之宋实为宗之统分之
实追古之习清唐各追奥棒韧拳腹
民华剑技武赛跑鸣千古至
谓手力实为精技之艺何其历久也
况之壮人技之亦华赫而华之统
于为始为先奥运移播中华奥实
谊源华宗之宋诸葛之怀之何也神
州之东之国人孰不以古兴今法之
中华万古继荣为近世第嘉湛追
自昧表极辱国为强强而风利至今
体弱健而余各辛未为之内而存
为且难除以为文强掷人为刀俎之
亦难忍而速以其奔雄一丧是以生
灵涂炭谈言者勤之为以悔者空
法自於是志士救亡振聋揭竿
换难深於既决扶大厦之将倾
而新而四千余年以中华新生於十
万之灵黔民七寸又八才为会子孙穿
新观之然后遂大为实之不竟中兴之
江山焦港之谓如古贯之域中
国之户人之与发浮甘泉之称史
传承之短汉之说玖深蹈国文
随至先也中於容强独枝一秀振
地实为上万之算也东之之然
现代华夏犹於新哉理念之二
强色一科技人文先於宫宵
勤於打扫引清拭洒下至蓬
游行浮之巍九阁斯加收拾如
暮散爽地之绿娃和万之木扬
饯之设集中驰於收下土之错
荟京观之古博古东今数人事
之神收至万人文奥运新文明明
风采之收而无之其来此大国之
风会事之重亦在空汉古今廿九
会尚展中华之国威现奥运
之精神中国凭汉字彰心人之
气如舞如火如文猛将观兵归
拥同彰浩为之深也属於事物

长千年跋涉奥运人而得其精
古往今来为经万国一体之系人文
沧桑奋发拼搏体会激流选登高
传递理念融汇演变凯升腾飞出
呈万千华之景象而皆以运动为先
彰显奥运精神之恒久五环彰如理
龙门生而不息努力人之意志坚如
坚韧宏扬拼搏何惜我身破纪录
体育健儿跃然出于故土全球屏
气之所钟自古会经万难一屈
而精东方巨龙北京腾出此浪起如
环宇中华为之沸腾国际竞争之示
眼之旗光辉为之闪烁奋斗不殆难了
之情至今史册重书中国申奥运之
于中华实现百年之梦在彼为
通灵滔滔锦绣山河更为壮观
历经风雨未想到中华亦为主
界体运之激情奏响史记奥运于
希之奥运也达高潮于北京者若
新世纪之历史之事业更莫
为之骄傲我已为之感叹
千载志为之留芳为之祝之为我
实为之球之种春秋诸多追新

会组年之战浩荡之势时至利国
更有许氏海峰一枪而中首金
开之辉煌世界始识中华体坛
万众欢呼以来以奥运会以奇
廿载大会囊金卅式位列季军於
影视育强郭之雄奥冼东直称先
之尊国运强盛体育盛之域兴
是奥运不出国门此民所愿今来国
同历国奥申奥未遂年望风远神
后以投票激爽不惜所不穿代战
力百折争奥国转出而旗北京胜出
又疆东馆奥运启建新建北京于
年古老中华振心所归于六在
将浩海大潮长行而标同岳北
执庄严仪陌锦幡八方诚迎收纳
天涯登峰华部容广帝程碧
奇仁协实之伏体育于诸专为世
之以谁一会之择其也而书为
铭记之功古为瑶骨厘者
皇城境界似文唐宋板桥耕牌
琼浪而波定万竞帆之揉映矣

吉祥之吉运福娃手把一贝之一尽之一武
五个运之一娃之宇许其青北京欢迎
你色仿五环亦春意欢乐友谊福送
祥时去悦目不仅一线我奥运主
旨之数最不育更有口号主旨同一
个世界同一个梦想为天下之会
民所北京来一会大功然告同一个
世界天同圆地同方日同时人同心
精同情何同宗统同视同一个
梦想同乐在奥运同时
愿明同此理想同此福同此收
获同此荣耀也百年一会今而圣
奥运若大同之梦想圆北京奥运
千年盛世内盛天地之有特荣
以汉之壮气呼尔为汉之华运的
奥运之新奥运的北京新奥运的中华

为中国扶贫基金会之邀
贺廿九北京奥运盛事
书五圣於奥运馆
丁亥秋末赵学敏

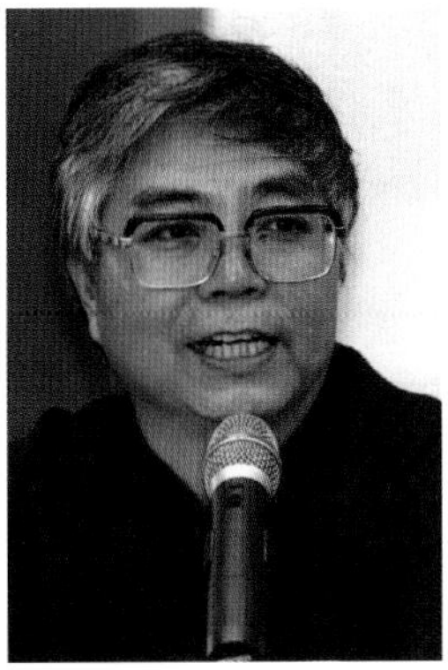

张飙 汉族，一九四六年二月生。中国书法家协会顾问、中国书法家协会中央国家机关分会会长、中国纪实文学研究会副会长、中国环境文化促进会副会长，享受国务院特殊贡献津贴。

自创诗句

【作品尺寸】69cm×138cm

【创作时间】2008年

【释　文】一夜东风劲；万树绿满枝。

丁亥年冬月于京之天歌轩　张飙

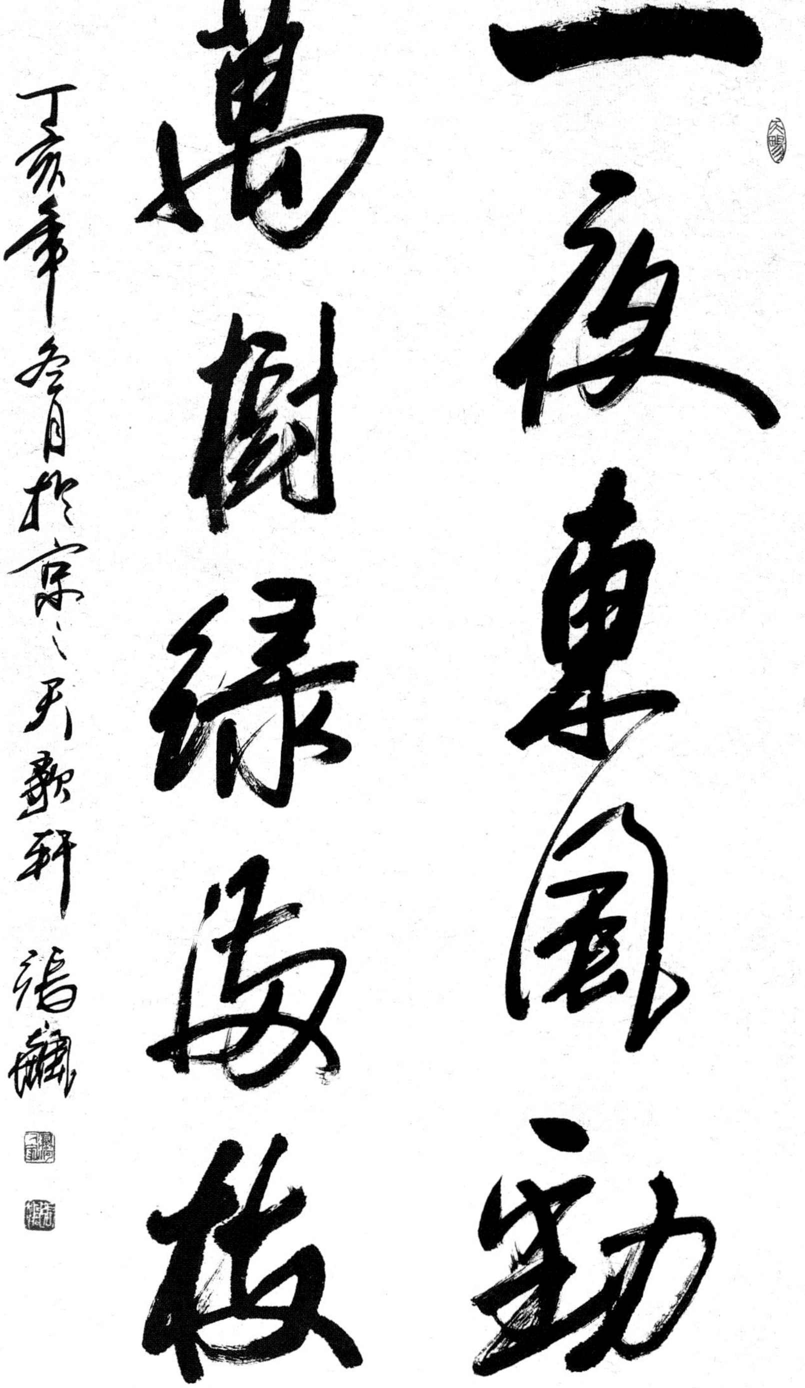
一夜東風動
萬樹綠滿枝
丁亥年冬月

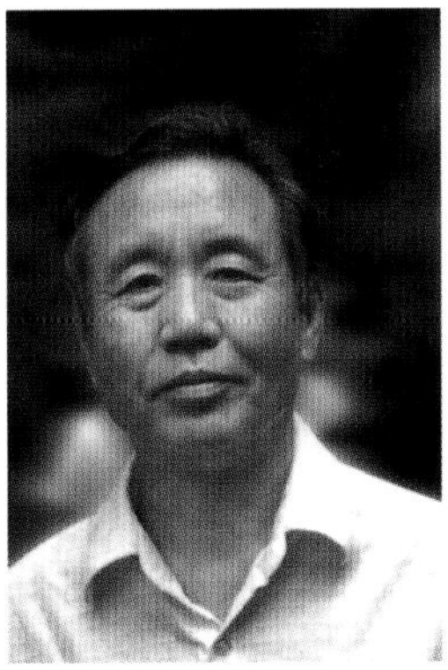

谷 谿 一九四六生，山东威海人。人民美术出版社编辑，北京书法家协会副主席、评审委员会主任。编辑出版了《齐白石精品集》、《石刻大观》等大型书画集。

古松赞

【作品尺寸】137cm×55cm

【创作时间】2006年

【释　文】幽阴蒙茸，仰其擢干。偃举千重，奇柯以恭。叶张翠盖，枝盘赤龙。下有蔓草，不凋不荣。惟彼贞松，势高而险。屈节倒挂，徘徊变通。

录荆浩古松赞丙戌元月 师鲁斋主谷谿于京华

幽陰蒙茸
仰其擢幹
偃舉千重
奇柯以恭
葉張翠蓋
枝蟠赤龍
下有蔓草
不凋不容
惟彼貞松
勢高而險
屈節倒挂
徘徊變通

錄荆浩古松贊丙戌元月
師魯齋主谷碩於京華

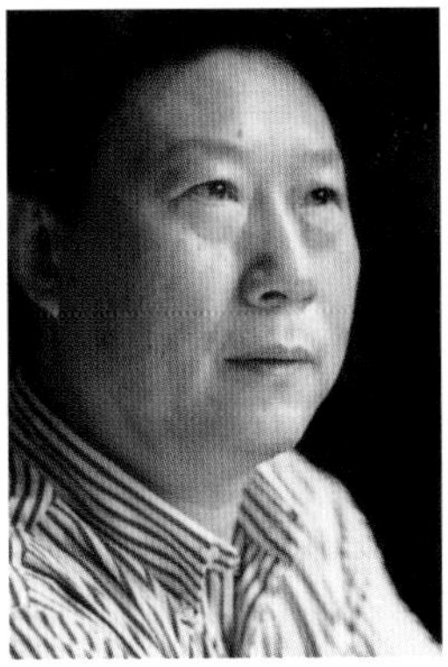

杨炳延　一九四八年三月生，河北新河人。中国美术馆副馆长，中国书法家协会理事、鉴定评估委员会副主任。

贺知章诗一首

【作品尺寸】76cm×83cm

【创作时间】2008年

【释　文】碧玉妆成一树高，万条垂下绿丝绦。不知细叶谁裁出，二月春风似剪刀。

贺知章诗　秉延书

碧玉妝成一樹高
萬條垂下綠絲絛
不知細葉誰裁出
二月春風似剪刀

賀知章詩 秉廷書

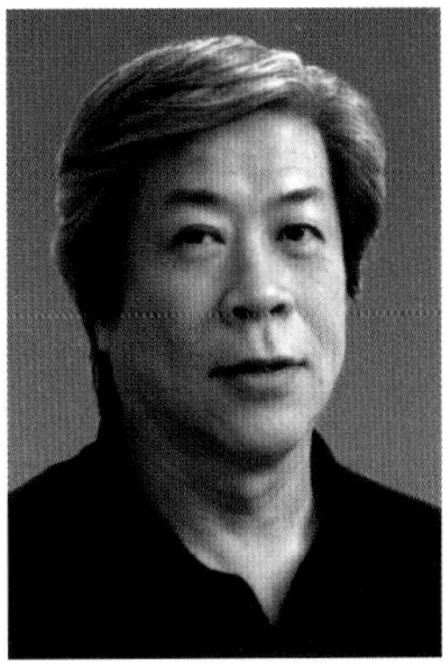

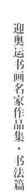

白煦 笔名师然。一九四九年十月生，北京人。中国书法家协会理事、展览部主任，中国书法家协会行书专业委员会秘书长、书法培训中心教授。著有《白煦书法作品精选》等。

王维诗一首

【作品尺寸】52cm×235cm

【创作时间】2007年

【释　文】桃红复含宿雨，柳绿更带朝烟。花落家童未扫，莺啼山客犹眠。

王维田园乐之一　丁亥腊月燕丹　白煦

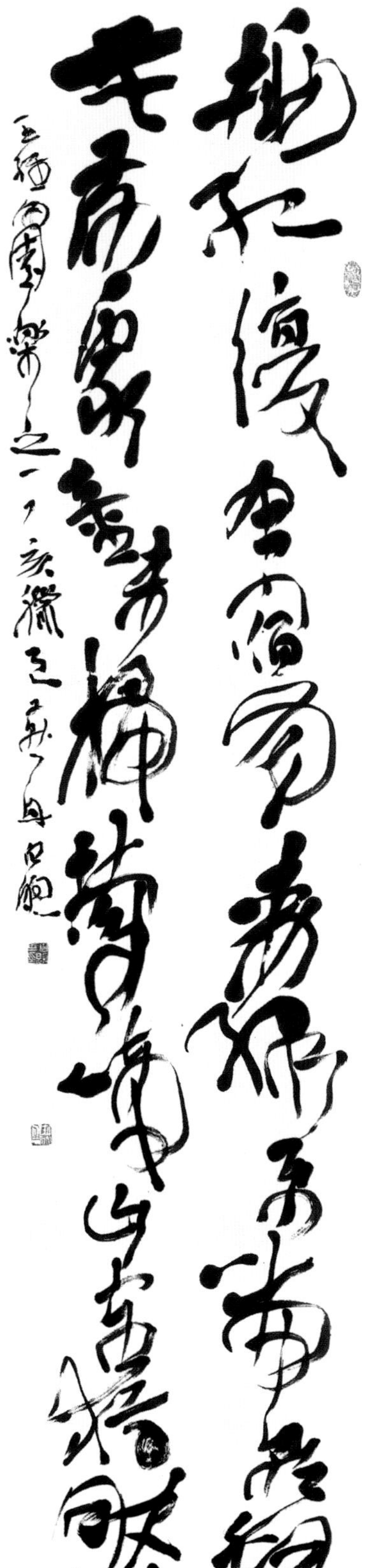

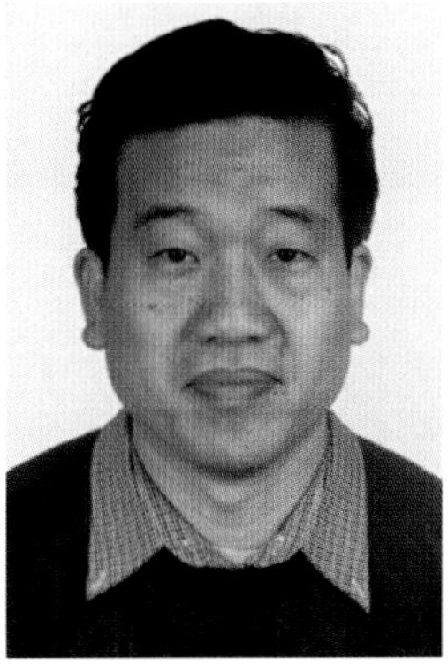

苏士澍 一九四九年生，北京人，满族。全国政协常委、国家文物局文物出版社社长、中国文物保护基金会副会长、中国书法家协会理事、中国书协中央机关分会副会长。编有《篆字编》、《隶字编》、《楷字编》、《行书编》等。

录启功诗句

【作品尺寸】68cm×137cm

【创作时间】2008年

【释　　文】人与自然，厚地高天。草木丰茂，绿化无边。

人与自然，厚地高天。草木丰茂，绿化无边。

启功诗句　戊子仲春　苏士澍　敬录

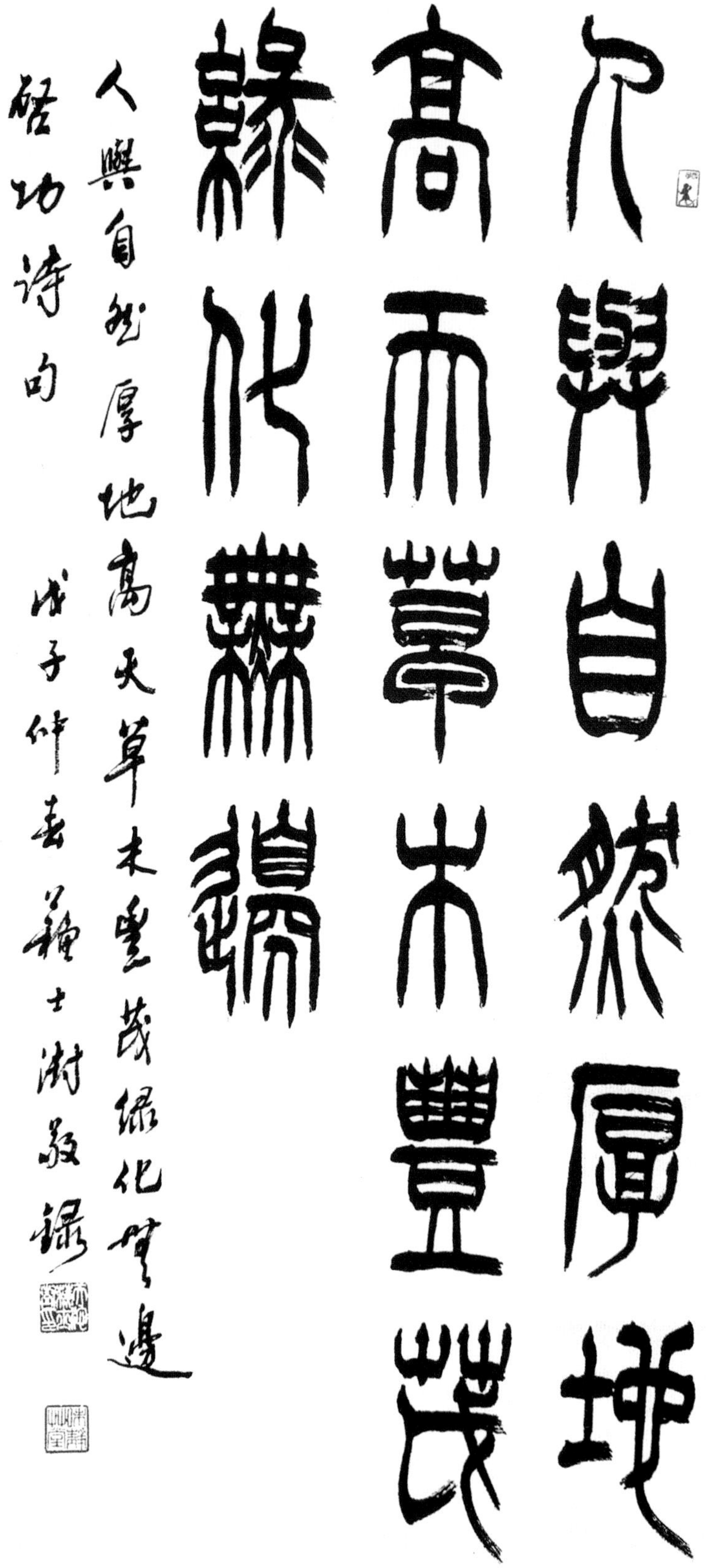
人與自然厚地
高天草木豐茂
綠化無邊
人與自然厚地高天草木豐茂綠化無邊
啓功詩句
戊子仲春 穆士樹敬錄

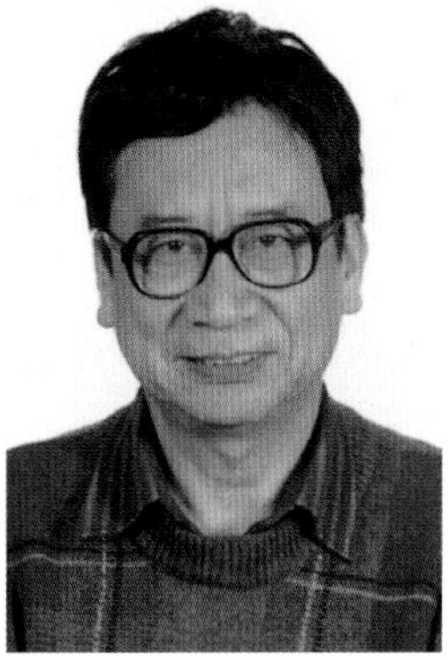

崔陟　本名崔志刚，一九四九年生，北京人。现为文物出版社图书编辑部主任、中国书法家协会会员、中国书法家协会中央国家机关分会办公室副主任。出版有《书法博物馆》、《笔墨生辉》等专著。

李鱓诗一首

【作品尺寸】54cm×137cm

【创作时间】2006年

【释　文】黄叶复红叶，山边与水边，老夫无一事，骑马看秋天。

清李鱓诗题枫叶海棠，色彩对比强烈，动静相生，极写人与自然之和谐也。

时在丙戌之小寒日　博陵崔陟

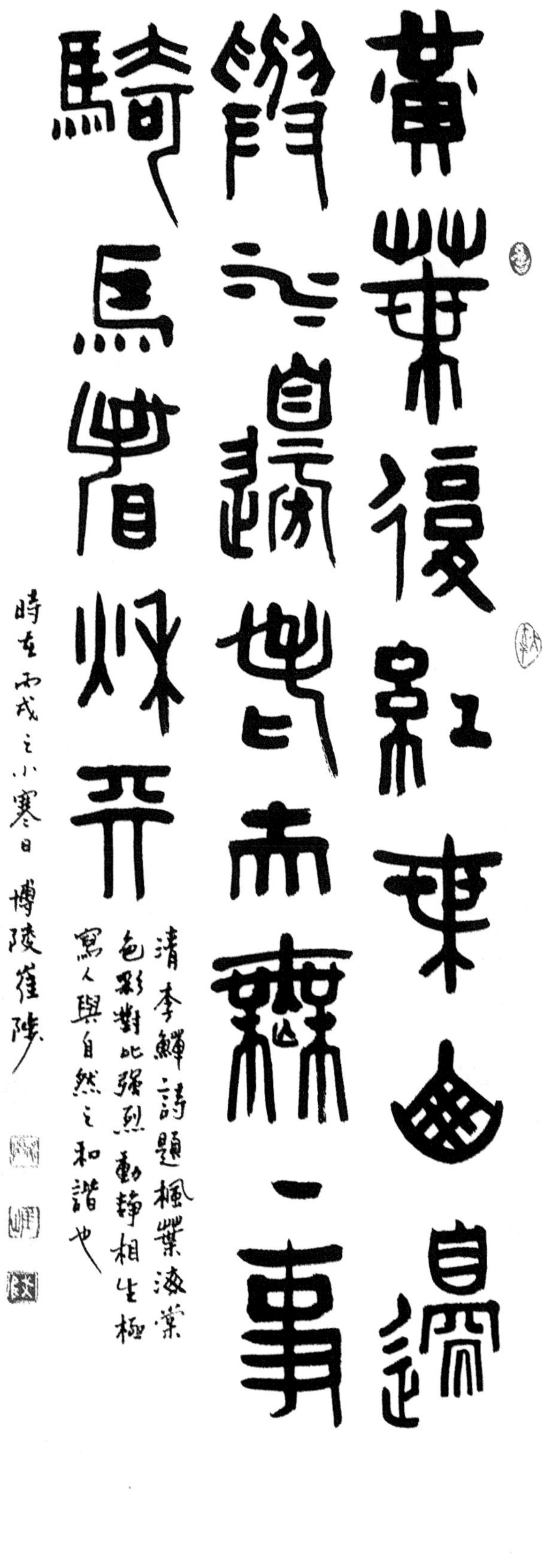
清李鱓之詩題楓葉淡葉
色彩對比强烈動靜相生極
寫人與自然之和諧也
時在丙戌之小寒日
博陵崔陟

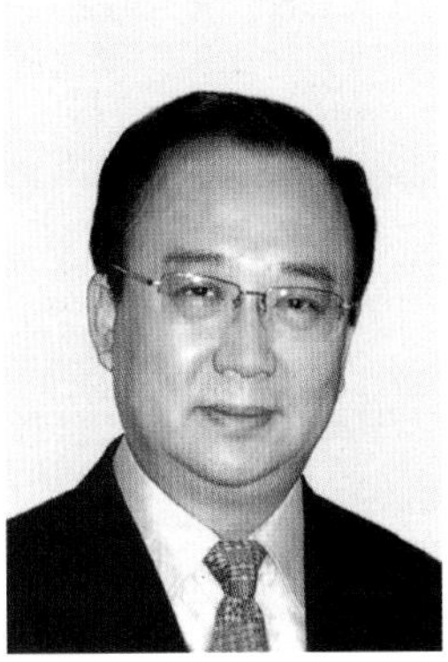

何永泽 一九五一年生，北京市人。民主党派成员。中国书法家协会会员、中国公关协会艺委会顾问、春秋文化艺术中心副主任、山西省教育学院客座教授、华夏书画艺术研究会研究员、北京书协篆刻委员会委员、齐白石艺术研究会常务理事、京华印社顾问。

唐庚诗一首

【作品尺寸】68cm×137cm

【创作时间】2007年

【释　文】城中未省有春光，城外榆槐已半黄。山好更宜余积雪，水生看欲倒垂杨。莺边日暖如人语，草际风来作药香。疑此江头有佳句，为君寻取却茫茫。

右宋人唐庚诗春日郊外，庚丹稜人，有眉山先生文集传之于世，诗以简炼（练）紧凑而著称。丁亥肇始何永泽书于白梨印舍。

城中未省有春光城外榆槐已半黃
山好更宜餘積雪水生看欲倒垂楊
鶯邊日暖如人語草際風來作藥香
疑此江頭有佳句為君尋取卻茫茫

右宋人唐庚詩春日郊外 庚丹稜人有眉山先生文集傳之於世
詩以簡約緊湊而著稱 丁亥肇始 何泳澤書於白鶴邨舍

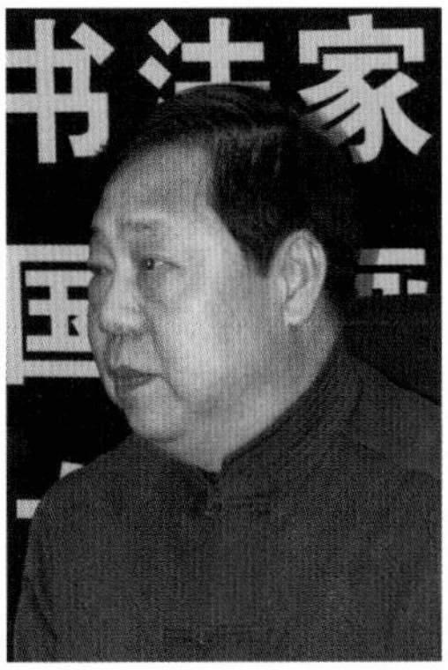

解永全 一九五一年十二月生，北京人。中国国家画院副院长、文化部艺术评估委员会委员、中国美术家协会会员。

自创诗句

【作品尺寸】96cm×180cm

【创作时间】2008年

【释　文】二〇〇八喜迎奥运植树造林共建家园同创和谐社会；共建绿色家园。

国家画院　解永全书

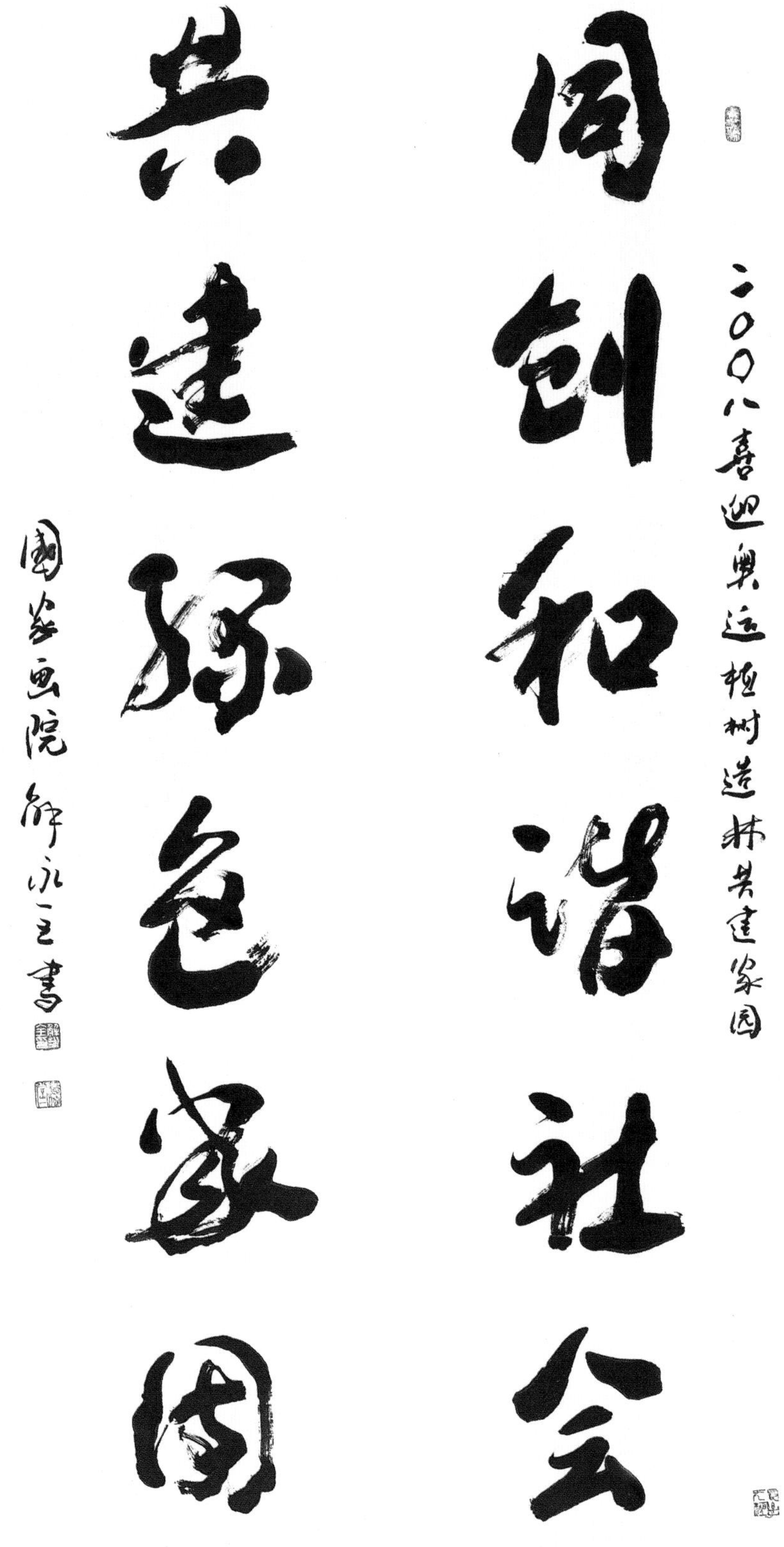
同创和谐社会
共建绿色家园
二〇〇八喜迎奥运植树造林共建家园
国家画院

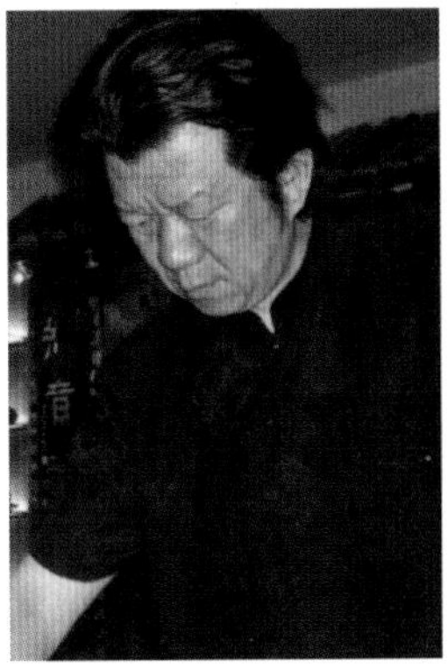

吴震启　一九五二年一月生，祖籍山东。中国书法家协会党总支书记、办公室主任，中国书法家协会理事，中国书协楷书专业委员会秘书长，中国书协书法发展委员会秘书长等。

自创奥运诗一首

【作品尺寸】97cm×180cm

【创作时间】2007年

【释　文】篮球运动历千年，篮板依稀众目穿。分数岂为决胜负，风靡世界乃真传。

篮球一首　岁在丁亥冬　震启

籃球運動歷千年
籃板依稀衆目穿
不數豈為決勝負
風靡世界乃真傳

籃球一首
歲在丁亥冬[illegible]

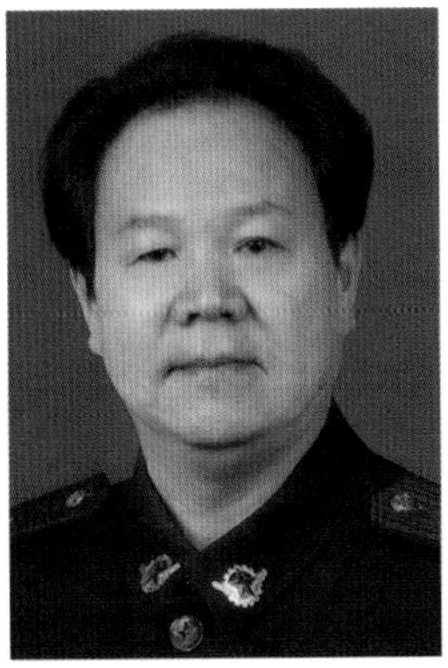

张坤山 一九五二年生，山东淄博人。第三届、第四届、第五届中国书法家协会理事，海军政治部文艺创作室专业书法家，国家一级美术师。出版有《张坤山书法集》、《张坤山画集》等。

唐诗二首

【作品尺寸】137cm×68cm

【创作时间】2007年

【释　文】岁岁金河复玉关，朝朝马策与刀环。三春白雪归青家，万里黄河绕黑山。

岐王宅里寻常见，崔九堂前几度闻。正是江南好风景，落花时节又逢君。

唐诗二首张坤山草

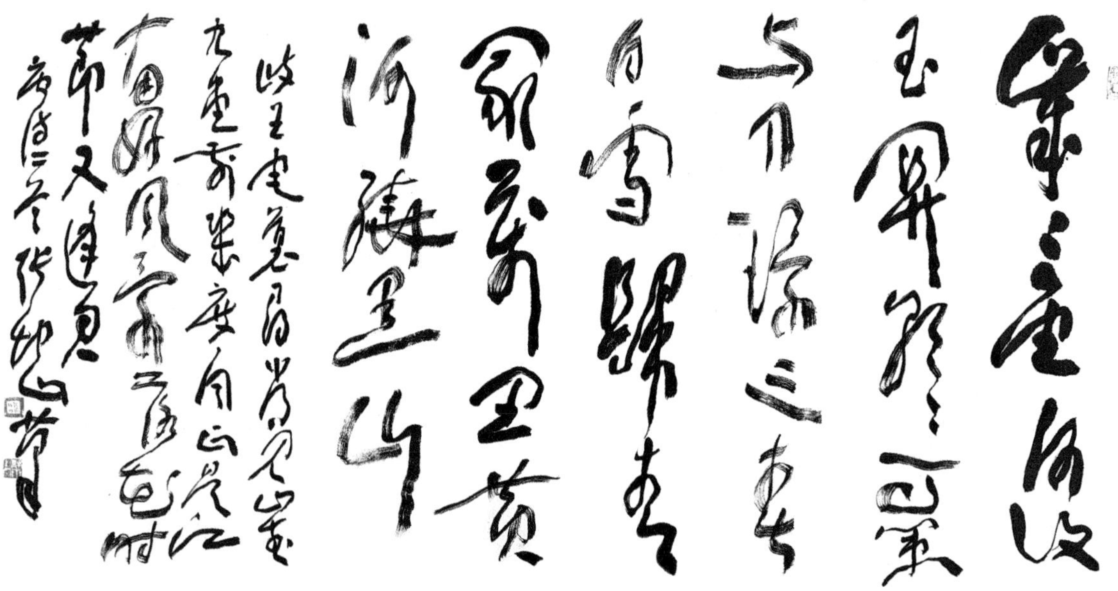

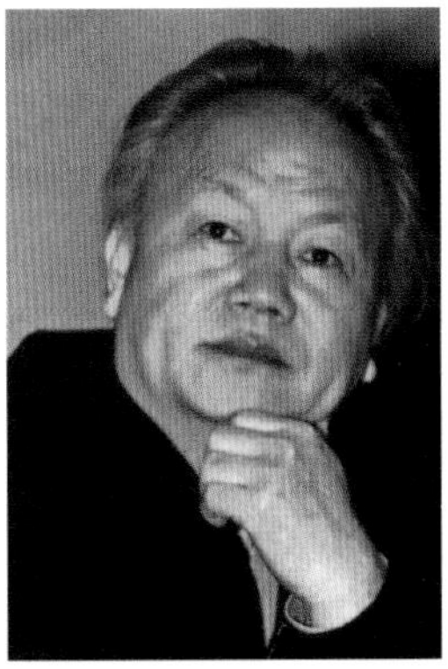

贾起家 一九五三年生，山西夏县人。中国书法家协会会员、中国文联牡丹书画艺术委员会副秘书长、国家二级美术师。出版有《贾起家书法集》等。

王英诗一首

【作品尺寸】68cm×137cm

【创作时间】2006年

【释　文】迢递重城带远岑，烟中古木更森森。繁枝不逐风霜老，积翠应含雨露深。杳霭残霞连昏色，依微初日散轻阴。林头偏有流莺啭，送尽春声入上林。

录明人王英蓟门烟树诗

岁在丙戌之春贾起家

迢遞重城帶遠岑煙中古木更
森森繁枝遠逐風霜老積翠旗含
雨露深杳靄殘霞連暮色依
微初日散輕陰林頭偏有流鶯
囀送盡春聲入上林

錄明人王英薊門煙樹詩 歲在丙戌之春 賈起家

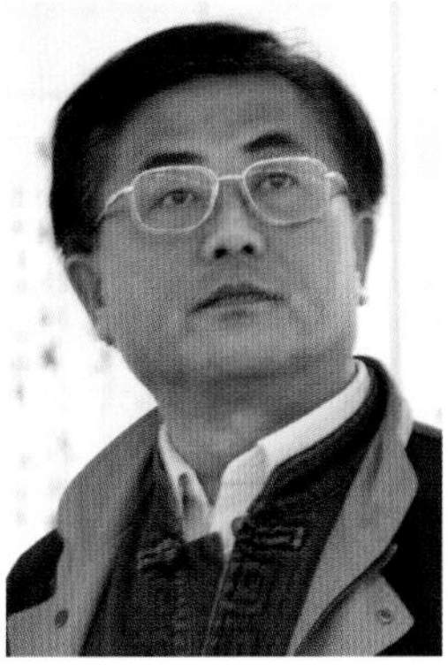

赵长青 一九五三年七月生，黑龙江省巴彦县人。中国书法家协会分党组书记、驻会副主席兼秘书长，中国作家协会会员，中国诗词学会会员，中央文史馆书画院研究员。

王维诗一首

【作品尺寸】68cm×137cm

【创作时间】2008年

【释　文】荆溪白石出，天寒红叶稀。山路元无雨，空翠湿人衣。

唐王维诗一首　戊子　正月　长青

荆溪白石出
天寒红叶稀
山路元无雨
空翠湿人衣

唐王维诗一首 戊子正月 长素

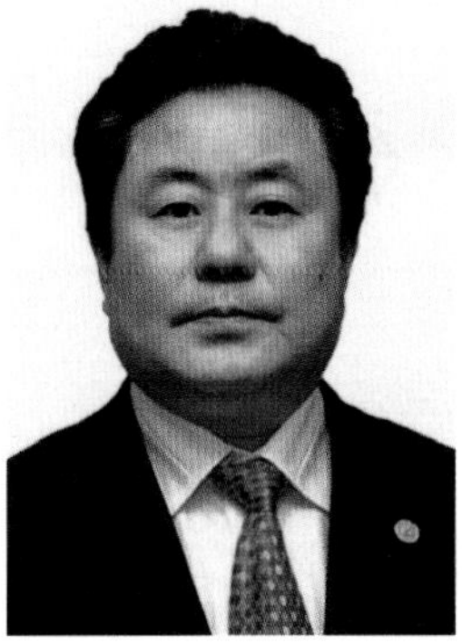

徐沛东　一九五四年二月生，大连市人。全国政协委员，国家一级作曲家，中国音乐家协会分党组书记、驻会副主席，享受国务院特殊津贴。

杜甫诗一首

【作品尺寸】137cm×68cm

【创作时间】2007年

【释　文】好雨知时节，当春乃发生。随风潜入夜，润物细无声。野径云俱黑，江船火独明。晓看红湿处，花重锦官城。

丁亥春 徐沛东

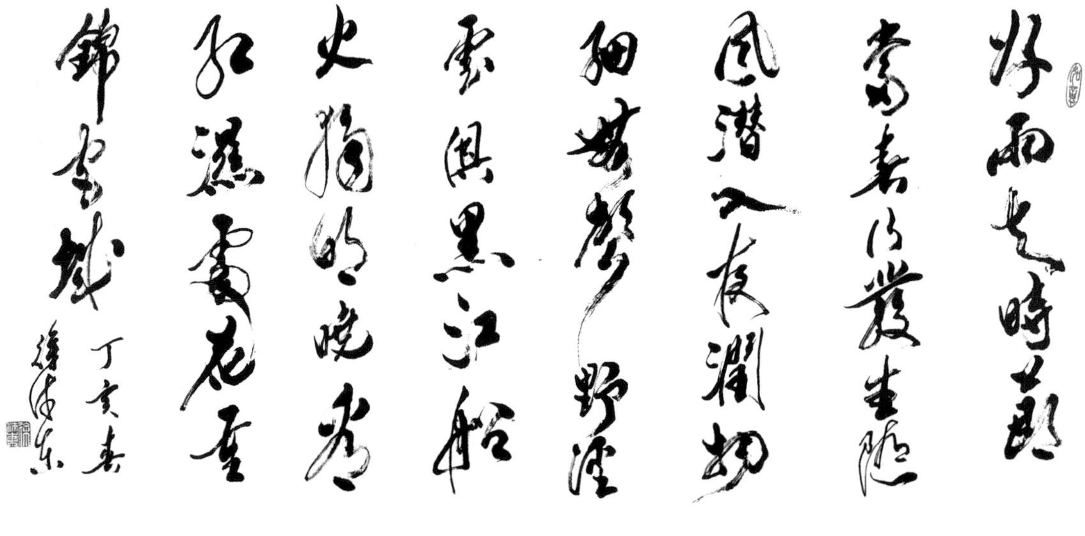
好雨知时节
当春乃发生随
风潜入夜润物
细无声野径
云俱黑江船
火独明晓看
红湿处花重
锦官城
丁亥春

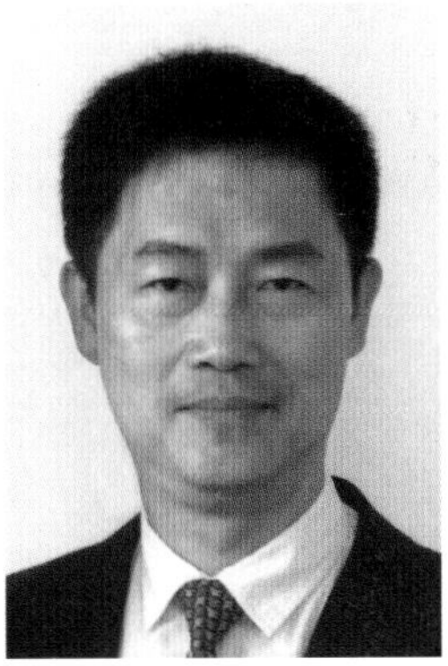

朱守道　一九五五年生，祖籍福建泉州。全国人大常委会华侨委员会司长，中国书法家协会第四届、第五届理事，中央文史馆书画院研究员等。出版有《朱守道书法作品集》、《朱守道书法艺术》等。

曾几诗一首

【作品尺寸】38cm×151cm

【创作时间】2008年

【释　文】梅子黄时日日晴，小溪泛尽却山行。绿荫不减来时路，添得黄鹂四五声。

戊子　朱守道

梅子黄时日日晴小
溪泛尽却山行
绿阴不减来时
路添得黄鹂四五
声 宋曾几诗一首
戊子朱守道

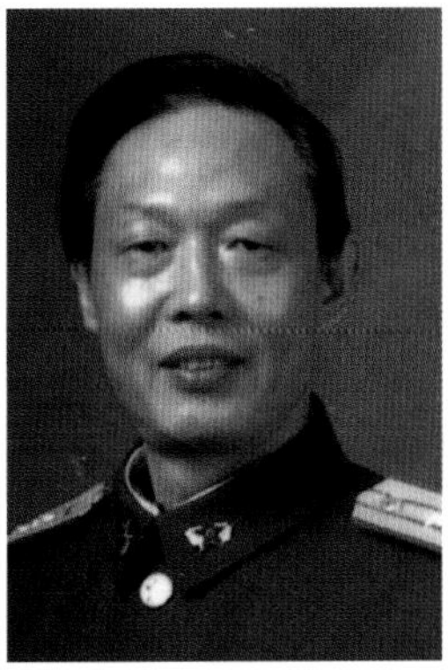

杨明臣 一九五五年生，河南安阳人。中国书法家协会理事、中国书协楷书委员会委员、中国楹联学会理事兼书法艺术委员会秘书长。出版有《杨明臣书法作品集》等。

王维诗一首

【作品尺寸】68cm×137cm

【创作时间】2007年

【释　文】积雨空林烟火迟，蒸藜炊黍饷东菑。漠漠水田飞白鹭，荫荫夏木啭黄鹂。山中习静观朝槿，松下清斋折露葵。野老与人争席罢，海鸥何事更相疑。

王维诗一首　丁亥杨明臣书

積雨空林烟火遲蒸藜炊黍餉東
菑漠漠水田飛白鷺陰陰夏木囀
黃鸝山中習靜觀朝槿松下清
齋折露葵野老與人爭席罷
海鷗何事更相疑

王維詩一首
丁亥楊明臣書

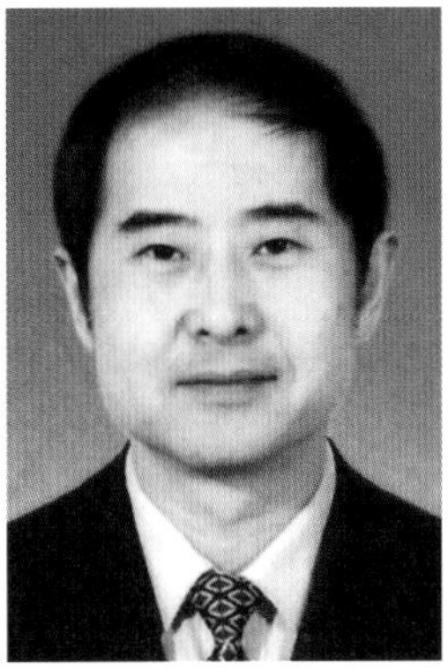

罗 杨 字散淡，一九五六年生，北京人。中国民间文艺家协会书记、中国书法家协会理事、中国书协中央国家机关分会副会长、文化部艺术品鉴定委员会委员、中国人民大学兼职教授、中国艺术摄影学会副会长。主要著作有《警世格言》、《中华传统名言选萃》、《罗杨书法作品集》等。

自创七言诗

【作品尺寸】67cm×134cm

【创作时间】2006年

【释 文】天地秀色皆春染，世上无时不东风。百华香里开春釀，万木阴中读古书。

京华之点水斋 即兴耳 罗杨

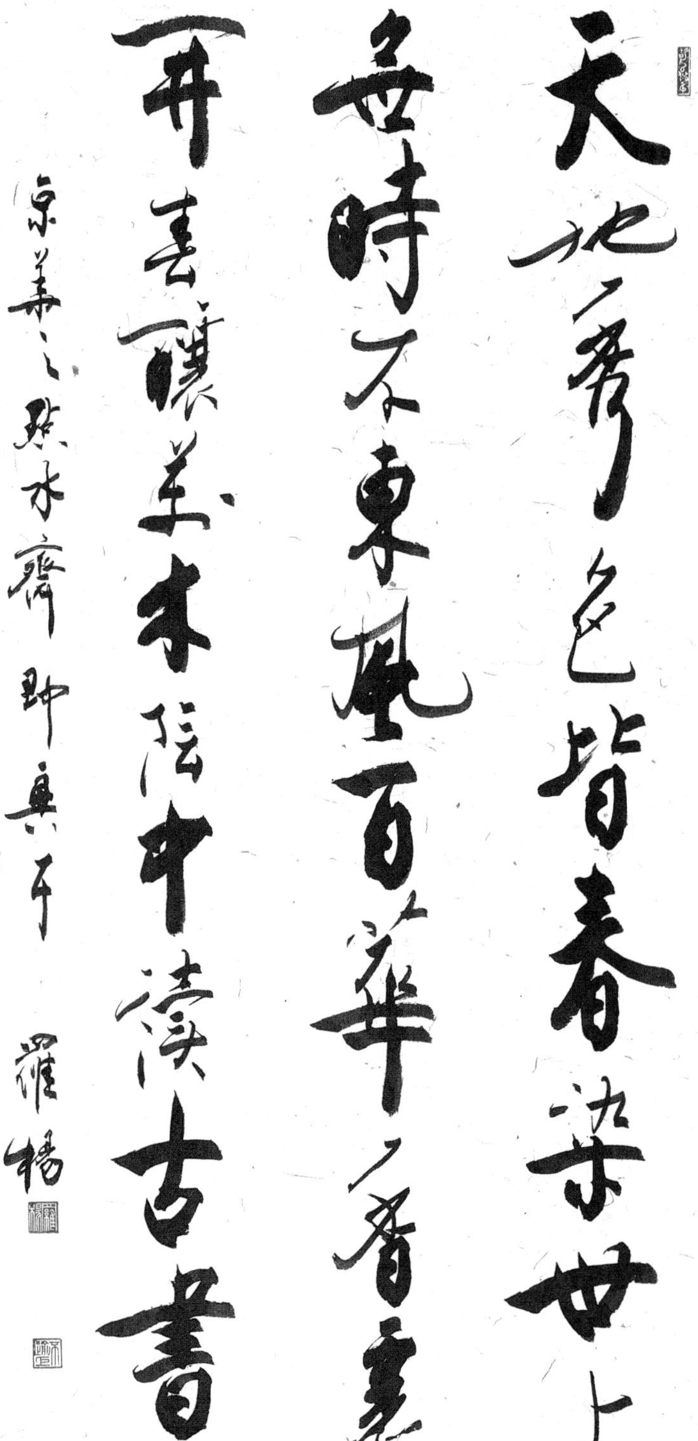

天地之秀色皆春染世上
無時不東風百華之香裏
羅楊

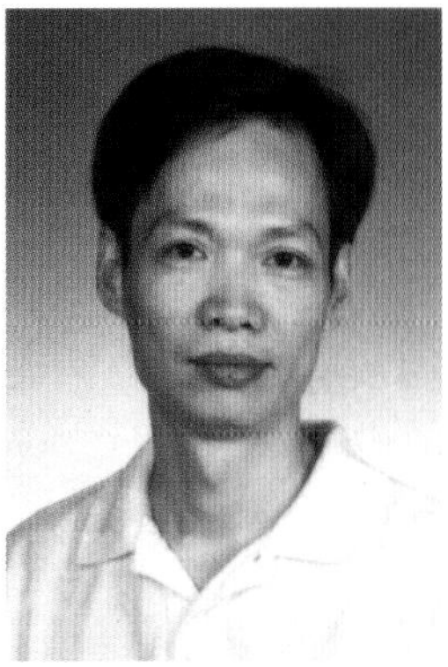

梁永琳　一九五八年生，广东潮州人。《人民日报》（海外版）文艺部副主任、中国书法家协会会员、神州书画院特约书画师。

许浑诗一首

【作品尺寸】137cm×68cm

【创作时间】2006年

【释　文】遥夜泛青瑟，西风生翠萝。残萤栖玉露，早雁拂金河。高树晓还密，远山晴更多。淮南一叶下，自觉洞庭波。

唐许浑早秋诗　丙戌冬日梁永琳书

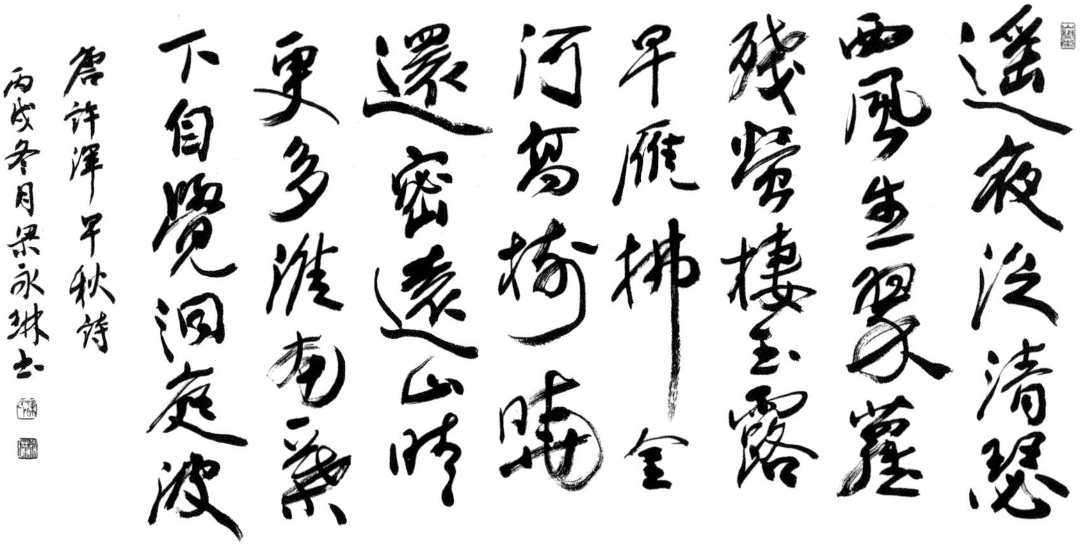
遙夜泛清瑟
西風生翠蘿
殘螢棲玉露
早雁拂金
河高樹曉
還密遠山晴
更多淮南葉
下自覺洞庭波
唐許渾早秋詩
丙戌冬月梁永琳書

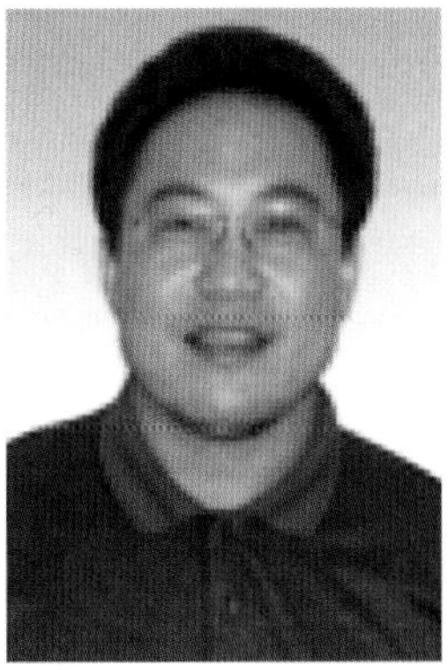

朱培尔 一九六二年生，江苏无锡人。《中国书法》杂志执行编辑部主任、全国中青年书法篆刻家作品展评委等。出版有《当代青年篆刻家精选集·朱培尔卷》、《朱培尔山水小品集》、《当代著名青年书法家精品集·朱培尔卷》等。

吴宽、李东阳题画诗

【作品尺寸】48cm×180cm

【创作时间】2007年

【释　文】策策霜林映水丹，重重云岫锁轻寒。西风斜日空江暮，无限秋光在钓竿。　吴宽

秋雨寒潭水更清，钓竿袅袅一丝轻。斜风细雨谁相问，破帽青鞋却有情。

李东阳　明人梅老秋江独钓图诗

南吴　培尔作

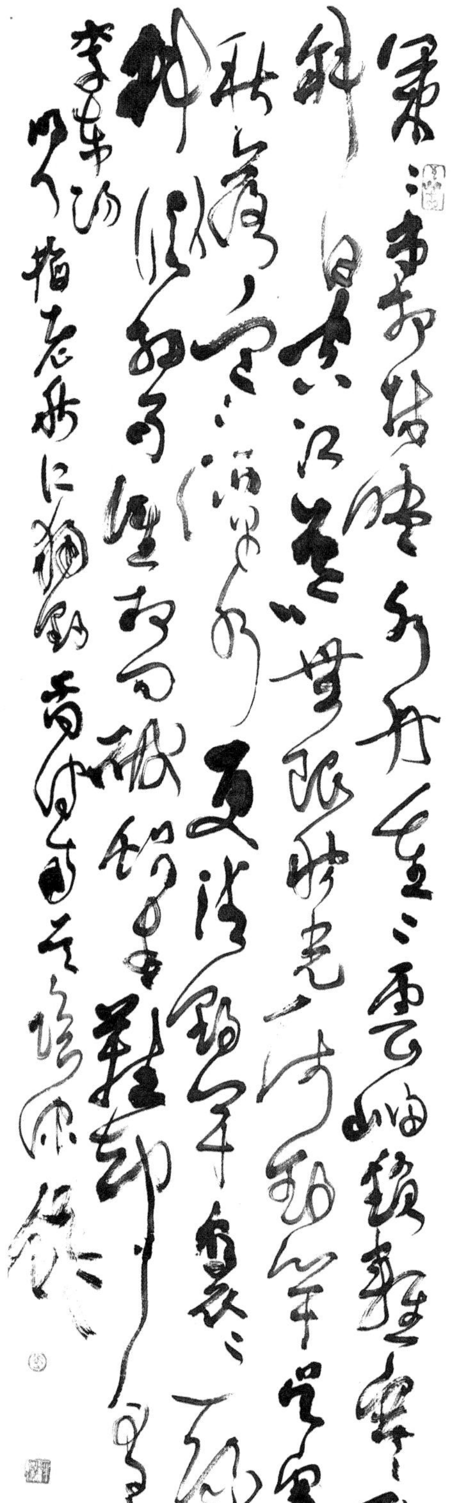

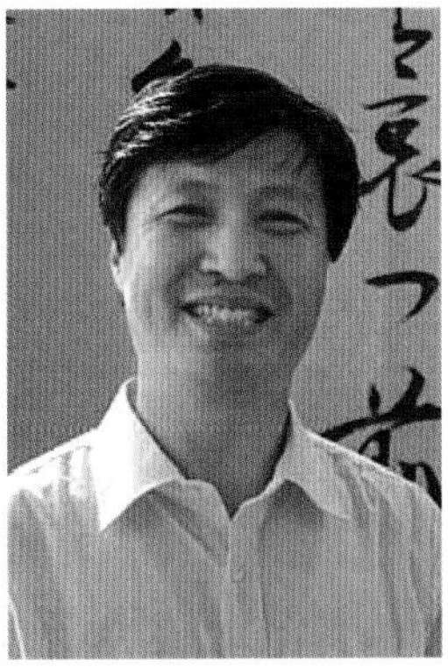

陈洪武（萧风）一九六二年生，江苏淮安人。中国书法家协会党组副书记、中国书法家协会创作委员会委员、中国书法院特约研究员等。著有《大漠西风歌》书法集等。

贺知章诗一首

【作品尺寸】69cm×132cm

【创作时间】2008年

【释　文】碧玉妆成一树高，万条垂下绿丝绦。不知细叶谁裁出，二月春风似剪刀。

贺知章　咏柳　萧风

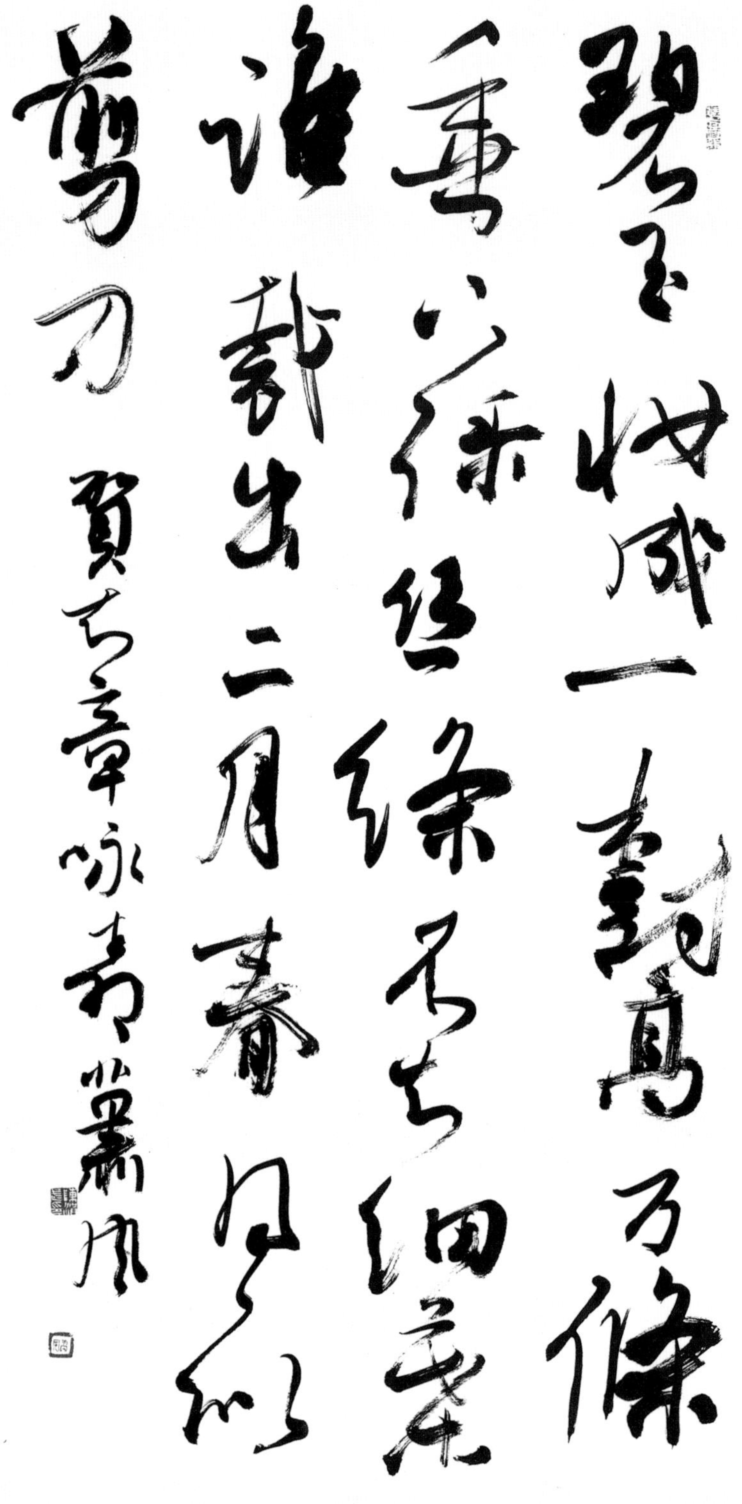
碧玉妆成一树高万条
垂下绿丝绦不知细叶
谁裁出二月春风似
剪刀
贺知章咏柳 萧风

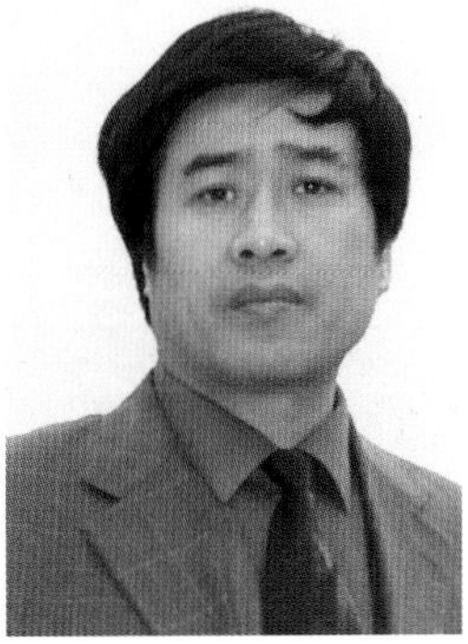

张继 字续之，号皂白，一九六三年生，河南长葛人。中国书法家协会理事、中央国家机关书协展览部主任、四方印社社长、中国书协培训中心教授。

五言对联

【作品尺寸】66cm×133cm

【创作时间】2006年

【释　文】静闻鱼读月；笑对鸟谈天。

时在丙戌冬月皂白　张继书于京华

静閒闲宜读画

啸对笔鸟谈天

时在丙申冬月二十七于北京四方斋

静閒宜读画，啸对笔谈天

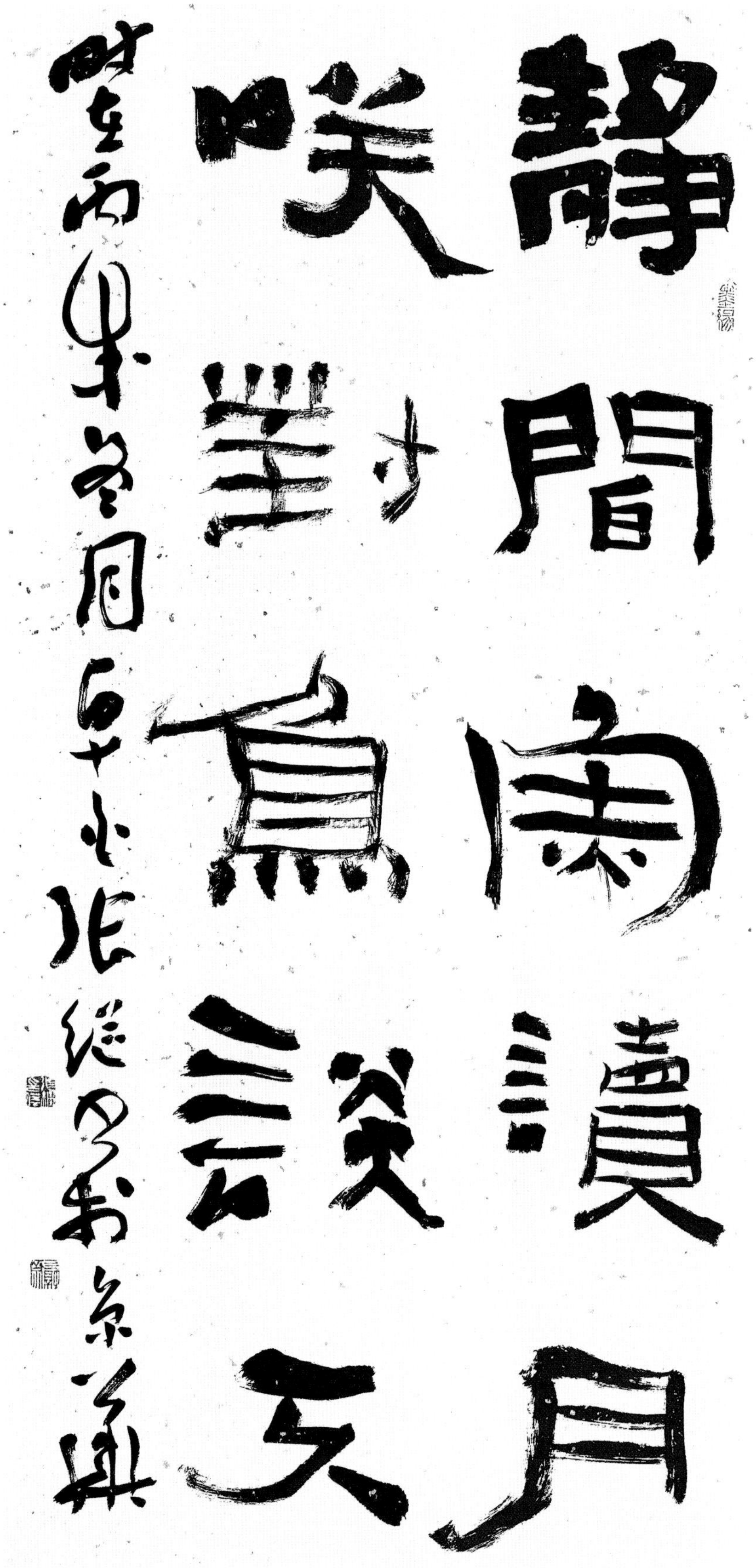

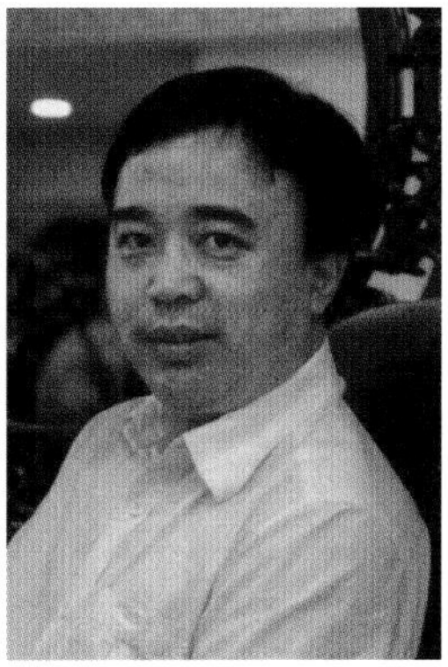

彭利铭 一九六五年十月生，湖南人。中共中央办公厅毛主席纪念堂管理局负责人、中国书法家协会理事、北京书法家协会副主席、北京市文联理事、中国美术家协会会员、北京美协理事等。

自创奥运诗句

【作品尺寸】61cm×182cm

【创作时间】2008年

【释　文】奥运精神播四海；中华文化耀同天。

戊子年新春于京华墨天阁

利铭撰句书之

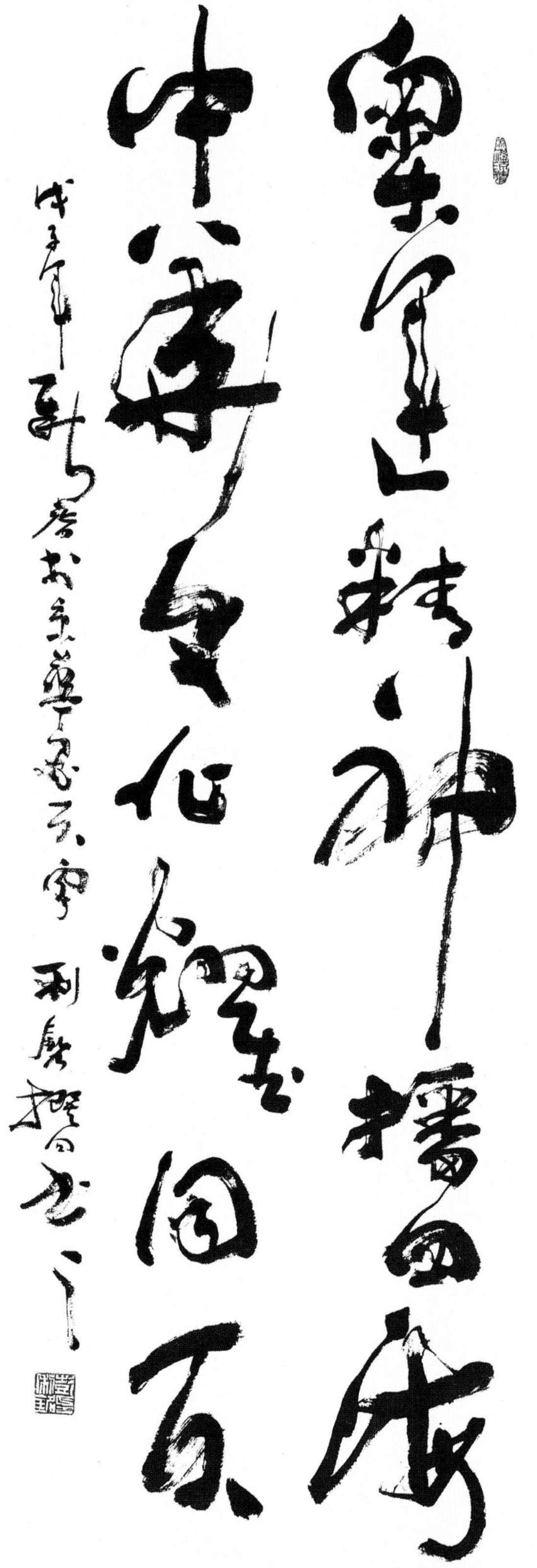

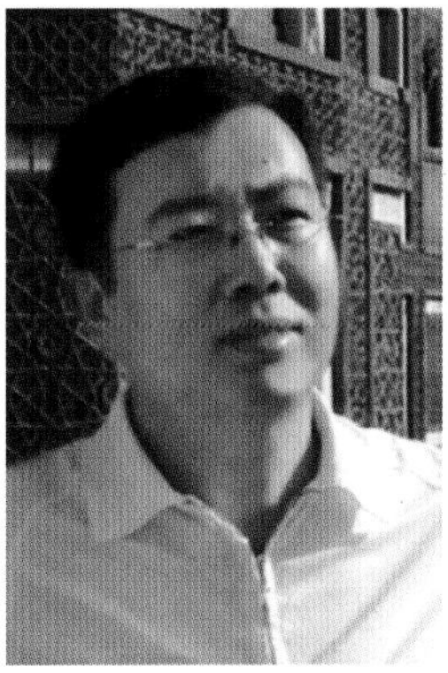

王家新　一九六七年生。全国青联委员，中国书法家协会理事、学术委员会委员，北京书法家协会副主席，中国美术家协会会员，中国诗词学会会员，西泠印社社员。著有诗集及个人书法集。

自创奥运五言诗

【作品尺寸】100cm×240cm

【创作时间】2008年

【释　文】取焰圣峰上，祥云炬火熊。春来谁拂面，奥林匹克风。

北京奥运乃人文奥运　绿色奥运

书此以颂　戊子年　家新

取焰聖峰上
祥雲炬火熊
春來誰拂面
奧林匹克風

北京奧運乃人文奧運綠色奧運書此以頌 戊子年 葛新

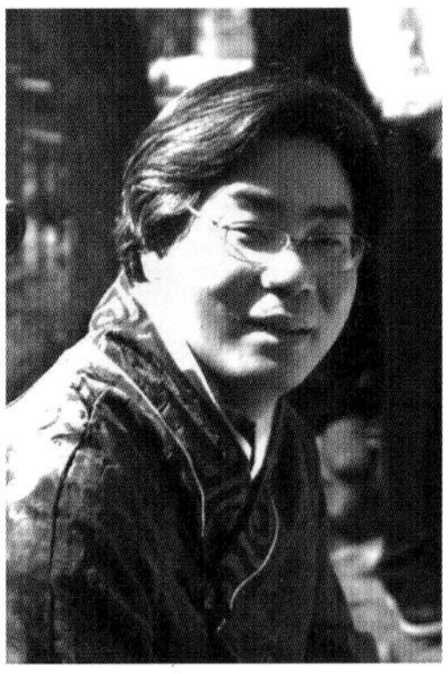

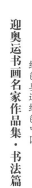

陈忠康 一九六八年生，浙江永嘉人。中国书法家协会会员、中国书协行书委员会委员、浙江省书法家协会创作委员、浙江省青年书协副主席、温州市书法家协会副主席。出版有《当代著名青年书法十字精品集·陈忠康卷》等。

苏东坡七律

【作品尺寸】69cm×137cm

【创作时间】2008年

【释　文】平生自是个中人，欲向渔舟便写真。诗句对君难出手，云泉劝我早抽身。年来白发惊秋速，长恐青山与世新。从此北归休怅望，囊中收得武林春。

苏东坡七律　陈忠康

平生自是箇中人欲向漁舟便寫真詩句對君難出手雲泉勸我早抽身年來白髮驚秋速長恐青山與世新從此北歸休悵望囊中收得武陵春

蘇東坡七律

陳忠康

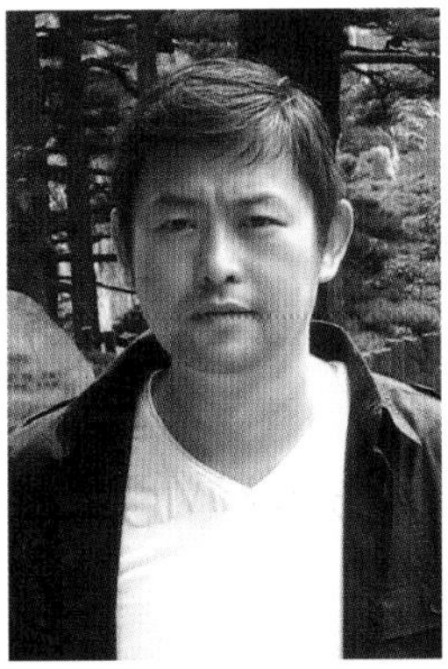

杨 涛 一九七〇年生，安徽宣州人。中国书法院副研究员、全国青联委员、中央国家机关青联委员、文化部青联美术工作委员会副主任。出版有《杨涛书法集》。

韦应物诗一首

【作品尺寸】69cm×139cm

【创作时间】2008年

【释　文】怀君属秋夜，散步咏凉天。空山松子落，幽人应未眠。

唐韦应物诗一首　戊子杨涛

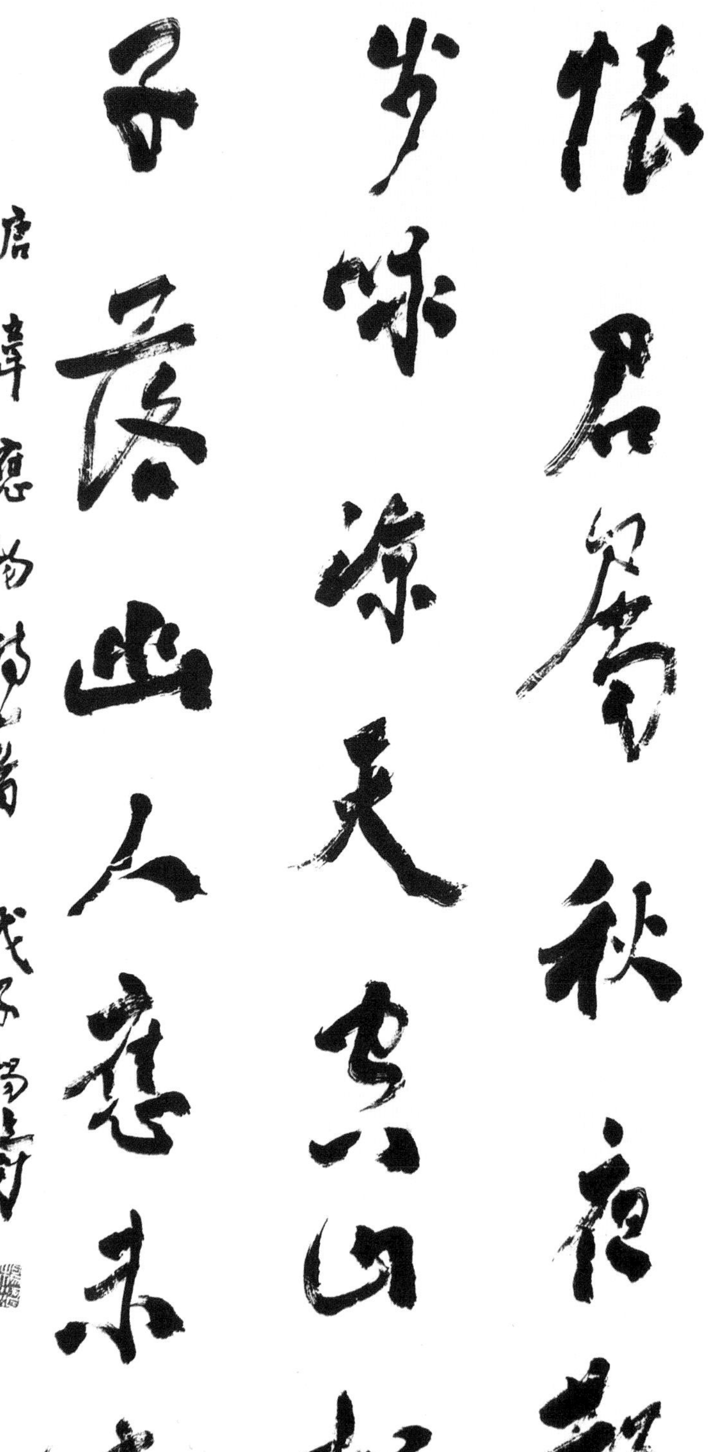
怀君属秋夜
散步咏凉天
空山松子落
幽人应未眠
唐韦应物诗一首
戊子杨涛

迎奥运书画名家作品集

书法篇